洛克菲勒留给儿子的38封信

（美）洛克菲勒　著
海兰　编译

九州出版社
JIUZHOUPRESS

图书在版编目（CIP）数据

洛克菲勒留给儿子的38封信 / （美）洛克菲勒（Rockefeller,J.D.）著；海兰编译.—北京：九州出版社，2012.1

ISBN 978-7-5108-1339-9

Ⅰ.①洛… Ⅱ.①洛… ②海… Ⅲ.①洛克菲勒，J.D.（1839～1937）—书信集②洛克菲勒，J.D.（1839～1937）—家庭教育—研究 Ⅳ.①K837.125.38②G78

中国版本图书馆CIP 数据核字(2011)第276359号

洛克菲勒留给儿子的38封信

作　　者　（美）洛克菲勒 著　海兰 编译
出版发行　九州出版社
出 版 人　徐尚定
地　　址　北京市西城区阜外大街甲35号(100037)
发行电话　(010)68992190/2/3/5/6
网　　址　www.jiuzhoupress.com
电子信箱　jiuzhou@jiuzhoupress.com
印　　刷　北京嘉业印刷厂
开　　本　710毫米×1000毫米　16开
印　　张　18
字　　数　320千字
版　　次　2012年4月第1版
印　　次　2012年4月第1次印刷
书　　号　ISBN 978-7-5108-1339-9
定　　价　33.80元

目录

CONTENTS

前言

他，有着神话般的致富经历；

他，创造出了不朽的发家传奇；

他，白手起家却摇身变成美国历史上最富有的人；

他，就是美国石油大王——约翰·D·洛克菲勒。

人们不得不承认他是一位天才商业巨子，他有着天生的经商才能。上帝没有赐给他富有的家庭背景，却赐给了他致富的才能，正如他自己所说："我不靠天赐的运气过活，但我靠策划运气发达。"他的一生就是在策划自己以及子女们的命运，他以他非凡的才能运筹着自己以及子孙后代的恒通财运。他曾说："一个人不是在计划中成功，就是在计划中失败。"在他的人生策划中，他无疑是一位成功者，而且他不仅仅是成功地计划了自己的人生，还成功地计划了子孙后代的人生。

他从未对自己的命运发出过悲慨，因为他坚信："命运给予我们的不是失望之酒，而是机会之杯。"

正是凭借着自己高超的策划运气的才能以及他积极乐观的人生态度，他成就了自己，更成就了美国商业史上"家喻户晓，妇孺皆知"的"洛克菲勒家族"。

中国人有句老话叫做"富不过三代"，但是洛克菲勒却创造了打破这句古话的传奇。他的家族——"洛克菲勒家族"发展到如今已经是第六代了，却依然方兴未艾、富甲天下。走过了漫长的一个多世纪的洛克菲勒家族，仍在继续书写着这位地球首位亿万富翁——约翰·D·洛克菲勒的辉煌历史。正如洛克菲勒所说：“要让金钱当我们的奴隶，而不能让我们当金钱的奴隶。”约翰·D·洛克菲勒的后代们不是像守财奴葛朗台一样整天躲在房间里计划如何守住自己的财富，而是在积极地参与文化、环境与慈善事业，怀着富有的“负罪感”将大量的资金用来建立各种基金会，投资大学、医院，让整个社会都分享他们的财富。

这个迄今已繁盛了六代的“世界财富标记”与美国乃至国际政经都有着千丝万缕的联系。在今天的美国，要完全躲避这个家族的影响几乎是不可能的，毫不夸张地说，洛克菲勒家族在过去150年的发展史就是整个美国历史的一个精准的缩影，并且已经成为美国国家精神的杰出代表，影响着世界各地的人们。

本书就是这个创造“世界财富标记”家族的第一代传奇富豪——约翰·D·洛克菲勒写给他儿子的38封教育信件，是经典的家训，更是致富的圣经！

同时，书中还在每封信件的后面附有一则关于洛克菲勒的小事例，而且在书籍的最后还附有洛克菲勒的详细人生履历，以及洛克菲勒家族的后代传奇，让广大读者朋友们充分了解洛克菲勒及其家族神秘面纱后的真面目，让大家离世界豪富更近一层。

小窥约翰·D·洛克菲勒的人生观点及经历

约翰·D·洛克菲勒，这位叱咤风云的敛财大亨的人生经历绝对是一段经典的励志故事，他的睿智话语更是经典的发家圣语。在此为大家展现一下这位传奇富豪的十二条启迪人生的哲语，并附有洛克菲勒的对照个人经历：

一、身份卑微、教育匮乏不足以影响我们成才。洛克菲勒经历：洛克菲勒少年时，家境贫寒，16岁便外出打工。教育匮乏不说，还缺乏一位英雄楷模式的父亲。洛克菲勒的父亲仅仅是一个令他难以启齿的假药贩子。而洛克菲勒小的时候也仅仅被人们看做是目光呆滞、抑郁寡欢的一个笨孩子而已。但是，他日后的成就却令世人称奇。

二、一日三省吾身，大材自我造就。洛克菲勒经历：洛克菲勒在少年时期就非常注重在生活中控制自我了，每天晚上，他要仔细地反省自己当日的言行举止，稍有感到不妥的言行或思想杂念便马上自行纠正过来。他能熟练地控制自己的面部表情，使之不随意地表现出任何喜怒哀乐之色。

三、永远不要听信人们所说的“越想发财，就越发不了财”论调。洛克菲勒经历：洛克菲勒从小就喜欢钱。在他早期打工的时候，没有见过期票，于是，他从老板的保险柜中偷出一张4000美元的期票，拿着期票，他看了又看，摸了又摸，内心激动不已。他成年后的创办产业，目标也是为赚更多的钱。当然，洛克菲勒赚钱并不搞投机，他是正正当当地赚钱，又正正当当地花钱。

四、从小处着手，一点一滴地获得知识，研究数字。洛克菲勒经历：洛克菲勒终生保存着自己十几岁时的一个账本，那是他人生的第一个账本，被他称作“账本A”。洛克菲勒就是从这个账本起，开始记录他生活中的每一笔开销，不论大小，全部详尽地记录下来。而且还要定期地翻看、研究这些记录，这使得他对数字的敏感得以培养。同时也为他成功经商奠定了良好的基础。

五、高度自信，严于律己，要培养斗牛犬般不屈不挠的战斗意志。洛克菲勒经历：洛克菲勒在自己16岁找第一份工作的时候，就在自己的内心做出了只在知名大企业里找工作的大胆决定。他列出了城里各大企业的名单，按照顺序依次到各大企业上门求职，而且每到一家公司求职就提出要见企业最高领导者的要求。第一轮不被录取，他就展开第二轮挨门求职的攻略。而且是毫不泄气地继续运用第一轮的求职战略。这样持续了半年，才找到了一份簿记员的工作。而对于发财的信念，洛克菲勒更是坚定不移，甚至在他的笔记本里还记载着大量关于发财信念的内容。他时常敲着朋友的膝盖说：“总有一天我会发财的，我一定会发财！一定会！”

六、如果你视工作为一种乐趣，人生就是敞亮的天堂；如果你视工作为一种义务，人生就是黑暗的地狱。要把工作当成积累资本和经验的渠道，而不仅仅是获得面包的工具。洛克菲勒经历：在洛克菲勒第一份工作的最初3个月里，尽管他工作表现非常出色，但是他领取的薪资却少得可怜。可是他非常热爱簿记这份工作，他加班加点地工作，并且敏锐地发现企业账簿中的错误，他的特长找到了发挥的舞台，同时他也在吸收商界的宝贵经验。

七、忍耐并非忍气吞声、也决非卑躬屈膝，忍耐是一种策略，同时也是一种性格磨炼，它所孕育出的是好胜之心。洛克菲勒经历：尽管洛克菲勒在簿记工作上感到自己所作出的贡献与自己所得到的待遇之间存在着严重的不协调，但他还是选择了忍耐。终于有一天机会降临了，一位同事邀请他合伙创办企业，他以辞职的方式，对不公平待遇给予了回应，而且他在工作当中所积累的商界经验也成了他一生当中的宝贵财富。

八、与其生活在既不胜利也不失败的黯淡阴郁心情里，成为既不知欢乐也不懂悲伤的懦夫的同类，倒不如不惜失败，大胆地向目标挑战！要想把事做大，就得大胆博弈。洛克菲勒经历：洛克菲勒最初和创业伙伴一起从事的是农产品代理业务，赚取的利润一般。“淘油（指石油）热”兴起后，在朋友的建议下，他逐渐步入了石油业。在全民争着找油源、挖油井的情况下，他没有急着盲从，而是认真地分析了这一行业的发展趋势，分析过后，他认为业务量最庞大、最稳定的不是找油源、挖油井，而是炼油。于是他不惜与合伙人分道扬镳花巨资收购各大炼油厂。在并不知道石油资源到底有多少的情况下，大家都在担心石油很快会被开采枯竭，因而没人敢在这一行业上投放自己的固定资产，可是洛克菲勒却以乐观的心态将自己的未来事业在这一行业抛下了赌注。渐渐地，他在炼油、石油运输、油桶业务等方面做大了，事业也便成就了。

九、在合作与动态平衡中谋求控制权。洛克菲勒经历：在洛克菲勒与他共同创业的伙伴最初合作的几年中，他们的合作关系是非常协和的，可是，到后来迈入到石油经营领域时，双方所持观点发生的分歧就越来越大了。洛克菲勒感觉到在一些商讨过程中自己的意见经常遭到同伴的贬斥和忽视，于是洛克菲勒便果断地寻求了一个机会让自己的创业伙伴出局，紧接着引进了新的合作伙伴。洛克菲勒对自己的战略作了一个经典的概论：谋定而后动，布好局，等待合适时机，出其不意地将不合适的伙伴引出局外。当整个企业内部重新组合后，洛克菲勒获得了掌控整个公司的权力。

十、绝对冷静，绝对自信，深思熟虑，少说或者不说。洛克菲勒经历：洛克菲勒拥有着强大的自信心，越是面临大事他越是冷静对待。他做每一件事都极度认真，总是能够集中所有的精力在当前要做的重要事情上，丝毫不会分神。每当他下定决心要做一件事了，便会雷厉风行地执行，而在下决心之前则要经过深思熟虑，考虑到每一个细节对事情的影响。他做事又总是谨言慎行，奉行多做少说的原则。

十一、远离社交应酬也能成功。洛克菲勒经历：洛克菲勒一生低调处事，恪守新教教义，不慕奢华，深居简出，不喜应酬，性格内敛，即使在公司职员的聚会席上也很少见到他的身影，他行踪神秘，并严格保守个人及家庭隐私。

十二、自律者寿。洛克菲勒经历：洛克菲勒一生谨遵良好的生活习惯，虽然在商界打拼几十年，屡遇危机，重大压力一直压在他的心头，可是他却是位商界长寿老人，他大概也是美国富有人士中老年后最瘦削、也最长寿的人之一，享年98岁。

第一封
大智若愚，韬光养晦

经典格言：

1. 那些没有过不幸经历的人才是更不幸的人。
2. 将一头蠢笨的猪夸奖一番，它也是可以爬上樹去的。
3. 知识的条条框框可能会束缚住你纷飞的思想翅膀。
4. 每一次说不懂，就会成为我们人生的一个巨大转折点。

October 9，1890

亲爱的儿子：

约翰！

孩子，明天我就要回科利佛兰老家去处理一些我们家族的事情去了。我之所以会给你写这封信，是因为我希望在我离开的这段时间里，你能够很出色地帮我打理好一些事务。儿子，爸爸很相信你的能力，但是你要记住，倘若你遇到了一些比较棘手，而你自己又不能够拿定主意的事情时，你一定要多向盖兹先生请教。万不可放不下架子或抹不开面子，不去向他咨询意见就擅自作出决定。

盖兹先生一直都是我最为得力的助手，他为人忠诚实在，提意见直言不讳，办事情又总是尽职尽责，而且他也很精明干练，能挑起大梁来，每次都能够帮助我做出明智的抉择。我是极度信任他的，我也相信，他会给你最得力的帮助，不过，前提是你一定要尊重他、爱戴他。

儿子呀！我知道你一直都为自己是布朗大学的精英毕业生而感到自豪，我也很相信你在经济学和社会学方面的知识十分优秀。但是，我要提醒你的是，知识本就是空虚的东西，要是不把知识付诸实践行动，那就等于是没有知识，你不可能有什么成就的。更何况，书本上的知识，几乎都是那些苦心孤诣的学者们在象牙塔里编撰出来的，它是难以帮你解决实际问题的。

儿子呀，我不希望你一直都对你所学到的知识、学问有一种依赖的心理。我觉得这是你要想走人生坦途的关键。

你要明白，学问本身并不是什么了不起的东西，关键是将学问加以活用后创造出了不起的东西，这样学识才能够为你所用。而要想成为一个活学活用的人，你必须得先成为一个身体力行的人，你需要有实行能力。

那么，实行能力从何而来？依我说，它就潜藏在你每一次的吃苦当中。经验告诉我，用自己的双脚亲自走过一条布满艰辛、不幸、失败、挫折的困难之路，不仅能够铸就我们顽强的毅力，而且还磨砺了我们赖以成就大事的实行能力。只有那些在困难中挣扎着向上攀爬的人才知道如何千方百计地去搜寻解决问题的方法和手段，最终解救了自己。我所笃行的成功信念之一就是想尽一切办法去吃苦。

也许你会感到很惊讶，也可能会觉得这很可笑，因为在你，在大多数人看来，没有比想吃苦更傻的事了。其实不然，我的儿子，你要记住，那些没有过不幸经历的人才是更不幸的人。人在世间本就是短暂的，许许多多事情都是来去匆匆的，你看看那些一夜成名或者是一夜暴富的人们，他们哪一个不是很快崛起又很快销声匿迹了呢？一切都是虚幻的呀！只有你用自己的劳苦行动换来的东西才是永恒的，也只有吃苦才是你建造事业大厦的根基，没有这一坚实根基，那么你的事业，你的人生就好像是建造在流沙里似的，随时都有消逝的可能。我们应该看得远一些，要记住只有长时间的吃苦，才可以保证长时间的成功。

我知道你已经感觉到了，从你来到我身边工作以来，我从未给予过你重大的担子去挑，可是，儿子，这并不表示我不相信你的能力，我知道你是有那样的才能的，但是，我更希望你能够从小事做起，从一点一滴做起。因为做好了点滴的小事是做好大事的基石，倘若你从一开始就是高姿态进入你的事业，那么你就无法理解小事情对你人生事业的意义，如果你一直就是高高在上的大领导阶层人物，那么你就无法体会部下的心情，也就不能够调动起你部下的高昂工作情绪。儿子呀，世界何其大，光凭一己之力是根本无法做出任何成就的，要想在这个世界上占有一席之地，那你就必须得学会去借助他人的臂力完成你自己的梦想，而要用他人的臂力，你的部下就是你最好的借力人群，而要想借用他们的臂力，你就必须得体谅部下们的心情，你要想体谅他们的心情，你就得从一点一滴的小事做起，这样等到你走上更高的位置了，你就能够明白如何去借用他们的臂力达到你想要的目的了。

约翰，在这个世界上有两种人的头脑是特别聪敏的，一种是活用自己能力的人，譬如伟大的艺术家、学者、演员等；而另一种则是活用他人的能力的人，譬如商业领导人或政治领导人等。前者需要自身有特殊的潜能，而后者则需要不断地去挖掘他人的潜能，进而将他人的潜能为自己所用，这种人还需要的一种能力，就是虏获人心。不过，不是每一个领导者都有那样的能力的，有许多领导者都是聪明的傻瓜，在他们看来，虏获人心的办法就是由上而下的将军式指挥。但是，我却认为，这种压人一头的方式不仅不能够深得人心，反而还会丧失个人的领导能力。我们必须清楚的是，每个人都是有血有肉有感情的，试想有谁会对自己所受到的轻视或鄙薄不感到厌恶呢？当别人看不起你了，你还会为他卖命干活吗？所以说企图以压人一截的方式来虏获人心的领导者实在是无能之辈。

你不得不承认，要是将一头蠢笨的猪夸奖一番，它也是可以爬上树去的。擅长虏获人心的领导者或者是有所作为的人大多都有一种难能可贵的品格——宽宏大量、不吝赞美，因为他们懂得赞美他人的力量。不过，他们之所以会待人宽宏大量，乐于赞美别人也绝不仅仅是一种谋略，那也是他们真感情的投入。而事实上，往往是那些无论是对自己的事业还是对自己的部属都投入真感情的领导者最终必能够赢得胜利，而且同时还能够深得部下的敬重。

知识是人们不可或缺的成功条件，但是，有了知识也可能会让你变成知识的奴隶。要知道，先入为主的原理是每个人大脑里的自然反应，所以我们所学的所有知识都有可能一入脑子就成了定型的观念，这样的话，就很有可能会形成一种一边倒的保守心理，知识的条条框框束缚住了你那想纷飞的思想翅膀，你的一切想法都将围绕着“我知道”“我很清楚”“社会原本就是这样的嘛！”打转。一旦这种“我什么都懂”的思想进驻到你的心里，那你就很有可能会失去了解事情真实面目的兴趣，而没有了这种兴趣，你就会丧失前进的动力，那么等待你的就只剩下百无聊赖的空虚日子了。这就是为什么“懂得少”的人反而成功了的原因。

在现实生活中，出于自尊心和荣誉感的支使，一些戴着学识广博高帽子的睿智的人们总感觉说出“我不懂”三个字是件很丢人的事情，似乎是向别人请教，就表示自己很无知，那是一种见不得人的事，是一种罪恶。其实这只是自作聪明的人们的愚蠢想法罢了。这种人永远也不明白那句伟大的格言——每一次说不懂，就会成为我们人生的一个巨大转折点。

那些自认为自己很聪明，耻于说出不懂的人才是真正的傻瓜，而懂得装傻的人才是真正的聪明者。倘若我把自己的聪明度看做是捞取好处的基准，那么我真是愚蠢至极。

直至今日，我依然清晰地记得自己的一次装傻情形。那天，我正在绞尽脑汁地思考如何才能够筹集到1.5万美元的办法，冥思苦想地在街道上边走边思考。说来也真是蹊跷，正当我费尽周折却毫无结果地想着借钱念头的时候，一位银行家骑着马迎面走来，拦住了我的去路，我抬头望望骑在马背上的银行家，他俯下身子来对我说："洛克菲勒先生，你想不想借用五万美元的钞票？"我觉得有点儿不可思议，不相信自己竟会有这么好的运气。不过就在那一刻我也没有表现出丝毫的焦急和兴奋表情，静静地看着银行家的脸，然后慢条斯理地说："是的……不过，请给我24小时的考虑时间吧！"最终，我以极有利于我的条件获得了那笔借款。

孩子呀！装傻是一门技术，它会给你带来诸多的好处。装傻并不是真傻，它的含义是：低调行事、谦恭为人，换言之，就是要韬光养晦，将你的聪明包装在你的傻气下面。当你越是觉得自己聪明的时候，你就越要学会掩盖自己的聪明，正如那句古老的格言所说："成熟的稻子总是深垂着稻穗的。"

约翰呀，只有你爱好装傻，做事才会变得轻巧起来。所以，就从现在起，热爱装傻吧！

我能够想象得到，我离开后，让你去挑起大梁、独当一面，确实是一种挑战，不过这不是什么难事，我相信你是可以做到的。在我的经商道路中，我始终信奉着这样一句格言——请让我考虑一下再说。我做事的习惯就是在行事之前，要冷静地思考事情的方方面面，一旦决定要行事了，就会义无反顾将事情执行完毕。孩子，我希望你能够像我一样去行事，我相信你能做得更好。

——————疼爱你的爸爸

洛克菲勒见证智慧的小事迹

当一次“傻子”，狂赚2500万美元

一天，洛克菲勒到郊外去散步的时候看上一块地皮。他马上找到地皮的主人说要购买这块地皮，地皮的主人还以为他开玩笑呢，就没搭理他。洛克菲勒又告诉地皮的主人自己愿意出10万美元购买这块地，地皮主人越发不相信自己的耳朵了。但是当洛克菲勒真的将10万美元拿到他面前的时候，他终于相信了，心里狂喜不已，还暗暗嘲笑洛克菲勒：“花这么高的价钱在这样偏僻的地段购买地皮，不是傻子才怪！”

但是，令“聪明”的地皮主人料想不到的是，就在一年后，市政府竟宣布在郊外建设环城公路，这一下，那块地皮足足升值了150倍。城里的一位富豪想在郊区建造舒适的别墅群，就找到洛克菲勒说愿意花2000万美元购买那块地皮。但是，洛克菲勒却笑着对来找他的富豪说：“哦，先生，真是抱歉！我还没有意愿要将它出售给人家呢，我要再等等，因为我觉得它的价值还应该更大些。”因此，富豪没能买走那块地皮。果然，不出洛克菲勒所料，三年后，洛克菲勒以2500万美元的高价将那块地皮售出去了。

同行们对洛克菲勒的这笔“意外收获”很是惊讶和不解，大家都很想知道最初他是怎样得知后来会发生的事情的那些信息的，大家甚至怀疑洛克菲勒和政府官员有来往。但是，结果却是，洛克菲勒根本没有一位市政府职员朋友。

第二封
不甘示弱，挑战自我

经典格言：

1. 一个人思想的大小和他成就的大小是成正比例的。
2. 态度是我们最要好的伴侣，同时也是我们最难制服的敌人。
3. 在人生大海中，我们无法左右风向，但是我们却可以掌控自己的风帆。

July 19，1897

亲爱的儿子：

约翰！

今天，我享受到了一种极为美妙的感受，那就是沉浸在热烈、真挚的爱戴中的感受。这种美妙的感受是芝加哥大学的学生们赠送给我的礼物，我姑且就把它当做是我创建这所大学学府所应得的回报吧！不管怎么说，这于我都是一个惊喜。

说句真心话，我在决心投资创建这所大学学府之前，从未奢求过会在这里受到学生们像崇敬圣人般的爱戴，我的最初想法，就是想为弘扬我们最优秀的文化做些什么，就是想为我们的青年一代创造美好的未来，并期待着他们将来会创造新一代的未来。不过，现在，除了我的目的达到了，我还有了许许多多意外的收获，看来，这大概是我一生中最明智的投资了。

那些芝加哥大学的学生们的确都是些极为惹人爱的青年人，他们都怀有一颗满载梦想的心，他们憧憬着自己美好的未来，他们都想干出一番丰功伟业。几个满脸稚气的小伙子兴冲冲地跑向我，高声呼喊我是他们的偶像、榜样，他们竭诚地想听听我给他们讲一番道理。我无法拒绝他们的热情请求，他们就是未来的一个又一个洛克菲勒，我应该给这些雄心壮志的青年人们一些中肯的建议，于是我说：

“亲爱的同学们，一个人的成功与否是不能拿他的身高、体重、学历以及家庭背景来衡量的，决定一个人成功与否的关键是他思想的大小。一个人思想的大小和他成就的大小是成正比例的。其中最重的一点就是看待自己的思想，我们必须得克服人性中的最大弱点——不自信，我们要看重自己，千万不可廉价出售自己。同学们，你们自身是远比你们想象中强大的，所以，就将你们的思想扩大到同你们真实水平一样大小的程度吧！任何人都不该随便看轻自己。”

说到这里，场内就爆发了一阵热烈的掌声，很坦诚地说，我被这响亮的掌声彻底俘虏了，以至有些得意忘形，舌头已经不听理智的掌控了，我又说：

“历史的车轮滚动了数千年了，其中加载了许许多多睿智的哲人们给我们留下的忠告，其中就有一条简短而又经典的哲语告诉我们：要正确看待自己。这本是很具智慧的一句话，但是，现实生活中的大部分人却都偏解了这句话的含义，人们都只看到了这句话警醒自己看到自己消极的一面。因而太多的人对自己的评估都包含有许许多多的缺点和错失。我不反对人们认识自己的缺点和错失，因为那可以鞭策我们奋进，但是，一味地只看自己的缺陷，只能是将自己陷入混乱境地，最终将自己由假无能变成了真无能。

“对于那些一直都希望别人尊重自己的人来说，现实真是件残酷的事，因为别人看待他的眼神同他自己看待自己的眼神完全一样。人们都会不可避免地受到那种‘我们自己看做是什么样’的待遇。那些总是不自信，自认为自己比别人矮一截的人，无论他的实际能力是怎么样的，他所做出来的事情都一定会比别人差一截，因为他们自身思想已经有意识或无意识地调低并控制住了自己的种种行为。

“倘若一个人总觉得的自己处处不如人，他的举手投足之间就会透露出自己的不自信，从而给人的感觉就是他处处‘真的’不如别人。那些以为自己是‘非重要人物’的人，最终往往都会成为真的非重要人物。与之相对的，那些一直坚信自己就是重要人物的人，往往又会真的成为重要人物。因此，大家要想成为重要人物，就一定要告诉自己：‘我是重要人物’，让自己的内心认可自己的价值。要知道，只有你自己首先这么看待自己了，别人才会同你一样这样看待你。

“是人谁都无法摆脱这样一个递进原则：你如何思想会决定你如何行动，你如何行动会决定你受到怎样的看法。其实，要想赢得别人的尊重就像你们幻想自己的成功计划一样简单。为实现你们的成功梦，你们首先必须得自己觉得这个成功计划确实可行，并能够取得可行的成果。同样的，为赢得别人的尊重，你首先必须得自己觉得自己确实值得别人尊重，而且还要自己身体力行地尊重自己，这样的话，才会赢得别人的尊重。

“孩子们，你们仔细地想一想，你们是否会尊重那些整天晃荡于街道上的那些无赖之徒呢？不会，这是显而易见的答案。那么你们有想过这是为什么吗？我告诉你们，这是因为他们自己本身就不尊重自己，自卑和下流的思想腐蚀了他们的心灵，因而他们自甘堕落，他们自己都看不起自己，还怎能去奢望别人去尊重他们呢！

“你们不可不知道的是，一个人的自我观念其实就是他人格的核心，真正决定你们命运的就是你们自己，你们自己期待自己变成什么样的人，你们就真的会变成什么样的人。

“我相信这个世界上的每一个人，都有他自己想成为某个人的想法，无论这个人身居何地，也不管这个人是家世显赫还是默默无闻，更不论他是文明或野蛮、年轻或衰老，他都有一种很强烈的成为重要人物的欲望。大家仔细体会一下我的这句话，再仔细地想一想你们身边的每一个人，你的邻居、你的老师、你的同学、你的朋友、你的父母甚至是你自己，有没有一种强烈的想要成为重要人物的欲望？答案是肯定的，有，这是除了傻子以外，人人都有的一种最为强烈、最为迫切的要求，或者可以说是一种目标。

“但是，这个世界上并没有那么多的伟人，许许多多的伟大目标都在实现的途中就夭折了，这是为什么呢？为什么这些本该实现的目标都会化作泡沫呢？为什么许多人的梦想都只能成为了黄粱美梦呢？我觉得这是态度的问题。决定结果的就是我们的态度，态度就是我们的思想和精神因素的结合，它决定着我们的抉择和行动，更决定着我们最终的结果。从这个角度上来说，态度是我们最要好的伴侣，同时也是我们最难制服的敌人。

“在人生大海中，我们无法左右风向，但是我们却可以掌控自己的风帆，这个风帆就是我们的人生态度。当你选择了看重自己的态度，那么那些‘我真笨，我真无用，我算老几，我就是个无名小卒’等等贬低自己、消磨自己意志、腐蚀自己心灵的想法就会统统消失殆尽。而一旦这种腐臭的思想死水被你清理干净后，那些新鲜的思想活源就会很快地注入你的心池。这样一来，你的生活便从此明快了起来，你的思维和行动方式都有了积极的改变。你的自信心增强了，你的人生态度积极了，你面对一切的心态就是‘我可以！我能行！’

“年轻人们！倘若你们中间有谁还在不自信，不看重自己，那就请他至此打住吧。因为不看重自己的人，都将会成为妄自菲薄的平庸人。你们决不可看轻自己，任何时候都不可以。一定要学会用自己的眼睛看到自己的种种资产——优点。要时刻问问自己：‘我究竟有哪些优点？’行事是需谦恭，但是，在审视自己的优点的时候，却万不可太谦虚。

“你们要时时专注于你们的长处，要鼓励自己成为比想象中还要伟大的人。对自己要有长远的见地，瞻望一下自己的未来发展前途，而不是仅仅将目光锁定在现况上。要随时警问自己：‘那些重要人物会不会这样做呢？’这样的警问会有助于你们逐步走向伟大的成功人生。

“朝气蓬勃的小伙子们，从当下到成功之间的道路是由黄金铺就成的，不过，这条道路仅仅是条单行路。今时今刻，我们所需要的是一种积极乐观的人生态度。在哲学上，哲学家习惯把乐观同‘希望’画等号。但是，我告诉你们，这是不对的，这是对乐观的一种片面看法。乐观是一种信念，是一种永远相信生活是乐多苦少的信念，一种坚信虽然不如意的事情频繁发生，但是好事终将会占主角的信念。”

儿子，你可知道，就在我短短十几分钟的即兴演讲过程中，竟然博得了多达八次的热烈掌声。但是，很遗憾的一点是，激烈的掌声干扰了我本该清晰的思路，我头脑里的一个重要观点竟然被热烈的掌声给击散了，这个没有被我说出口的观点就是提高思考能力的重要性。这是帮助他们提高种种行动水准的一个想法，是会使他们大有作为的想法，只可惜它没有迸出我的嘴巴。不过，我还是为自己的舌头竟然那样有魅力而感到高兴。

——疼爱你的爸爸

洛克菲勒见证智慧的小事迹

创建芝加哥大学

标准石油公司在掌控全美石油业之后，“托拉斯（大型垄断企业）鼻祖”洛克菲勒便成了“镀金时代”的一个象征，因而也就成了众人批评议论的焦点人物。在这场越演越烈的批评议论声中，洛克菲勒受到了政府的严格审查。

1888年，纽约州参议院的一个委员会在调查标准石油公司时才领略到同洛克菲勒打交道的难处。一位送传票的司法人员来到百老汇26号公司办公室，却被秘书告知洛克菲勒先生已经出城了。传票员来到第54西大街4号，又被告知洛克菲勒先生的确在家，但是今天不见外客。传票员怕这位大人物第二天一大早就开溜了，于是就在洛克菲勒家的门廊下凑合了一晚上。然而，他意料当中的事情还是发生了，第二天一大早他就按响了门铃，但是出来开门的仆人却告诉他，洛克菲勒先生已经离开了。标准石油公司为了让洛克菲勒能够在参议院的听证会上应答自如便聘请了一位名叫约瑟夫·乔特的著名律师来指导他。一见面时，洛克菲勒很热情地同乔特打了招呼，但是过后便歪坐在长椅上露出一副没精打采的样子。乔特想就公司的事务征求他的意见，可是洛克菲勒只是同他打哈哈，关于公司的事情却只字未露，这使得乔特有些心灰意冷，甚至有些焦虑。

1888年2月的一个上午，身着外套、头戴礼帽的48岁的洛克菲勒，在律师乔特的陪同下来到纽约市最高法院坐满听众的法庭上。乔特一开始还很担心，但是很快他就发现那根本就是没必要的举动。洛克菲勒和那个时代的许多商人一样，擅长于做出模棱两可的回答。而且还似乎变成了一位茫然不知所以的健忘之人，和蔼可亲却有点思维混乱，似乎是迷失在了标准石油公司这个巨大的迷宫里一般。向洛克菲勒发出提问的是该委员会的法律顾问罗杰·普赖尔，他用凶狠的目光盯着洛克菲勒，用手指指着他以示谴责。洛克菲勒始终保持着一脸的平静，这使得两人形成了强烈的对照。洛克菲勒这次来是怀着获胜的希望来的，在证词中他首次提供了标准石油公司在1882年起草的托拉斯协议，同时还公开了8位现任受托人的姓名，透露了公司当时拥有的700位股东。最令人吃惊的是，他列出了41家属于托拉斯的公司，其中有许多还是首次被公开这层关系。为了反驳认定标准石油公司就是一家垄断企业的说法，洛克菲勒还提交了一份同标准石油公司有竞争关系的111家炼油厂名单，同时还讲述了标准石油公司与俄罗斯石油业展开激烈竞争的动人故事。

但是，不管洛克菲勒所提供的证词是怎样的出色，也不管他讲的竞争故事是多么动听，最终，该委员会的报告还是称标准石油公司为“本大陆最难对付的金钱实体”“原始的托拉斯”。洛克菲勒为此不得不大量捐钱，不过他捐钱的速度远赶不上收入增长的速度。他费了几年的时间，才学会用一种科学化而又系统化，还和他的财富规模相对称的捐钱模式。也就是在这时期，在这样的模式下，他创立了芝加哥大学，并以此最终确定了今后作为慈善家的工作方式。

可是他却不愿将自己的名字与这所大学联系起来。洛克菲勒是个极不喜欢在公开场合抛头露面的人，校长威廉·雷尼·哈珀终于说服他出席1897年7月举行的建校五周年庆祝活动。然而，这位赞助人却表示不发表演讲，只想轻松地在校园里偷偷地欣赏一两个小时。这天，三千多名衣冠楚楚的学生和教授涌进校园里，只有一个人身着普通礼服，头戴丝质礼帽，走路时还像儿时一样，眼睛盯着地上。当他走上主席台时，大家的双眼注视着这位深居简出的美国传奇人物。第二天上午，洛克菲勒骑上自行车，穿着运动装参观了整个校园。

第三封
起点高低，终点未必

经典格言：

1. 命运的方向取决于一个人的行动，而不取决于一个人的出身。
2. 身享特权却毫无一力的人是废物，接受过优良教育却不能够影响世人的人是一堆毫无用处的垃圾。
3. 在这个世界上，永远也没有穷富世袭和成败世袭之说，只要你努力，只要你奋斗，你就会成功。

July 20，1897

亲爱的儿子：

约翰！

你满心期待着可以永久地和我一同出航，这样的想法听起来很是不错，但是，你却没有想到我不是永远可以搭载你的船长。上帝赐给每个人一双脚，为的是让大家能够靠它走出一条不平凡的路。

孩子，也许你还没有做好独自航行的准备，但是，我需要告诉你的是，在我所置身的那个到处弥散着挑战与神奇的商业世界，是你生活的起航点。你要在那里开始享受你从未享用过的人生盛宴，这又是关乎你的未来人生的一场华美盛宴，摆在你面前的是品享命运美味的刀叉，你必须得学会靠你自己的味觉去品尝命运女神奉献给你的每一道菜肴。

因为你是我的儿子，我当然会期望你能够在这个业界走出一条耀眼的康庄大道，而且我还希望那辉煌的时刻就发生在不久的将来，我期待着看你超越于我，在业界有卓尔不群的表现。为了让你能够享有迅速飞黄腾达的绝佳机会，我将你留在我的身边，这样做，也只是想给你的事业生涯一个良好的高起点而已。

这对你来说，没有什么可值得庆幸和炫耀的，我也不需要你的感激。合众国的建国信念是人人生而平等，但那是相对于政治权利以及法律权限上来讲的，在这两方面上每个人所享有的权利是平等的，但是在经济和文化上，这一信念就没有任何意义了。假设我们所处的这个世界是一座巍峨的山峰，如果你的父母是生活在山峰上的，那你绝对不可能出生在山谷里；如果你的父母生活在山谷里，那你也绝对不会出生在山峰上。其实，在大多数情况下，你父母所处的位置是会决定你的生活基点的。

但是，你要知道，这并不意味着，生活起点不同的人们，他们的人生结果也就被永远固定了。你要记住，在这个世界上，永远也没有穷富世袭和成败世袭之说，只要你努力，只要你奋斗，你就会成功，这就是我成功的经验。我坚信，命运是掌握在我们自己手里的，是我们的行动决定我们的命运，而不是我们的出身决定我们的命运。

正如你所了解的那样，你的爸爸——我，小的时候是个家境贫寒的穷小子，我上中学的书本都是向好心的邻居借的，而我的商业人生开始的基点，也仅仅是一份周薪只有5美元的簿记员工作罢了，但是我却凭借着自己的不懈努力打造出了我自己的一个石油王国。也许这在别人的眼里就是一个传奇，可是，在我的眼里，这却是我持之以恒奋斗的回报，是命运之神对我奋斗表现的奖赏。

儿子！你要记住，这个世界上，上帝给每个人的机会是没有绝对公平的，可是，只要我们努力了，所得的结果却可能是平等的。历史长廊中，不管是政界还是商界，这样的例子俯首皆是，尤其是在商界，多少幻化风云的英雄人物都是由一穷二白的无名人士崛起的，他们也曾被贫穷所困扰而没有足够的机会，可是他们却最终凭借自己的努力成就了一番伟业，造就了自己的一世英名。然而，在我们的历史长河中，也不乏富贵人家纨绔子弟身败名裂的事例。据麻州的一项统计显示，平均每十七个富家子弟里面，就会有一个在他逝世的时候沦为贫民。这就如那句古话所说："从来纨绔少伟男"呀！

很久以前，流传过这样一则讽刺富家子弟败家的小故事——一群人坐在费城的一家咖啡厅里聊天，一人说："我听说X先生是位白手起家的百万富翁耶！"而坐在他旁边的一位聪敏而幽默的先生却说："是呀！他是一位百万富翁，不过，不是'白手起家'而是'摆手弃家'的一位百万富翁，他是从他父亲那里继承了两千万，然后挥一挥手将其变成了一百万！"

听了这个故事，所有人的第一反应是狂笑一番，可是，儿子，静下心来想一想，你难道不会觉得这是一则令人寒心的故事吗？然而，如今这个社会里静下心来思考这个问题的人很少，今天的富家子弟们还不知道自己正处在一种不进则退的窘境之中，他们不知道自己终将有一天会成为人们怜悯、同情，甚至是嘲笑的可怜人，他们也不明白，自己总有一天会从天堂坠入地狱。

一个荣耀延年、成功延世的光荣家族，并不能够保证其子孙后代有一个美好耀眼的未来。我不能否认优良起点对一个人的未来有莫大的帮助，但是我更可以确定一个优良的起点并不能一定可以帮助一个人获得成功。我一直都在思考这个对富家子弟而言有些悲剧性结局的问题——富家子弟在人生或者说是在事业起跑线上是占有优势的，但是，正是这个优势使得他们丧失了学习和发掘生存所需技能的机会。相反，那些生活在社会底层的贫穷子弟出于生活所迫而去积极地学习、挖掘、运用那些生存技能，他们珍视甚至是去抢占每一个发展的机会。我也一直在观察富家子弟和贫家子弟之间的差距，我发现，相对于贫家子弟而言，富家子弟缺少一种拯救自己的野心，他们的心里所存留的是祈祷上帝的帮助，祈祷神的保佑。

出于这样的考虑，我在培养你和你的姐姐们的时候，从小我就给你们灌输一种诸如崇尚生活节俭、个人奋斗的观念。作为你们的父亲，我更加清楚地知道该给予你们什么，不该给予你们什么。我清楚地知道金钱给人们带来的腐化作用之快捷，它会毁了你们的人生，会让你们失去快乐，会让你们变得飞扬跋扈、不可一世，最终会将你们拉入堕落的深渊。所以我绝对不会愚蠢到用我自己的财富埋葬了我亲爱的孩子们，使得你们变成不思进取、只知依靠父母遗产的软弱者。

一个人真正能够使自己感到快乐的是享受自己的创造而不是索取别人的劳动成果。那些如同海绵吸水一般只知索取，不知给予的人们是会失去快乐的。

在这个世界上，不存在不渴望过上快乐、富贵生活的人，不过，多数人都是可望而不可即罢了，真正懂得富贵快乐生活来源的人真是少之又少呀！我觉得，真正富贵快乐的生活，不是来源于高贵的血统，更不是来源于富贵的生活方式，而是来源于高尚的人格——强大的自立精神。这是有依据的，你只要看看社会上或是历史上的那些博得世人敬仰、魅力四射的高贵人们，你就可以知道自立精神的可贵了。

儿子！我牵念你的每一个举止。不过，我对你还是满怀信心的，这种信心是比牵念更深刻的，你的优异品格我是深信不疑的，我坚信在你的内心里存在着一种比世界上任何财富都有价值的芬芳人格的，它将会成为你充实而成功人生道路上的一双丰满羽翼，它将会搭载着你飞向美好的前程。

儿子，我希望在你的内心里能够有一个这样强烈的概念：人生的起点会给人生的结果造成一定的影响，但是绝对不会决定人生的最终结果。在你的人生中或者说是事业上，能力、态度、性格、野心、手段以及运气之类的因素也都扮演着重要的角色。你才刚刚踏上你的人生征程，一场险恶的人生之战已经在你的面前上演。孩子，我能够感觉得到，在你的胸膛里藏有一颗强烈想要成为这场战争的胜利者的雄心，但我要提醒你的是，每一个人尤其是每一个身强体壮、年轻气盛的青年人都存有这样一颗好胜的心，而最终的胜利者称号是属于那些决心做好一切准备的人们的！

约翰呀！我的好儿子，身享特权却毫无一力的人是废物，接受过优良教育却不能够影响世人的人是一堆毫无用处的垃圾。只有你能够找到你自己的目标，上帝才会向你伸出援助之手。

——————疼爱你的爸爸

洛克菲勒见证智慧的小事迹

从贫民窟到世界首富

约翰·D·洛克菲勒，这个已经是世界首富代名词的名字，常常给我们以无限遐想。我们都知道，洛克菲勒出生于贫寒之家，的确，这是个不争的事实，那么这个出身于贫民窟的人有着怎样的智慧能够促使他走上世界首富的宝座呢？看看下面这个小事件，你就会发现洛克菲勒有着怎样的致富天才了。

和大多数贫民子弟的孩子们一样，洛克菲勒也是个争强好胜、喜欢逃学的孩子。但是，与众不同的是，洛克菲勒从小就有着独具一格的发现财富的眼光。他在逃学的时候，在街道上捡到一辆破旧的玩具车，他将玩具车带回家修好后，拿到学校里让同学们付费玩耍，每个同学付费0.5美分，结果，一周之内，小小的洛克菲勒竟然用那辆破玩具车赚回了一辆崭新的玩具车。

他的老师针对这件事曾经发表过自己深感遗憾的感言："可怜的孩子，倘若你是一位富家子弟，那你一定会成为一个了不起的商人的。只可惜，上帝偏偏将你托生在了贫民窟里，唉，这断绝了你的一切可能了呀！在那样的家庭里，你能成个地摊小商贩就算是幸运的了。"

但是，洛克菲勒的这位老师做梦也没有料想到，就是这个在他眼里连成为一个地摊小商贩都是侥幸的孩子，日后竟然会成为大名鼎鼎的世界首富。

第四封
天堂地狱，态度之差

经典格言：

1. 辛苦劳动的最高报酬，不在于我们从中获得了什么，而在于我们会因此成就什么。
2. 倘若你将劳苦的工作看作是一种生活的乐趣，那么人生对于你来说就是敞亮的天堂，倘若你将劳苦工作看作是一种必进的义务，那么人生对于你来说就是黑暗的地狱。
3. 天堂也好，地狱也罢，其实都是取决于你自己的抉择的，天堂是你自己搭建的，地狱也是你自己筑造的。

November 9，1897

亲爱的儿子：

约翰！

我曾经听说过这样一则耐人寻味的寓言故事，说：在古老的欧洲，一位因不愿意承受劳苦工作的人自杀身亡了，当他再次睁开眼睛的时候，他发现自己已经由每天都在劳苦工作的人间来到了一个极为美妙的享乐世界。当他一走进那扇享乐大门的时候，马上就迎来两个侍者模样的人很谦恭地问他："先生，请问您有什么需要吗？我们可以为你提供一切您想要的快乐生活——全天下的美味佳肴，一切可以供您娱乐的活动，以及各种各样的消遣方式，美丽清纯的妙龄少女可服侍您安享生活，总之，一切您能够提出的享乐要求，我们都能够为您提供。"

逝者听后先是感到惊讶，接着就觉得自己真是幸运，居然超升到了温柔乡、安乐土里，这真是万幸呀！心中还暗自高兴自己竟然如愿来到了一个没有繁重劳务的世界！于是，他开始了奢靡的享乐生活，每天都在品味佳肴、享受美色滋味。日子长了，他感觉佳肴已经不再是美味，美色也不再可以使他感到欢乐了，他开始怀念在人间的悲苦生活了，终于有一天，他将侍者叫来，告诉他们自己已经对这些享乐生活感到乏味了，现在只想要一份工作，好让自己忙碌起来，感到有事可做。但是两位侍者却面无表情地回答他："抱歉，先生，我们这里有一切可以供您享乐的东西，就是没有让您劳累的工作。"

逝者听后非常沮丧，他开始感到愤怒，不禁抱怨道："怎么可以有这么糟糕的事情，那么还不如将我投向地狱呢！"

两位侍者温和地对他说："那么，您以为您自己现在是在天堂吗？"

约翰呀！我的儿子，你是不是也感觉到这则充满幽默感的寓言故事也很有内涵呢？我一听到这则故事的时候感触颇深，我感觉它似乎就是在告诉我们："快乐是同工作相生相依的，谁要想把工作抛弃，那么也就意味着，他同时也将快乐抛弃了。”可是，很不幸的是，一些人并没有看过这则寓言，有些人即使看过这则寓言了也没有看清它的深刻内涵。不然的话，也就不会有那么多人总是等到失业之后才能够感受到这一真理了吧！唉，只可惜当他们感悟到这一真理时，他们的人生也已经变得很不幸了。

我真为自己感到幸运，因为我还没有尝试到失去工作的滋味呢！但是，我并不是在感到自己的运气好，而是觉得自己能够掌控自己的命运真是幸运，我甚至都感到自豪。我和所有人的经历都是一样平凡的，我也是从大家认为是不理想的工作做起的。不过，我从未感到自己所从事的工作仅仅是一份乏味的苦差，而是觉得它能给我带来无限的快乐。

在我看来，可以工作是每个人的一项特权，它所给人们带来的快乐是远远超过换取维持生命的面包的。工作其实是奠定商业基础的起步，是富贵昌盛的源头，更是磨炼天才的伟大教师。工作使朝气蓬勃的青年人奋发有为，它赐予一个人的东西远远比父母赐给孩子们的巨额财富更有价值。工作的价值是以微薄的薪资储蓄表现出来的，尽管卑微却是奠定幸福生活的基础。可以说工作是给人们平淡生活增味的五味瓶。但是人们必须得学会品味它，否则只会觉得酸、甜、苦、辣、咸混合出的生活真是繁琐。只有爱工作的人才能享受到工作为人们带来的恩惠和欢乐。

在我刚刚踏入商界大门的时候，总是会听到人们感慨地说：“哎呀！一个生活在事业谷底的人想要爬到事业的巅峰是需要做出很大的牺牲、付出很大的代价的。”然而，时间向我证明了他们的说法是有多么的愚蠢，在我自己成长的过程中，我了解到很多爬向事业巅峰的人们，我发现他们根本没有像有些人说的那样“牺牲什么，或者说是在付出什么惨痛的代价”相反，我看到的他们却是很幸福的，因为他们每天都在努力完成着自己所喜爱的工作。不管是在哪一行业，那些爬上事业巅峰的人们永远都是在工作中完全投入的人，因为他们专心于自己心爱的工作，发自内心地喜爱自己每天所做的事情，因而也便自然而然地成功了，或者说是爬上事业巅峰了。

不过，生活中，有些人显然是不够聪明，他们野心勃勃，却对自己所经历的每一份工作太过挑剔，在他们的心里一直存在着一个“完美工作”或“完美雇主”的泡沫，他们觉得那个泡沫很美，现实生活中也存在。但他们不知道，事实上，他们的想法仅仅只是一个泡沫罢了，无论是多么仁慈的雇主，他需要的都是诚实而努力又能够准时工作的员工，他只会将优厚的薪资和最佳的升迁机会留给那些分外认真、分外努力、分外忠心、分外热心，又乐意花足够的时间完成工作的员工，因为他是个商人，而不是个慈善家，他所需要的是能够为他创造更大价值的人。

一个人不论他的野心有多大，他都得有个起步发展的过程，才能够爬向事业的巅峰。就好比伟人也必须得经过懵懂婴孩时期一样。万事开头难，可是开头后能够坚持下去却更难。对于那些做起来有些棘手的工作，可能会给我们带来一些不快，但是越是这些棘手的不快问题我们越要马上去解决。不然的话，等到拖久了，问题就是变得更加复杂也更加困难了。这就像是射击一样，往往是你愈加长时间地去瞄准，你射击到目标的可能性愈加渺茫。

我永远也不会忘记我的第一份工作的经历，正如你所了解的，你的爸爸，我，第一份工作只是个不起眼的簿记员。那时候，尽管我每天都得天不亮就起床去工作，办公室里的鲸油灯又非常昏暗，但是我却从未感到工作的乏味，恰恰相反，它令我感到喜悦和着迷，我甚至热衷于办公室里的一切繁文缛节，这样换来的结果就是老板给我的不断加薪。

孩子，你要记住，工资收入仅仅是你工作的额外收获，做好你的本职工作，总有一天你会获得你理想的薪资的。而且，更为重要的是，辛苦劳动的最高报酬，不在于我们从中获得了什么，而在于我们会因此成就什么。那些头脑灵活的人们努力工作绝不仅仅是为了工作所获得的薪资，真正能够支撑着他们激烈燃烧工作热情的缘由绝对是一种高于敛财欲望的东西——高尚的事业精神，在他们的心灵里正绽开着迷人事业的花朵。

说实在的，我承认自己是一个雄心勃勃的野心家，从小在我的内心里就长有一颗巨富的种子。在我看来，在休伊特–塔特尔公司的工作经历绝对是一个磨炼我才能，给我一个大显身手的舞台的好去处。这是一个代理各种商品销售的公司，旗下拥有一座庞大的铁矿厂，还经营着给美国经济带来革命性变化的铁路与电报技术，这两项也是它赖以生存的技术。我不会忘记，是它像一位指点人类智慧的先知一样将我引领到了一个趣味横生、绚烂耀眼的广阔商业世界，是它教会了我数字与现实世界的联系，也是它让我见证了运输业的魅力，更是它培养了我商人最基本的能力与素养。所有的这些都给我日后在商业世界打拼奠定了良好的基础，说句很公正的话，就是没有在休伊特–塔特尔公司的历练，我是不可能创建我的宏功伟业的，至少可以说是不可能那样顺利地走上我的事业巅峰的。

即使是到了现在，只要我一想起休伊特和塔特尔两位伟大的先生的时候，内心里还存满了对他们的感激之情。那段工作经历是我奋斗人生的起点，我在那里打下了我奋发创业的良基，怎么能够不对那里的一切心存感激？！对于在那里的三年半的工作经历，我终生都会满怀感激之情的！

由于对我的工作经历存满了感激之情，所以我从来没有像有些人一样埋怨老板说："我们就好像是他们的奴隶一样，他们总是给人一种高高在上的感觉，他们将我们踩在脚下，赶到尘土里去，而他们自己则住在华美的别墅里享乐；这是多么的不公平呀！在他们床前的保险柜里存满了金条，那是他们剥削我们的，他们的每一块钱都是从我们的身上压榨来的！"我有时候甚至很好奇，这些只知道抱怨老板的人们有没有想过，究竟是谁给了你就业的机会？是谁给了你建立家庭的机会？又是谁为你提供了发展自己的舞台？倘若你已经意识到了人家在剥削、在压迫你，那你为什么不结束人家对你的压榨呢？何不挥一挥手，不带走一片云彩般地潇洒离开呢？

工作和生活的好与坏都是由你自身的态度所决定的，这种态度决定了你工作和人生的结果，更决定了你的情绪的波动倾向。有一个大家耳熟能详的故事，说：三个石匠在做着同样的雕刻工作，当有人问起他们同一个问题"你在做什么？”的时候，三人的回答迥然不同，一个人气喘吁吁地说：“您不是看到了嘛？我正在凿坚硬的石头呢！哎呀！今天真是累死我了，好在这是最后一块儿了，凿完这一块我就可以回家吃饭了！”在这种人的眼里，工作永远是上帝对他们的惩罚，从他们嘴里迸出来的评价自己工作的词，永远都是“累！”

另外一个人的回答是：“您看到了嘛！我正在做一座雕像呀！这可是很劳苦的一份工作呀，不过毕竟这份工作的酬劳还是蛮高的。我的太太和我的孩子们还等着我的工资糊口呢！”在这种人的眼里，工作永远是一种不得不完成的义务，从他们的嘴巴里时常迸出来的评价工作的词是“我得养家糊口呀！”

接着该轮到第三个人发言了，他放下手里的雕刻锤，然后很郑重其事地回答说：“看吧！朋友，我正在雕刻一件完美的艺术品呢！”说话的语气里还存满了自豪的腔调。在这种人的眼里，工作永远是一份荣耀，他们以工作为乐，从他们的嘴巴里迸出的形容工作的词是“这个工作是一件很有意义的事呢！”

天堂也好，地狱也罢，其实都是取决于你自己的抉择的，天堂是你自己搭建的，地狱也是你自己筑造的，这一切的关键是在于你自己。当你给自己的工作赋予了神圣的内涵，那么不论你自己所从事的这份工作是大是小、是好是坏，你都会觉得它很有意义。但是，当你把工作看成是一种必须完成的义务甚至是惩罚的话，那么再简单、再高尚的工作，在你看来也会很复杂、很困难，而工作往往又是这样的——你越是喊难、累，你就越会觉得它让你筋疲力尽。而相反你不喊累、不叫苦，反倒觉得它很有趣、很简单。总之，你不要去嫌恶一份工作，而是要去喜好一份工作，不论这份工作在别人的眼里好与坏、大与小。

儿子呀！约翰，倘若你将劳苦的工作看作是一种生活的乐趣，那么人生对于你来说就是敞亮天堂，倘若你将劳苦工作看作是一种必进的义务，那么人生对于你来说就是黑暗的地狱。当你在工作中感到痛苦、煎熬，不妨改变一下你的工作态度，就会觉得一切都是那么的轻松、愉悦。

——————疼爱你的爸爸

洛克菲勒见证智慧的小事迹

改变人生

老约翰·D·洛克菲勒在他33岁那年赚得他人生的第一个100万美元。到了43岁那年，他建立起了一个世界最庞大的垄断企业——美孚石油公司（标准石油公司）。在他53岁那年，因为一种莫名的消化系统疾病，身体的毛发持续脱落，甚至连睫毛也没能幸免，最后只剩下几根稀疏的眉毛。

他是世界上最富有的人，却只能靠简单饮食为生。他每周的收入高达几万美金，可是他每周所能吃下的食物却仅仅值不到两美元的金钱。因为医生只允许他喝酸奶，以及吃几片苏打饼干。他的皮肤毫无血色，身体消瘦不堪，简直可以说成是皮包骨了。他只能花费大量的金钱来购买世界顶级的医疗，使得自己不至于在53岁时就离开人世。

这是为什么呢？医生给大家的解释是，因为忧虑、惊恐、压力及紧张所造成。实际上，他已经将自己的一半身子逼进了坟墓里。他总是那样毫无休止、全身心地追求着他的宏伟目标。据亲近他的人说，他每次赚了大钱，庆祝的方式也不过是将礼帽丢到地板上，然后跳上一阵土风舞。但是倘若是赔了钱，他就会生一场大病。有一次，他取道太湖区水路运送了一批价值4万美金的粮食，保险费需要150美元。他觉得价格昂贵，因此就没有购买保险。但是，他得到消息说当晚伊利湖有飓风，于是他整夜都在担心货物受损，第二天早上，当他的合伙人跨进他的办公室的时候，发现他正在焦虑地来回踱步。

他对合伙人说："快去看看我们现在还来不来得及投保。"合伙人奔到城里去找保险公司了。但是，当合伙人喜气洋洋地返回洛克莫菲勒的办公室的时候，却发现他的心情更加糟糕了。这是因为他刚刚收到电报，说他们的货物已经安全抵达了！所以，洛克菲勒才会越发的生气了，因为他们才刚刚花了150美元投保呀！

他的合伙人加德纳同其他人合伙花2000美元购买了一艘游艇，洛克菲勒坚决反对，但最终加德纳还是购买了，洛克菲勒坚决拒坐游艇出游。

加德纳发现洛克菲勒周末下午还在公司工作，就对他说："来嘛！约翰，我们一起出海游玩去吧！航海对你的健康有益，就将那些烦人的生意统统忘掉吧！找点乐子嘛！"可是洛克菲勒却警告他道："乔治·加德纳，你是我所见过的最奢侈的人了，你这样做会损害你在银行里的信用，连我的信用也会受到牵连，再这样下去，我的生意是会被你拖垮的。我坚决不会坐你的游艇，我甚至连看都不想看一眼。"结果，他在办公室里工作了整整一下午。

后来，医生却告诉了他一个惊人的事实，他只能在财富和他的性命之间做出选择。医生们一再警告他：倘若还不退休的话，那就只有死路一条了。

他欣然地接受了医生们的建议，退休了。他开始学习打高尔夫球，从事园艺，与邻居聊天、玩牌，甚至是唱歌，而且他也开始想到别人了。

洛克菲勒了解到世界各地具有远见卓识的人，正在从事许多有意义的工作，很多人都在进行许多研究，有人想成立大学，有许多医生在努力与疾病战斗——可是，因为缺乏经费致使"胎死腹中"的情况太多了。因此，他决定帮助这些人类的先驱者，不是像过去那样收买过来，为他赚钱，而无偿地为他们提供经费，帮助他们完成他们的事业，造福人类。

第五封 当机立断，当下行动

经典格言：

1. 机会是靠机遇得来的。
2. 不良的习惯会左右我们人生的成败，它很容易在我们的体内生根发芽，却很难将其连根拔掉。
3. 一个稍微有些瑕疵的构思得以成功实践，要强过千个空想而未付诸实践的完美想法。

December 24，1897

亲爱的儿子：

约翰！

那些聪明人的睿智言语总是能够在我的头脑里留下深刻的印象。我还记得有位聪明的人说过这样的一句话：“教育的意义涵盖着诸多方面，不过它本身却不会告诉你任何东西。”透过这句睿智的话语，我似乎看到了一个真理：在你没有采取任何行动的情况下，人世间再美丽、再实用、再可行的哲理对你也没有任何意义。

儿子呀，我一直都坚信，机会是靠机遇得来的。所谓“智者千虑必有一失，愚者千虑亦有一得。”即使是再完美的构思也会有它缺陷的一面的，再糟糕的计划也还是有它可行的一面的，两者之间的区别不在于哪一个更完美，而是在于哪一个更加可行。一个极为普通的计划实施了并且得以发展了，也是比一个几近完美的计划实施到一半就中途停止了的好。因为那个被实施了的普通计划能够贯彻始终，而那个被终止了的完美计划却前功尽弃。所以说，成功是没有捷径或者是秘方的。要想在你的一生中取得理想的成果，拥有卓尔不凡的才智以及过人的学识那是再好不过的了，但是没有这些也无可厚非，只要你肯采取行动、努力工作，你就会离成功的巅峰越来越近了。

但是，大多数人都没有汲取这个极为有意义的教训，结果使得自己最终沦为庸俗之辈。就看看那些碌碌无为的普通人们吧！你看看他们每天是怎样忙忙碌碌地生活着，又是怎样最终一事无成的，只要你细心观察就不难发现，他们每天都是在被动地过活，他们的嘴巴永远比头脑和双手更灵活，借口是他们一生都在追寻的东西，他们终身都在搪塞别人，可是最终却毫无意识地搪塞了自己的人生。他们的多说少做甚至是只说不做的行为最终由他们自己证实了是错误的，但是遗憾的是，到了那时候，他们已经来不及纠正了。

同这类人相比，也许用聪明或狡猾来形容我自己也是不为过的。比尔·盖茨先生曾赞扬我是一个行事主动、自立自发的行动者。我对于这一赞扬很是喜欢，因为我真的做到那样了，可以说是名副其实吧！我可以很自豪地告诉你，儿子，在你爸爸的身上，积极主动绝对是一个明显的标志，我讨厌纸上谈兵的做法，我所信奉的是“多做少说”原则。因为我很清楚，只有行动了才会有结果，空口说想法无异于画饼充饥，那是不切合实际的做法。儿子呀，你要记住，在这个世界上，没有任何一件东西不是由一个个构想付诸实践所得来的。生命在于运动，成功在于行动。

人们都知道，人生没有智慧和知识是虚空的，但是，更令人们沮丧的是，空有智慧和知识而没有行动又是无用的。只有行动和智慧相结合，或者说是将智慧表现在行动上，一切才有可能。但是，事物又都是具有两面性的，而人生又是需要有节制的。对于一个人的行动和智慧来说，我们不可以毫无节制地去用自己的智慧做好行动前的一切准备，因为你要知道，即使是再周密细致的计划方案都不可能预测到最终的行事结果的，而迟迟不去付诸实际行动的话最终只能是造成徒然浪费时间罢了；同样的，如果一味地贸然行动，没有一个详尽的周密行事计划，最终也不能够达到行事目的。

当然，我不否认计划方案的重要性，一个周密细致的计划是获得理想结果的首要保障，可是，如果计划方案没有付诸实践的话，再好的计划也是不可代替行动的重要性的。这就好比打高尔夫球一样，倘若我们没有打过第一洞，又如何去打第二洞呢？计划影响结果，但行动决定结果。没有行动，空谈计划，一切都是空白。世界上没有一劳永逸的事情，也不能够买到万无一失的保险，唯有我们用自己的行动才可以将我们的思想付以实现。

没有将自己的思想付诸实际行动的人们，都有一个通病——安于现状，拒绝改变。这是他们不自觉地培养出的一个不良习惯，在我看来，这种不良习惯具有欺骗甚至是毁灭自己的危害，因为世界万物都是处在变化运行中的，就像人会不可避免地死去一样，事物都是在无可避免地改变的。可是，他们因为内心里对未知世界感到恐惧，所以他们拒绝改变，即使是现实生活令他们感到不满，他们也不愿意战胜自己内心里的恐惧感而去改变身边的一切。看看那些本该事业有成，却最终一事无成的人们吧！他们野心勃勃，思虑重重，可是他们就是不能够将自己的这些抱负、思想付诸实践。这让你看了感到不同情他们都难。

孩子呀，我不可否认的是，在每个人决定一件大事情的时候，他的内心里或多或少都会产生担心、恐惧的想法，对于自己做出的抉择终究会有一些做与不做、对与不对的困扰的。但是，那些“行动派”的人们显然在事业热情的烈火鼓舞下，战胜了内心的恐惧，做出了明智的判断，最终将思想的火花付诸现实的行动，即使是在实践过程中遇到了种种困难，他们也会绞尽脑汁，想尽一切办法来解决问题，进而去完成自己的心愿、达成自己的目标。

那些没有将自己的行动付诸实际行动的人们大多很天真，他们总喜欢坐视事情的发生过程，却不知道如何去改变或者是影响事情的发展局面。他们甚至天真地认为，周围的人会对自己的事情很感兴趣，但是殊不知，人们只对自己的事情更感兴趣。就像去做一桩生意，我们只关心自己的利益波动，当获利比重加大了，我们就会更加积极主动地去采取行动，而其他人根本不会在乎我们的任何举动的，因为，我们的成败与他们无关。在我们自己的事业发展过程中，最好是自己积极主动地去推动事态的发展，一旦我们自己怠惰、退缩，等待着别人去改变局面，那么其改变的结果一定会令你大为失望的。

靠天靠地不如靠自己，一个人只有依靠自己的能力去完成自己的事情，才不会感到结局失望。而依靠自己解决问题的同时也就增加了掌控自己命运的机会。聪明的人总是会让事态沿着自己的意志方向去发展。

人生最可悲的不是遇到许许多多的挫折，而是没有足够的时间去将自己的想法得以实现，因为自己想做的事情太多了，结果却感到无从着手，一想到每件事情的庞大繁琐，就会感到头大脑昏，于是对于自己的想法便产生了畏惧倾向，结果事情总是一拖再拖，终究成了个一事无成的人。我们必须承认的是，人的一生是短暂的，做任何事情的时间又都是有限的，没有一个人能够将他毕生所想的事情都付诸行动，否则也就不会有伟大的科学家在临终的时候还在感叹自己的实验还没有做完的事发生了。聪明的人们懂得这个道理，而且他们还明白不是所有的构思付诸行动都会有一个理想的结果，只有最为理智的行动才会产生一个好的结果，因而他们总是会选择自己最有把握获得理想的正面结果的大目标去付诸实践，而且一旦实践起来就会全身心地投入到工作当中去。所以这些聪明人也总是能够做出最耀眼的成就，而且是利人又利己的伟大成就。

要想吞掉大象似的庞然大物，我们需要一口一口地吃，同样的，要想成功，我们也需要一点一点地做起，倘若思想负担太过重大，而想要完成的目标系列又太过庞大的话，只能是白白浪费时间，徒然让一个个好的机遇溜走罢了。所以，我的座右铭是：要有一套优略措施，关键时刻对紧急事务要不公平处理。

“行动迟缓派”的人们往往都是自己将自己陷于被动局面的，他们所期待的是一个十全十美的机遇，也就是想要等到天时地利人和全部占据了才会采取行动。但是那样的机会几乎是零几率。其实，每个人的一生中处处都是存在机遇的，但唯独就是没有他们想的那样的十全十美的机遇。“行动迟缓派”的人们之所以会一辈子碌碌无为正是因为他们太过于在机遇上较真儿了，他们非要等到所有的事情都能够达到有百利而无一害的时候，才采取行动。你想想，这样的做法是多么愚蠢。孩子呀，我们不得不承认人生的短暂，我们得学会向生命妥协，一定要坚信此刻自己手里所握有的机遇就是目前自己最需要的机会，要牢牢抓紧这个机遇，而且还要当机立断地采取行动。只有这样，我们才能够成为“行动迟缓派”之外的成功人士。

大家都想要事事追求完美，可是世界上的事情却根本就没有绝对完美之说，近乎完美就已经是完美的代言了。倘若我们要是等到每一件事情都要策划得完美无瑕后才去采取行动的话，那么我们只能永远坐等下去，而在我们等待这个机遇在向完美方向进化的过程中，其他人已经看到了这个机遇的近乎完美性，于是我们就只能眼睁睁地看着一个机会从我们的身边溜到了别人的面前。那些总想着等到万事俱备后才出征的将军们，恐怕永远也无法离开自己的阵营。那些口头上一直在喊“明天再做！”“还有下礼拜呢！”以及“等到将来……”的人，在喊这些口语的时候，就相当于已经再告诉自己“我永远也完不成这个目标！”儿子，你要记住，要想做一个“我立马就去做”的人，就得停止一切白日做梦，时时要想着当下行动，就从此刻做起。

人人都有不自信的可能，每个人都会有怀疑自己能力的时候，尤其是当一个人遇到挫折的时候。但是那些懂得行动魅力的“行动派”们却总是能够以自己坚强的毅力克服这些短暂的心理脆弱时刻。他们会在这个时刻在自己的内心里呐喊道：“人人都有失败的时候！遭遇挫折并不是什么大不了的事情。”甚至到了他们遭遇惨败的时候，他们也会警告自己，这是预想中的结果之一，不管是计划多么周密，自己做了多么充分的准备，等到真正付诸实践的时候，都会在所难免地有出错的时候。而“被动派”（即“行动迟缓派”）们，在遇到挫折的时候，却会告诉自己：“哎呀！不行，我可能真的不适合完成这个事情吧！”因为在他们的心里从未把每一次的挫折看成是学习和积累经验的机会，在他们眼里挫折所扮演的角色就仅仅是给他们以当头棒喝的打击。他们没有再次崛起的勇气，因而也便失去了积极行动的动力。

信奉神灵的人总会听信人们“心想事成”的祝福语，但是，在我看来，这却是一句谎言。好的构思一美分可以买几打，而真正有价值的不是一些空思遐想的东西，而是积极的行动，一个好的构思只不过是引出一连串行动的一个良好开头而已，接下来是准备、策划阶段，然后最终达到付诸行动阶段，才是一个完美事件的结果。在我们生活的这个世界上，从来就不乏大批的有想法人士，可是真正能够将精妙的想法变成现实的人却少之又少，因为他们不懂得好主意和现实行动哪个更有价值。

人们判断你能力的标准不是看看你的脑子里，有多少遐想，而是要看看你采取了多少行动。只有那些真正脚踏实地地付诸行动的人才能够更加受到人们的信任，因为大家都相信这个敢说敢做的人一定知道解决问题的最佳方案。我还从未听说过有谁会赞美那些不会自己采取行动，只知道听从别人下令指挥的人呢！那些在商场上或者是在政府里、在军队中的领袖人物们，没有一个不是既肯积极思考又肯积极行动的人们，而那些只知道听从别人意见的袖手旁观者永远也只能是个平庸的人罢了！

无论是“行动派”的人还是“被动派”的人，他们的一切举动都是习惯使然。习惯就像是我们自己每天编织的一条绳索一样，最终会被我们编织得又大又粗，无法轻易折断。而我们抓住这条习惯绳索不是攀爬到成功巅峰就是坠入失败谷底。是要爬上成功巅峰，还是要坠入失败谷底的关键是要看我们编织的这条习惯绳索是良好的习惯还是不良的习惯。不良的习惯会左右我们人生的成败，它很容易在我们的体内生根发芽，却很难将其连根拔掉。而良好的习惯却很难生成，一旦生成了，又很容易被瓦解掉。

我们要培养当机立断、当下行动的习惯，最重要的是要培养一种积极主动行事的精神，以戒除掉我们身上的那些精神涣散的习惯，要有做个积极主动的人的决心，对任何事都要充满勇气，千万不要为等待万无一失的时机而失去眼前良好的机遇，你要记着这个世界上没有绝对完美事情的真理。培育出积极行动的良好习惯花蕾，并不需要多么宏博的才能，只要你用辛勤的汗水去用心灌溉积极行动的萌芽，坚信，总有一天，积极行动的良好习惯的种子一定会在生活中生根、发芽、开花的。

约翰！我的儿子，你要记着，人生其实就是在打一场庞大的战役，要想成为这场战役中的胜利者，你就必须得学会采取积极行动，不论任何时候，你都要积极行动！你要相信：一个稍微有些瑕疵的构思得以成功实践，要强过千个空想而未付诸实践的完美想法。只有将你自己的想法付诸实际行动，你才能够成为人生的胜利者。

圣诞节快乐！这是我送给你的最好的一份圣诞礼物，我相信这绝对是你收到的最富有含义的一份礼物。

——————疼爱你的爸爸

洛克菲勒与擦鞋童的故事

这是一则大家都很熟悉的故事。

故事发生在1929年华尔街股市崩溃前夕，当时，洛克菲勒在上班的路上，遇到街边上一个擦鞋童，于是就让他帮自己擦鞋。小男孩一边给他擦鞋，还一边同他聊天，但是，令人惊讶的是，这个擦鞋童竟然和他讲起股票行情来，跟他讨论买哪种股票好、哪种股票能够赚大钱，等等，说得头头是道。

洛克菲勒听后大惊失色，心里暗暗琢磨，就连一个普通的小擦鞋童都满口念股票经，那么股市一定要出大麻烦了。于是，洛克菲勒马上将自己手里的股票兑现了，这个举动真是极为明智的，后来果然就爆发了华尔街股市崩溃事件。而他是当时唯一幸免保全自己财富的人。

第六封
幸运偶降临，有胆方乘机

经典格言：

1. 人不能凭借运气过活，尤其是不能全凭运气创建大业。
2. 态度造就成功，它会帮着你创造良好的运气，而运气往往就在你做出抉择的那一刹那产生或消失。
3. 倘若你的一生有51%的时间做对了，那么你无疑就会变成伟大的英雄。

October 7，1898

亲爱的儿子：

约翰！

就在几天前，你姐姐赛迪兴冲冲地跑来告诉我说，她搭载上了幸运女神的快通车，掌控在她手里的股票像是她千依百顺的奴隶一般听凭她的话，帮她达成心愿，将大笔的钱给她带回家。

看到她开心得快要疯掉的情形，我也感到很开心，但是，我不希望她会被那笔巨大的款子搞得得意忘形以致方寸大乱。于是，我警告她："赛迪，你要小心幸运女神的快通车速度太快以至将你抛在失败的原野上。"

孩子，凡是事业有成的人们几乎都给世人一个醍醐灌顶的警戒：人不能凭借运气过活，尤其是不能全凭运气创建大业。但是，人们总是很有趣，因为大家几乎都对运气这回事深信不疑，我想也许他们是将运气误解为机会了吧！要知道，没有机会就没有运气。

儿子，你想想那些你所认识的幸运儿，你几乎可以说，他们不是什么温良恭俭让之人，但是他们的身上总是散发着一种自信的气息。似乎在他们看来，天下的事本就无难事，他们总是显得那样有胆量。其实，这其中蕴含着一个鸡生蛋还是蛋孵鸡的问题，究竟是幸运儿因幸运才自信大胆呢，还是幸运儿因自信大胆而创造出好运呢？我的答案是后者。

孩子，你要记住，幸运女神是眷顾勇者的，这是我终身信奉的一句格言。胜利也许不一定是强者的专利，勇敢自信、生气勃勃的大无畏者也有夺得胜利的可能。当然，我不可否认，有许多人认为谨慎会比勇敢更好一些，他们的想法我不反对，但是，我相信勇敢自信的人比谨言慎行的人更加受人欢迎，引人瞩目。

没有谁是不赞赏自信勇敢的人的，至少我所见到过的人里没有，每个人从内心里都是自信勇敢之人的忠实粉丝，期望我们的领袖能够就是这样的人物，孩子，我们不得不承认我们之所以会那样支持他们，正是由于他们的身上有着强大的吸引力。因此，成功的人往往是勇者，勇者也常常会成为成功的人，你看看那些英明的领袖、勇武的将军、果决的总裁、自信的司令官，他们他们当中几乎都是自信勇敢的人，还有那些迅速升职、交好运的人也几乎都是这种人。

多年打拼的经验告诉我，果决勇敢的人往往都能够完成最好的交易，能够结成最忠实的盟约，因为他们的身上就时时散发着吸引别人的气息。而那些胆小犹豫的人往往是与之相反。而且，大胆的思想或者做法对自己也是好处多多，自信充足的人期望成功，他们的行动就会迎合自己的期望，头脑里就会为自己的成功创造出最佳的计划。

当然，我们不可确保这样的做法就一定会成功，但是却可以确信这样会自然而然地展望成功。换言之，倘若你自己觉得自己就是一个胜利者，你就会自觉不自觉地做更多像个胜利者做的事，进而去改变你的“运气”。

但是，儿子，勇者不是骄傲得不可一世的狂放之徒，更不是没有头脑的鲁汉莽夫。真正的勇者知道该如何利用自己的精准预测力和敏锐的判断力去计划每一步、做出每一个决定，这种行为就像英明的军事谋略家所说的那样，会赋予你极大的力量就像你拥有了一件能够立即让你形成明显优势，助你打败对手的武器。和你说到这里，便勾起了我十几年前大胆决定购买莱玛油田的记忆。

在我收购莱玛油田之前，石油界每天都充斥着原油枯竭的恐惧感，就连我的助理都开始担心石油行业不能长期获利，而暗中悄悄地出售公司的股票；有些胆小的人甚至还建议，要公司早早撤出石油行业转到其他利益较为稳定的小风险行业中去，还扬言说继续在石油行业中行走下去，我们的这艘大船将会永远不得返航。身为公司一把手领导人的我，面对他们悲观消极的想法，所应该给他们的是希望的火把而不是悲观的哀叹。于是我大声地告诉他们：“上帝会赐给我们一切的。”

当我们再次感受到上帝的温存爱抚的时候，是人们在俄亥俄州莱玛镇上挖掘出石油的时候。但是，莱玛镇的石油有着一种用常规办法难以去除的恶臭，这对于那些决心大赚一把的人来说无疑是一种莫大的打击。可是，我却对这块散发着恶臭的莱玛油田情有独钟，我几乎已经预见到了它的威力，我知道一旦我们独掌了莱玛油田，我们就获得了统治石油行业的巨大力量。我告诉自己：洛克菲勒，这样好的机会从你的手边溜走，那么你的名字就要同猪联系在一起了。于是我郑重其事地向公司的董事们宣布：先生们，这是一个千载难逢的良机，我们决不应该错失这个良机呀！就将我们的钱投放到莱玛去吧！

但是，非常遗憾，我的观点没有征得胆小怕事者的同意。

强加于人的做法不是我的作风，我希望能够通过和颜洽谈达到统一意见上来。

但是，这注定是一次没有结果的漫长等待。我开始忧虑重重了，要知道，我们建立起的整个世界规模的巨型炼油厂就像是一个嗷嗷待哺的婴儿一般，它们就像期待乳汁一般期待着源源不断的原油，而宾州油田又正处于凋敝时期，其他的几个小规模油田也正在一点一点地减产，如果我们不能够及时找到合适的油田，那么长此下去，我们的炼油厂就只能依靠俄罗斯的原油了。不用多说你都会猜到，俄国人一定会借此机会削弱我们的力量，甚至是彻底将我们击毁，将我们踢出欧洲市场。倘若我们掌控了莱玛油田的原油资源，那我们就会处于不败之地了。我不能再坐等着胆小者的协和了，我必须得有所行动，否则就真要错失良机了。

正如我所猜到的那样，董事会上，那些胆小者依然拒绝接纳我的观点。但是，我是绝对不会将自己的目标收回的。沉寂的董事会上，我以让反对派大吃一惊的手段征服了在座的每一位董事。我郑重其事地对他们说："好吧，先生们，我尊重你们的想法。但是，我必须得告诉大家，我们所驾驶的这艘巨轮就行驶在翻涌着滔滔大浪的海面上，倘若我们不希望看到它没入海底的惨景，那么我们就必须得保证原油源源不断的供给。现在，莱玛油田的大量石油正在向我们招手，我已经看到了它即将会带给我们的巨额财富。即使是看在仁慈的上帝的份上，我们也没有理由说那带有臭味的液体没有什么市场，我坚信上帝赐给我们的每一样东西都是有它特定的价值的，相信科学可以帮助我们扫除疑虑。因此，我决定用自己的钱投资这个项目，并甘愿担当两年的风险。等到两年后，倘若这个项目成功了，公司如数将钱退还给我；倘若这个项目失败了，后果由我一人自负。”

我的决定和诚意打动了反对派中最大的力量——普拉特先生，他双眼闪动着感动的泪光，激动不已，静静地看着我说：“约翰，你俘获了我的心，既然你觉得这是应该做的一项投资，那我们就一起大干一场吧！你敢冒这个风险，我也不会比你差的！”那一刻见证了我们一荣俱荣、一损俱损的合作精神，那正是我们不断强大下去的精神支柱呀！

我的大胆猜测是正确的，我们真的取得了成功。在我们倾其所有将巨资投放到莱玛后，我们获得了更加巨大的回报，我们已经将全美洲最大的油田掌控于手心了。而这又是一个极好的良性循环的开端，这个成功激发了我们的活力，真正地开始了我们在石油行业中前所未有的大收购。结果就像我所预想的那样，我们真的成了石油领域里无可摇撼的统治者。

儿子，态度造就成功，它会帮着你创造良好的运气，而运气往往就在你做出抉择的那一刹那产生或消失。倘若你的一生有51%的时间做对了，那么你无疑就会变成伟大的英雄。

这就是我对“幸运”二字的最深体会。

——————疼爱你的爸爸

胆大心细，洛克菲勒收购莱玛油田

人与人之间总是有着那么大的差别。富人与穷人之间的区别是什么呢？有人说，富人狼性，穷人羊性；也有人说，富人勇于开拓创新，敢作“第一个吃螃蟹的人”，而穷人则贪图安逸、随波逐流、听天由命。其实，这些的根本就在于，富人有勇有谋，穷人投鼠忌器。

自德雷克在宾夕法尼亚州发现石油25年后，美国境内再没有发现任何大型油田，因此人们总是怀疑洛克菲勒建立的石油帝国是否坚实。洛克菲勒长期以来也被两个极端噩梦所缠绕：要么是石油枯竭，使自己的石油管道和炼油设备功亏一篑；要么是被大量的廉价石油所淹没。在19世纪80年代初的一次人心惶惶的高级经理会上，有人甚至建议标准石油公司退出石油业，转入一种更为稳定的行当中去。洛克菲勒听完这悲观失望的发言后，站起身仰天祷告道：“上帝会赐予我们一切。”他深信石油埋在地下应自有其道理。

尽管标准石油公司在炼油、运输和销售等方面无所不能，可是直到19世纪80年代初，它还只拥有四处石油生产基地。鉴于宾夕法尼亚的油田业已枯竭，洛克菲勒担心可能不得不转而使用俄罗斯原油，这将削弱甚至彻底打垮标准石油公司。于是洛克菲勒1884年就开始催促部属建立原油储备机构。就在这时，一个转折点出现了。1885年5月，一支勘探队在俄亥俄州西北部的莱玛镇寻找天然气时，意外地钻探出一片油田。到那年年底，这儿四周一下子冒出了250多个石油井架，并且一直延伸到印第安纳州。但美中不足的是，原油所含的化学成分中存在着一些难以对付的问题，燃烧时会在灯上形成一层薄膜；更要命的是，它的硫化物含量过高，会致使机器腐蚀，同时还散发出一种难闻的气味。但洛克菲勒仍对俄亥俄—印第安纳的油田充满了信心。为了解决质量问题，他在1886年7月请来一位叫赫尔曼·弗拉希的著名德裔化学家，交给这位化学家的任务是：去掉莱玛原油中的异味，把它变成可以上市销售的产品。此时标准石油公司正面临着两难的选择：要么相信弗拉希定会成功，把俄亥俄和印第安纳交界处大片土地全都买下来；要么是冒着失去大笔财富的危险，等弗拉希做完实验再做决定。洛克菲勒尽管一向行事谨慎，但是这时他的胆量和远见却显示出来了，他决心要在莱玛油田上豪赌一把。这遭到董事会中以普拉特为首的大批人的反对。为打破僵局，洛克菲勒在董事会上提出："我愿意用自己的钱进行这项投资，并且承担两年的风险。"他答应拿出300万美元，"两年后如果成功了，公司可以把钱再返还给我；如果失败了，由我自己来承担一切损失。"结果他赢得了大家的支持。

标准石油公司花了数百万美元购买下莱玛油田，然后铺设了输油管道。那时这种"臭鼬石油"每桶只卖15美分，没有市场，但公司还是把这些石油库存起来。到1888年存量达到4000万桶以上。当然，洛克菲勒在这场赌博中没有单纯依靠化学家们，他还到处寻找这种难闻石油的新用途。

他派出一批批推销人员和技术人员去动员铁路公司用石油代替煤炭做机车燃料，劝说旅馆、工厂和仓库用石油做燃料替换煤炉，但这些生意并未做大。终于，到1887年10月，弗拉希用"氧化铜去硫法"在处理莱玛原油上取得成功，生产出了可供上市的煤油，公司全力以赴地投入了石油生产。洛克菲勒恢复了活力，开始进行这一行业前所未有的大并购。1890年他吞并了联合石油公司和其他三家大型石油生产公司，控制了宾夕法尼亚和西弗吉尼亚州30万英亩的土地，从此一跃成了石油行业中的头号霸主。

第七封
遥望前途，抛掷赌注

经典格言：

1. 借贷是为了给自己的前途创造好运。
2. 无论是在事业上，还是在生活上，要想赢得事业的成功或者是人生的辉煌，聪明的人总是在考虑着我要是胜利了该做些什么，而不是考虑我要是失败了该怎么办。
3. 投掷赌注赢的可能性有百分之五十，而不下赌注，赢的可能性是零。这样算来，我们为了前途投掷冒险的赌注不是很值吗？

April 18，1899

亲爱的儿子：

约翰！

世人说“知子莫若父！”这是再正确不过的啦！我很了解你的脾性，你告诉我说你感到借着我的钱去股市上闯荡会有些内心里不安，孩子呀！我知道你是想在那里成为胜利者，但是那里的风险又太大，让你感到在那里闯荡很有可能会输掉，而你最怕的就是输掉，因为输掉的钱不是你自己的，况且这些钱又都是需要支付利息的，所以你就会感到担心。

其实这种输不起的感受是谁都曾有过的。我在创业之初的时候，这种感觉也一直纠缠着我，就是到了稍有成就后，这种感觉也还是挥之不去的。这样的感觉所导致的结果就是，每当我要向人家借款的时候，我的思绪都会徘徊于慎行和冒险之间，煎熬难耐，甚至彻夜难眠，就躺在床上静静地计算着将来要如何偿还这笔巨债。

人们都说，要稳中求胜，冒险容易失败。但傻子又何尝不是就这样做呢？每当我遇到处理这种在慎行和冒险之间作抉择的情形的时候，我总会强打起精神来战胜畏惧失败的感觉而去继续借钱。事实上也是走投无路所逼吧！为了自己人生的前进，我别无他选，只能是走进银行去贷款。

约翰呀！儿子，世界上有棘手的问题，呈现在我们面前的就总会有解决问题的办法，只要我们用心去找到这个办法就一定可以巧妙地化解危机。借钱并不是一件坏事，但是，前提是看你如何去利用它们，只要你不把它看做是你危机时刻才动用的救生圈，而是一种非常有利的投资工具的话，一般是不会给你造成破产的危害的，它可以很好地为你所用，就像是你自己的钱一样，它也是可以帮着你创造成功机会的。但是，一旦你将其视为随时可能会将你陷入巨债深渊的藤蔓的时候，你就会掉入畏惧失败的污淖之中，那么你本可以大展宏图的羽翼也就同时被束缚住了，这样一来，你终将只能够成为一个一事无成的庸者。

在我所认识或者是所熟知的富翁中，仅凭自己点滴积累的钱财创造巨额财富的人是少之又少呀！而大多数则是依靠借贷的方式发达起来的。这就好比说是百元的买卖总是会比一元的买卖赚得多一样，没有多么深刻的道理，其实就是这么简单。但是那些胆小的人们却总是不敢去相信这一道理。

无论是在事业上，还是在生活上，要想赢得事业的成功或者是人生的辉煌，聪明的人总是在考虑着我要是胜利了该做些什么，而不是考虑我要是失败了该怎么办。

借贷是为了给自己的前途创造好运。这是一种敢赌人生的表现。倘若有人告诉我们抵押一块对自己用处不大的土地去换得一块对自己用处更大的土地，那我们为什么不去那样做呢？如果遇到了这样的好机会，我一定会毫不迟疑地牢牢将其抓住的。我的一生曾多次欠下巨债，有时甚至不惜赌上自己一生的事业。就在我在科利佛兰的时候，为了扩张自己的势力、壮大自己的实力好坐上科利佛兰炼油界的头把交椅，我就一次又一次地投下巨赌，当时不惜把自己的企业都抵押给银行了。但是，最终的结果是我成功了，我创下了令世人所震惊的成就。

约翰，人的一生就是一个不断地遥望前途，进而投掷赌注的过程，为了未来我们投掷下青春的赌注，为了幸福我们投掷下生命的赌注。因为投掷赌注，赢的可能性有50%，而不下赌注，赢的可能性是零。这样算来，我们为了前途投掷冒险的赌注不是很值吗？

孩子呀，想到在科利佛兰抵押企业的事情，我又想告诉你，当我从那些乐意把钱借贷给我的银行家们的手里接过巨额贷款的时候，我告诉自己，我所抵押出去的不仅仅是自己的企业还有自己的诚信！我的一生视合同、契约之类的抵押见证物为神圣的东西，而且我一生行事也是谨遵合同或契约的，我从未拖欠过任何债务。对于我的投资者、银行家、客户甚至是竞争对手，我从来都是以诚相待的，在涉及和他们讨论问题的时候，我从未给过人家模棱两可的回答，也从未捏造过什么事情，因为在我看来，诚信如金，谎言就像阳光下的美丽泡沫，是很绚丽，可是它终究是会破碎的。

以诚待人所收获的回报是巨大的，在我在科利佛兰的创业过程中，那些了解我的品行的银行家们曾不止一次救我于危难之中。这就是诚信的魅力呀！

直到今天，我还依然清楚地记得发生在那一天的一件事，当时我的一个炼油厂无意中失火了，接踵而来的就是巨额损失。保险公司赔付的保险金姗姗来迟，可是我却没有时间去等着它的到来，我急需一笔资金扶助我在废墟中重建我的企业，于是，我只好将求救目光转向银行，我提出了追加贷款的请求。现在一想起在银行贷款那天的情形我就激动不已。在那些毫无远见的银行家眼里，向这个早已成为高风险行业的炼油业投资，无异于在豪赌一场，而具体到我的企业，更加是惨不忍睹，刚刚被付之一炬不说，它的领导者又是一位年轻气盛的小伙子。所以一些银行董事们就开始对我追加贷款的请求犹豫不决了，他们不肯立马放贷给我。但是，就在这时，一位善良的银行家——斯提尔曼先生却让他的一名职员去提取自己的保险箱，然后大手一挥很郑重其事地对其他几位董事们说："先生们，请听我说，洛克菲勒先生和他的合伙人们都是一些优秀的年轻人，我很相信他们的信誉度，也很看好他们的潜力。倘若他们想要追加贷款的话，我希望大家不要犹豫，如果嫌那不够保险的话，那么我这里就有，想拿多少就拿多少！"就这样我用自己的信誉征服了银行家，更获得了挽救自己的一张免死王牌。

儿子呀！诚信是一种为人的美德，更是一种处世的策略。我所付出的诚信支付单，换来的是银行家乃至更多人的信任，更换来了我快速成功道路上的一双双援助之手。

如今，我已经不需要再向任何一位银行家求助了，因为我已经打造了自己的银行，但是，在我的心里，我永远不会忘记感激那些曾经慷慨援助过我的银行家们，因为没有他们，我不会那么快就走向事业的巅峰。

约翰，你在未来也可能会去管理自己的一个企业王国，你首要知道的是，企业的经营目的是赚钱。扩大企业固然是一种很常规的赚钱方法，但是将企业抵押出去也是一项很重要的管理和运用金钱的技巧。倘若你只看重前一种赚钱方法，而忽视另一种技巧，那么你就可能要招致失败了，最糟糕的情形是造成财务坍塌，稍好一点的情形就是错失诸多良机。

管理和运转金钱跟赚钱所需要的信念是完全不同的。空乏一点谈，赚钱是需要多动手少动脑的，而管理和运转金钱则是要多动脑少动手。具体来说，要想管理和运转金钱，也就是要让钱生钱，那么你就必须得亲力而为了，你需要亲自管理数字，让数字变成钱的代码，而不是空谈管理策略理论。上帝更看重的是细节，倘若你忽视了细节，或者是将这些细节即所谓的“杂事”交由他人去全权管理，那么就等于你已经将自己一半的事业重任交给他人了，是什么样的人会值得你如此信任？竟然会让你将自己的半壁江山交由他管。你要坚信，当你爱这份事业了，那些微乎其微的细节绝对不会影响你对这份事业的热情的。一个成功的人的所有做法不外乎两点：一、战术；二、战略。

儿子呀！约翰，你现在所需要的就是勇气，因为你正在朝着一个存满胜利的伟大人生一步步行进，这不是你一直都梦寐以求的人生目标吗？所以就鼓起你的勇气去大胆地踏上那条存满竞争的人生大道上去吧！

——————疼爱你的爸爸

洛克菲勒见证智慧的小事迹

愚蠢举动？先见之明！

以中、美、英、苏为首的第二次世界大战战胜国决议建立起一个普遍性的、全球性的国际组织——联合国。但联合国从酝酿到正式诞生却经历了艰辛而漫长的一个过程。1945年10月联合国正式在美国圣弗朗西斯科（旧金山）成立。1946年联合国各大常任理事国在伦敦召开联合国首届大会，决定将联合国总部设立在纽约。会议上大家讨论得热烈非凡，但是当大家将一切都准备就绪了才发现，这个最具权威的国际组织竟然没有自己的落脚之地。

要想买一块儿地皮则需要巨额的资金，而联合国不过是个刚刚成立的空虚机构，哪里有资金购买地皮呢？大家又商议让各国筹资，但是，刚刚挂起牌子就伸手向世界各国要钱，未免有些影响不好。更何况刚刚经历了世界大战洗礼的各国政府也都是国库亏空呀！许多国家的财政赤字居高不下。因此想在寸土寸金的纽约买下一块儿地皮做落脚地就成了摆在联合国面前最大的障碍了。正值大家一筹莫展的时候，洛克菲勒家族雪中送炭花870万美元在纽约购置了一块儿地皮无偿奉献给联合国做总部基地。同时，洛克菲勒家族也将毗连这块儿地皮的大面积土地购买下来。

当时，诸多美国大财团听说洛克菲勒家族的出乎意料之举都感到惊讶不已，要知道，对于二战后经济持续萎靡的美国甚至是世界来说，870万美元绝非一笔小数目呀！但洛克菲勒家族却将其无偿奉献给联合国，在他们看来这简直就是愚蠢之举，一些美国财团甚至嘲笑说："洛克菲勒家族的这一举动真是愚蠢至极！"并扬言说："这样经营下去，用不了十年，大名鼎鼎的洛克菲勒财团一定会沦为臭名昭著的洛克菲勒贫民集团了。"

然而，不知是上帝对洛克菲勒家族的偏爱，还是洛克菲勒家族人太过有超前的投资意识，总之，出乎那些嘲笑者意料的是，联合国大楼刚刚竣工，其周围的地皮价格便立即突飞猛进地飙升，洛克菲勒家族这一次的投资，竟相当于是找到了财富的根源，等同于洛克菲勒家族捐赠资金数十倍甚至是更多的巨额财富正如同无尽的石油一般源源不断地涌进洛克菲勒财团。这种意料之外的结果，使得那些曾经讥讽和嘲笑过洛克菲勒家族捐钱举动的商家们看得目瞪口呆。

第八封
精神崩溃，实为可怖

经典格言：

1. 一旦有谁把避免失败当成了自己的行事动机，那么他就走上怠惰无力的颓败路了。
2. 你抓住并很好地利用了机会，就是在削减别人的机会，只有这样你才可以保证自己的实力。
3. 只要不把失败当做你怠惰的习性，多经历一些失败是件好事。

November 19，1899

亲爱的儿子：

约翰！

儿子呀，我近来看你的情绪总是有些太过低落，这真的使得我感到难过。我的心与你的心是连在一起的，我能够感受到你内心里的难过，我知道这难过来源于那笔让你赔进一百万的生意，你是在为此感到耻辱和羞愧，所以才会终日闷闷不乐，给人的感觉总是那么忧虑重重。其实你大可不必这样，真的，儿子，一次的成败不能够代表什么，成功了没有人会在你的脑门上写上“有为者”的称号；同样的，失败了也没有人会在你的脑门上写上“无能者”三个字。

快点快乐起来吧，我的好儿子！你要知道，在这个世界上，永远也没有持久平坦的人生道路，谁都会遭遇挫折和失败的。我们不是成功的亲戚，却恰恰和失败是邻居。也正是因为这个缘故，这个世界上的人们才会有太多太多的失败者、无奈者，人们都在追逐着魅力十足的卓越成效狂奔猛跑，甚至不惜空耗自己的整个人生，但是尽管如此，失败还是会降临到每个人的头上。

我们也是肉身凡体，当然也会遭遇失败。不过与他们不同的是，我将失败看成是上帝赐给我的一杯烈酒，吞咽的时候，苦涩不堪；吐出来的时候，确实甘醇如醴。儿子呀！最苦的东西永远是最提神的东西，正如咖啡永远都比白开水更能提神一般。

在我美哉美哉地踏入商界大门，用诚心去向上帝祷告保佑我新起步的公司的时候，一场毁灭性的灾难像毫不留情的暴风一样向我们袭来。那时候，我们同人家签订了一笔合同，购进一批豆子，本来想这是个肥美的赚钱机会，不料，一位不速之客——霜冻给我们以当头棒喝，我们的赚钱美梦被击成了碎末，眼看着到手的豆子折损了一大半，而缺德的供货商还在豆子里加了碎沙、细土和微小豆叶、豆秸等“佐料”。天知道这笔生意会让我们栽的跟头有多大吧！但是，我很清醒地知道，我不能长久地处在颓丧的失败阴影里，我要顽强，我要站起来，走出失败的阴影。哀叹于事无补，只有站起来我才能够离自己的目标、梦想更近一步。理智告诉我，要想不与自己的梦想背道而驰，那就必须得爬起来！

尽管人们每天都在向上帝祈祷食物，但是，我却更知道上帝是不会白白赐给我们午餐的。我们不能维持着现状，因为在这个处处存满竞争的世界里，静止不动就等于是在倒退步伐。而要想前进，就必须得有敢于冒险的精神。在那笔生意失败后，我不得不再次向我的父亲张口借钱，尽管那是我所不乐意做的事情。为了使自己经营的企业能够走上一条独辟蹊径的道路，我不惜费尽口舌向我的合伙人克拉克先生阐述自己的想法，我告诉他要想将我们的产品做大，我们必须得通过刊登广告等方式做宣传，我们必须得让我们的潜在顾客了解到，我们不仅能够提供大量的预付款，而且还能够提供大量的农副产品。

最终，我用我的胆识和勤奋征服了我的合伙人，并且也挽救了我们危亡的公司，结果，那一年我们公司的业绩不仅没有受到“霜豆事件”的影响，反而还大赚了一笔可观的利润。

大家都憎恨失败，可是人人却都不可避免失败的到来。倘若一旦有谁把避免失败当成了自己的行事动机，那么他就会走上怠惰无力的颓败路了。要知道，这样的做法是相当恐怖的，还可能会给自己带来灾难性的打击。因为一个人一旦走上了那样的道路，就意味着这个人的一切原本可能遇到的机遇就全部丧失了。

约翰，人这一生呀，最难得的莫过于一个天赐的良机了，一些人会借机遇之力发家富户，并不是说他们有多么特异的才能。儿子，而那些穷困潦倒的人们也并不都是蠢材，也不是他们不够勤奋，而是苦于没有机会呀！孩子，你需要知道的是，我们都生活在“大鱼吃小鱼，小鱼吃虾米”的社会里，你生存在这里只有两种可能，要么是被别人吃掉，要么就是吃掉别人。躲避风险几乎就等于是告诉别人“我可以被你吃掉。”而抓住风险中的机会就可以保证自己不会破产。儿子呀，你要记住，在这个世界上，你抓住并很好地利用了机会，就是在削减别人的机会，只有这样你才可以保证自己的实力。

我的儿子呀，你要知道，一个整天畏惧失败的人是不可能去做冒险的事的。而不敢冒险就会坐失良机。所以呢，为了避免坐失良机、保有你同对手竞争的实力，你必须得学会去笑着接受人生中所遇到的失败和挫折。

其实，失败是铺向成功殿堂的阶梯，只有你一级一级地爬着失败的阶梯，你才可以爬上成功的巅峰。在这一点上，我可以给你做很好的榜样，因为你的爸爸，我，就是踩着失败的阶梯一级一级地爬到今天的这个地位上来的，我很自豪自己能够成为一个从历次失败中爬起的崛起者。毫不谦虚地说，我是一个睿智的“失败者”，我懂得拜失败为我的导师，知道自己应该从屡次失败中积累成功的宝石，它开拓了我的思路和视野，使得我能够用自己不曾想到的技巧去寻求成功的捷径。所以我想告诉你的是——只要不把失败当做你怠惰的习性，多经历一些失败是件好事。

我的人生信仰是：一个人无论遭遇怎样的失败与挫折，都要始终保有一颗乐观坚毅的心。困难面前我所能做的就是笑一笑，然后咬着牙挺过去。我总是能够很清楚地知道自己需要什么，做什么事情会使得自己快乐，什么东西值得自己为之拼命。一个人最根本的期望会像清洁工手里的笤帚一样，能够清扫尽你成功道路上的一切灰烬。我的儿子呀，你最根本的期望是什么呢？我相信，只要你不将其丢掉，你一定会扫出一条敞亮的成功道的。

乐观的人儿们能够在悲苦的境遇中找到自己想要的机遇，而悲观的人则会在机遇中感到悲苦。儿子呀，在我的内心里一直都存在着一个令我深信不疑的成功公式：**坚定的梦想+一定的失败+挑战自我的冒险精神=成功人生。**

当然了，失败是具有一定的杀伤力的，它就像是一颗催发人们萎靡、颓废精神的弹药一般，会使人丧失顽强的意志力和昂扬的斗志。失败不是成功的关键，关键的是看你如何看待失败。科学家托马斯·爱迪生先生在发明照明电灯的时候，共经历过一万多次失败，在他那里，失败成了试验田。

十年前，一位少经世事的《纽约时报》年轻记者在采访他的时候问他：

“爱迪生先生，您发明电灯的时候，经历了一万次的失败，对此，您有什么看法吗？”爱迪生先生听到失败一词感到很不受用，于是他以一位长者的口吻告诉他：“小伙子，你的人生之旅才刚刚开始，我想给你一个对你未来很有用的启示，我并没有经历一万次失败，而是发明了一万种行不通的方法。”儿子呀，精神的力量就是如此之大，它能够支撑着一个人走过一万次失败都不觉得那是一种失败。

约翰呀！儿子，一旦你宣布自己精神破产，那么你就会输掉自己的一切。你需要知道的是，一个人的一生就如同浪潮，倘若你踩到的是浪头，那么纷至沓来的就是功名；但一旦你失脚踩到了别的地方，那么你的一生就会遭遇被搁浅的悲剧。失败是一块儿石头，你可以让它当你的墓碑，也可以让它当你的垫脚石。

挑战自我是取得成功的一大重要因素，你千万不要让一次的失败就成了你人生的绊脚石，你要学会挑战自我，只有这样，你才能够成为人生的胜利者！

孩子呀！就全力以赴地去闯出你的人生路吧！爸爸对你存满信心哟！

——————疼爱你的爸爸

见证洛克菲勒人格魅力的小事迹

1美元劳务费

在一个人群熙攘、环境脏乱的候车室里，靠近门旁的一个座位上坐着一位风尘仆仆、一脸疲惫的老人，布满尘土的衣服和沾满污泥的鞋子分明表示他已经走了很远的路了。列车终于进站了，检票员开始检票，老人不紧不慢地站起来，准备到检票口去检票。

突然，从候车室外面走进一位赶车的胖太太，只见她拎着一只巨大的箱子吃力地往前挪着步子，她想赶上这趟列车，但是箱子实在是太重了，她已经累得气喘吁吁了。一进候车室的门，胖太太看见了老人，便冲着老人喊：“喂，老头儿，你帮我拎一下箱子，上车后我付给你小费。”

老人毫不犹豫地走到胖太太的身边帮她拎起箱子往检票口走，胖太太紧随其后，两人刚刚检完票上车，列车就开动了。胖太太抹了一把汗，庆幸而又感激地对老人说：“真亏遇见你了，不然的话，我非得误车不可。”胖太太说着就从衣袋里掏出一张一美元的钞票递给老人，老人微笑着接过了钱。正在这时，列车长走到他们的身边，对老人说：“洛克菲勒先生，你好，欢迎你乘坐本次列车，请问，我能为你做些什么事吗？”

老人微笑着说“谢谢，不用了，我只是刚刚做了一个为期三天的徒步旅行，现在要返回纽约总部了。”

那位胖太太张着大大的嘴巴惊呆了，过了一会儿才吃惊地说：“什么？洛克菲勒先生？哦，我的天，上帝呀！我是在做什么呢？我竟然让大名鼎鼎的石油大王洛克菲勒先生给我拎箱子，居然还给了他一美元的小费？”

她急忙向洛克菲勒道歉，并诚惶诚恐地请洛克菲勒把那一美元小费退给她。

洛克菲勒微笑着对她说：“夫人，你不必道歉，你根本没有做错什么。这一美元，是我凭借自己的劳力挣得的，所以我收下了。”说着，他就将那张一美元的钞票郑重地放进了自己的口袋里。

第九封
忠于自己，方成大事

经典格言：

1. 可以去欺骗敌人，但绝不可以欺骗自己。
2. 不要对那些要求你以诚相待的人掉以轻心，因为他们很可能就是想从你那里捞到一笔好处。
3. 命运女神递到我们手上的是机会之杯，而不是失望之酒。

November 29，1899

亲爱的儿子：

约翰！

你现在的心情不知是否好了一点儿？倘若还没有转变过来的话，我想我就很有必要同你说点什么了。

孩子，你要知道，我们生活的这个世界上，多数人都无可避免地在经受着一种特殊力量的驱使，这种力量鞭策着我们就像是陀螺似的不停地旋转，还会轻而易举地剥落我们的人性外衣，就将我们袒露在光明之下，公正地圈定了我们的活动范围——纯洁世界或肮脏世界，让我们无以辩驳，即使我们是最有才的雄辩家，它也会让我们的话语苍白无力。这个巨大力量就是我们的人性检验员——利益。

换言之，利益就是你人性的投影仪，在它的面前，无论你是多么狡猾，都会原形毕露的，什么伦理道德本质都将会现形，只有裸露着人性的全部面目在你的面前。也许你会觉得我的这番话会有些太过绝对，但是我以我的经历告诉你，不管我们多么不愿意相信，这都是一个真理。

我没有人类史学家那样的经天纬地之才，不能够像他们一样将人性的高尚与丑陋做出种种详解，我也不知道他们是怎样评价一个人的美丑、善恶，但是我的人生经历告诉我：利益绝对是衡量人性美丑的一个砝码。而且它又是引起纷争的基源，它无坚不摧，它威力无比，它可以轻而易举地将安居乐业的人、民族、国度收拢在一起，让他们彼此尔虞我诈、钩心斗角，甚至是舞枪弄棒。在一个个骗局里，在一个个陷阱里，在污蔑、诽谤的谎言里，在残酷的战争中，在无情的偷盗、抢劫案中，你都可以看见追逐利益的身影。从这个意义上讲，我们倒不是自己心灵的主人，而是心中利益的奴隶。

我可以毫不客气地说，这个世界上，除了耶和华上帝，没有谁不是在追逐着利益跑的。从你踏入与人交往的大门的那一刻起，一场旷日持久的人生谋利游戏就开始了。不留情面地说，在这场游戏中，没有永恒的朋友，只有永恒的利益，游戏场中你所遇到的都是你的敌人，甚至是你自己，你要不断地同你自己的弱点和缺陷展开激战，同时还要同所有将快乐建立在你的痛苦之上的恶行作战。因而，我在看破一切之后，就一直坚持“可以去欺骗敌人，但绝不可以欺骗自己”的行事原则。在回击“刺杀”我的敌人们的时候，我永远不让自己感到良心不安。

儿子，向你讲这样的道理，你不要误以为爸爸是要将你带到一个人性黑暗的世界里去。我是无意向你揭开蒙在世界上的美丽外衣，让你看到那种令人压抑、窒息的生活画面的。实际上，我心里所渴望的也是真诚、善良和友谊的甘露，我也想让这些东西滋润我的美好心灵情感，而且我也坚信这些人性的美好东西是存在的。然而，遗憾的是，你的父亲在那时都追逐在利益奔波的商场上，根本无法找到这种美好东西的身影，我所遭受的常常是出卖和欺骗的打击。即使是到了今天，我还依然清楚地记着历次经受欺骗的刻骨铭心之痛啊！

最最令我痛心疾首的一次被欺骗事件是发生在科利佛兰。当时，炼油业因为生产过剩出现了几近无利可图的局面，许许多多的炼油商已经濒临破产边缘。而科利佛兰又离油田很远，这就意味着，我们要比那些在油田附近的炼油厂多付出高昂的长途运输费，这样的话，我们就会处于业界的劣势，我们终会被这不平等的地位拖垮的。我下定决心要改变这种局面，于是便大肆地收购挣扎在死亡线上的炼油厂，以此来形成一股强大的合力，好统一大家的行动，最终达到每个人都富裕起来的目的。

我很真诚地对那些濒临倒闭的炼油厂主们说：“先生们，我们现在所处的是一个极为不利的地理位置——科利佛兰，我想我们必须得为保护我们自己做出一些努力。”接着我将自己的计划说了出来，然后又对大家说：“我自认为这是一个可行的办法，请大家认真考虑一下，倘若有感兴趣的，我会很高兴与大家共同磋商。”出于美好的愿望和策略上的考虑，我收购了许多如同只配被丢到废铁堆里的陈腐垃圾一般的工厂。本以为这是善举，谁知道那些人却是邪恶、自私和忘恩负义者的化身，他们拿到我的钱后便视我为敌人，毫不遵从我与他们达成的协议，肆无忌惮地重操旧业，用他们那堆废铁换来的金子继续添购工厂设备，让笨重的机器设备变成资金运转的累赘。他们不知悔改还要公开勒索我，强逼着我收购他们的工厂。他们都曾要求我诚实地遵守条约，收购他们一文不值的工厂，我诚实地遵守了，可是换来的结果却是他们的背叛和敲诈。那时我真是伤心透了，甚至自责自己太过诚实、太过善良了，因为我的诚实和善良换来的是自己四面楚歌的困境。

不管这些邪恶的人们是怎样背叛我、勒索我，我还是可以勉强接受的，最最令我无法接受的是，在这个无情的逐利游戏中，没有永恒的朋友，那就意味着今天和你共进午餐的友人，明天就有可能变成对你开枪放炮的敌人。而且这种情形的发生几率又特别高，几乎就是时有发生，我的两位“要好”的教友就曾多次无节制地欺骗我。上天有好生之德，上帝有慈悲之心，为此我也就不再历数他们的罪过了。但是，我要让你知道的是，当我发现他们长久地欺骗我的时候，我惊呆了，我不知道为什么朝夕与我一起做祷告并信誓旦旦地向上帝发誓要做一个不骄不纵、清心寡欲、忠于友谊的人却会有着如此卑劣的行径。

在经历过无数次的被欺骗和被背叛后，我终于无奈地向自己宣告：从此，你只可以相信自己，唯有如此，你才可以免遭别人的蒙骗。我很清楚一直带着这种略有敌意的心态去对待生活，我只能是变成一个带刺的人，于人于己都是不好的，但是，这个世界的谎言太多了，因此我们也只能用刺衣将自己包裹起来，这是生存在这个遍地谎言的世界上的一种必备技能。

同那些不讲道理的混蛋们打交道，会历练你的聪明才智。而那些“邪恶的导师”又会教会你很多东西。这是我的经验告诉我的。我可以说我是“邪恶导师”的受害者，同时，我又是它历练出的一个很好的“学生”，倘若现在有谁想再欺骗我，那恐怕比穿越科罗拉大峡谷还要困难吧！因为“邪恶导师”已经在我的内心里建立了一套如何与人打交道的规则了，我想这套交际规则也许会对你有一定的帮助吧！——只有在确信对自己有利无害的情况下，你才可以表露自己的真实感情；对手可以教导我，但是我永远不会去教导对手，不管我对那件事了解得有多透彻；遇事要三思而后行，无论人家怎样催促你，你都不可匆忙行事，没有考虑周全绝对不要鲁莽行事；我自己信奉的真理是只对自己负责；决不可对那些要求你以诚相待的人掉以轻心，因为他们很可能就是想从你那里捞到一些好处。

我很清楚，欺骗只不过是谋利游戏中的一种策略而已，它并不能解决什么问题。不过，我更加清楚的是，谋利游戏正在一刻不停息地进展着，我们不得不夜以继日地戴着防止欺骗的面具，穿上戳穿谎言的刺铠甲，而且在我们的心里要时刻明白——在这场尔虞我诈的谋利游戏中，没有我们永久的朋友，甚至可以说，每个人都是我们的敌人，因为大家都要顾及自己的利益，而不会去管是否会对别人有利。我们要学会的就是如何保护自己，让自己在这场游戏中不致陷入困境，而且我们还要学着准备随时应战。

约翰呀！命运女神递到我们手上的是机会之杯，而不是失望之酒，所以你要振作起来！发生在华尔街上的那件事并没有什么大不了的，它只能说明一个问题，那就是你太过信任别人了，没有什么可懊恼的，这只是“邪恶导师”给你临时上的一堂课而已。但是，儿子，你要记住这次的教训，好马是不会在同一泥潭里摔两跤的。

——————疼爱你的爸爸

洛克菲勒见证智慧的小事迹

洛克菲勒教子：靠人不若靠己

一天，小约翰·D·洛克菲勒跟着爸爸老约翰·D·洛克菲勒在贮藏室里整理东西，突然，爸爸让他蹬着一架高高的梯子爬上一个高箱子上面去。小约翰·D·洛克菲勒准备上去的时候看到爸爸的脸上有些诡异，于是就说：

“爸爸，倘若我爬上去了，您把梯子抽走了，那我不就下不来了吗？”

“怎么会呢？你就放心吧！爸爸是不会为难你的，好儿子，相信爸爸！”老约翰·D·洛克菲勒笑着说。

小约翰·D·洛克菲勒信以为真便放心大胆地爬上梯子去了，但是，当他刚一爬上高箱子，他所忧虑的事情就发生了，他的爸爸猛地将梯子抽走了。

“为什么，您为什么要欺骗我？”小约翰·D·洛克菲勒气急败坏地冲爸爸大喊。

老约翰·D·洛克菲勒却笑着对儿子说：“我要让你记住，一切都要依靠自己，你不能相信或者是依靠任何口头上的承诺。你就自己勇敢地跳下来吧！凭借你自己的力量克服这一困难。”

小约翰·D·洛克菲勒犹豫再三，终于闭着双眼，流着眼泪跳了下来，在起跳的那一刹那，他满怀着一肚子委屈、仇恨和愤懑，他感觉这一跳摔碎的不是自己小小的身子而是自己的一颗心。但是，当他再次睁开双眼的时候，却发现自己正在爸爸的怀抱里，他很诧异地盯着爸爸喊道：“爸爸！您？”

老约翰·D·洛克菲勒只是慈爱地看着孩子，轻轻地抚摸着孩子柔软的头发，似乎是要拂去刚刚出现在儿子心头的所有委屈和怀疑。他对儿子说："孩子，我要让你明白，这世界上倘若连爸爸也不能信任了，那还能信任谁呢？"

小约翰·D·洛克菲勒明白爸爸的良苦用心后一头深扎进爸爸的怀里，眼泪止不住地流了下来。

小约翰·D·洛克菲勒正是从这件事上明白了一个道理：无论做什么事情，靠人永远不若靠己。

第十封
运筹帷幄，策划运气

经典格言：

1. 造物主——耶和华上帝赐给了每个人决策自己命运的天赋，每个人都可以成为自己人生的设计师。
2. 我不凭借天赐的运气过活，但我凭借策划运气而发达。
3. 等待着命运女神降临的时候，要学会贮备迎取运气的才力。

January 20，1900

亲爱的儿子：

约翰！

有些人天生就有着非凡的才能，他们注定了要成为令世人敬仰的伟人，他们永远是某一领域里的王者。就像老麦考密克先生一样，我们不得不佩服他有着一个能够创造运气的头脑，他的头脑能够帮助他将普通的收割机转变成奇特的印钞机。

在我的心目中，老麦考密克先生永远是位野心勃勃的业界巨子，他用他的睿智头脑改革了收割机，他所改革的收割机又解放了美国的农民，而且也将他推上了美国福布斯榜单上的巨人位置。法国人超越我们对他的喜爱，送给他一个绝妙称赞——“奉献于全世界的人”，对于老先生来说，这无疑是上帝对他的一个额外赏赐。

从这位由商业界的普通卖农具商人到一位商界奇才的老先生嘴里蹦出过一句极富哲理的名言：“机遇仅仅是运筹的残余物质。”

也许这句话让人听起来煞费脑筋，但是真理的魅力往往存在于此。也许我们需要大费周折地思考，这到底是在说机遇是人为谋划之下的结果呢？还是在说机遇是人为谋略之后的残存东西呢？经验告诉我，它是两种意思的结合，换言之，我们在不停地为自己创造机遇，机遇是存在于我们身边的，任何行动都不可能把机遇的存在给抹杀掉，同时，机遇又是人为谋略中不可抛弃的福音。

老麦考密克先生了解到了机遇的真谛，进而可以轻轻松松地敲开机遇之门。因而，老麦考密克先生改良的收割机能够畅销全球，并且成为不落的东方红日产品，也就不足为奇了。

然而，世上能够像老麦考密克先生那样掌控、策划自己命运的人，实在是少之又少呀！至于说要想找到不将自己的人生投放在机遇上的人，也是少有的，不曲解机遇的人更是少得可怜。

庸俗贫民的眼里，机遇是与生俱来的命运，是天赐而不可人为的。他们从未想过要自己策划自己的命运，当他们看到别人官运亨通、财运连连或者是名誉高升的时候，他们就会不假思索地说："他的一切不过是命运女神偏向他、帮助他罢了！"他们永远不会看到真正能够让自己赖以成功的真理——造物主——耶和华上帝赐给了每个人决策自己命运的天赋，每个人都可以成为自己人生的设计师。

我可以很坦诚地说，一个人生活在这个世界上，他不能没有机遇，就像他不能没有金钱一样。但是，一个人的宏图伟业又不是靠等待机遇的光顾来实现的。我的个人信仰是——我不凭借天赐的运气过活，但我凭借策划运气而发达。我更加坚信的是，好的谋略策划可以掌控机遇的到来，而且更为重要的是，人为策略往往都能够成功地影响运气。这一观点的最好实例就是我自己在石油界所实施的变竞争为合作的计划。

在我的计划实施之前，利欲熏心的炼油商们都各自为战，毫不节制的竞争所招致的结果就是毁灭性的灾难。这种结果对于消费者们来说无非是一个获利的福音，但是对于炼油商们来说却无疑是个巨额亏损的噩耗，油价的大幅度下跌使得绝大多数炼油商一步步地滑入破产泥潭中。

在我的头脑里有一个很清晰的概念，那就是要想扭转这个亏损严重的局面使得这一产业可以继续有利可图，甚至是成为永远生钱的聚宝盆，我就必须得想办法将这个产业驯服，让它能够完全听凭我的指挥。我知道要想让大家都按照我的想法去理性行事的确是一个很难实现的目标，但是，我把它看做是自己的一项必须完成的任务，我也知道，为了完成这个任务，我必须得想出一个周全的计划来，这个计划就是将所有的炼油产业都置于我的麾下。

儿子！想要成为谋利猎场上的一个好猎手，你就必须得学会勤于思考、小心行事、洞察事物的详细底细，还要分析存在于事物内部的一切危险和机遇，同时又要像一名优秀的棋手那样琢磨捍卫你霸主地位的种种战略。在这一方面，我自认为自己做得有条不紊。在实施那个计划之前，我很详尽地研究了行业的发展形势，也很仔细地衡量过自身的力量了，最终我决定向大本营科利佛兰发动我的石油业首战，等到征服了那里的二十多家产业后，就迅速开辟第二战场，进行第二步计划，接着就是征服所有竞争对手，建立自己的石油大国并开启一套新的产业秩序。

在这个没有硝烟的商业战场上，你要学会当一个真正善于指挥军队的军官，首先要选定攻击目标，然后要考虑好攻击目标时所需要的最佳武器。我在实施我的将石油业划拨到我所指挥的兵团帷幕下的计划时，我很明确地知道，实现这一目标的有力武器就是金钱，我需要用大量的金钱去并购那些制造生产过剩的炼油厂。可是，当时我手里的微薄资金根本不可能供我实施这一计划，于是，我将我的大目标分化成了当前目标和后期目标。当前目标就是筹集资金，实现这一目标的武器是组建股份公司，拉拢行业外的投资者为我助阵。很快，我们的阵容拉得很大，拿着百万资产在俄亥俄注册成立了标准石油公司，等到第二年，资本就大幅扩张到了原来的三倍半。当前目标是解决了，但是至于何时实施后期目标就是一门深奥的学问了。

具有真知灼见的商人们总是能够从每次的重大灾难中找寻成功的契机，我就是这样做的。在我还没有开始实施我的并购计划的时候，整个石油业混乱不堪，炼油商们的心是一天比一天下沉，他们失望甚至是绝望了，科利佛兰的炼油商们有90%都被日益激烈的竞争压垮了，最终只能是到了不得不把厂子廉价出售掉的局面，否则就只能眼睁睁地看着自己深陷亏损泥沼中。这给了我一个绝佳的成功契机，我也知道这是并购它们实现我宏伟蓝图的最好时机。

尽管在这种危机时刻实施并购计划是有些不仁道，但是，在商场上，良知与机遇不可同存。激烈的企业竞争就如真正的弹药战场一样残酷。所谓战略目标就是要将事态发展的局面扭转到对自己有利的方向。经过一番深思熟虑后，我将自己的首要征服目标定位到强大对手克拉克-佩恩公司的头上，与那些不堪一击的小公司相比，这是一块比较难啃的硬骨头。这家在科利佛兰名望很高的大公司一直野心勃勃地想要吞并我的明星炼油厂，但是却不料反被我吞掉。

这是因为我比他更有先见之明，我在对手下定决心之前先下手为强了。我以我睿智的头脑策划着这一吞并计谋，所谓“擒贼先擒王”我要想吞并克拉克-佩恩就必须得先将它的主力分化瓦解，并吞噬掉。于是，我主动约见了我中学时代的老朋友——奥利弗·佩恩先生，他是克拉克-佩恩公司的最大股东。我向他陈述了自己的计划，并告诉他要想结束石油界的混乱局面，走出石油业低谷时代，我的建立庞大高效石油公司的计划是绝对可行，也是唯一可行的计划，而我的出发点也只是想要保住这个千万家庭赖以生存的产业罢了！并且我也很欢迎他的加入。终于，我的计划以及言辞打动了奥利弗·佩恩先生，最终，他决定以40万美元的高价将其出售给我。

当然，我很清楚克拉克-佩恩的价值并不值这么高的价钱，但是我却很爽快地答应了他们的要求，因为我的心里更清楚，吞并克拉克-佩恩公司的意义更高于它本身的价值，它意味着我将取得世界炼油业的霸主地位，它象征着我在迅速吞并所有科利佛兰的炼油厂的战场上打下了一个强有力的先锋战。

果然，我的判断是十分正确的。就在接下来的两个月里，我连续吞掉了科利佛兰的二十多家竞争对手，战争胜利的标旗越插越广，并最终打胜了那场艰难的并购战。而这些胜利的成果，给了我莫大的鼓舞，在之后的三年内，我接连将我的攻略目标定到了费城、匹兹堡、巴尔的摩的炼油厂上，然后最终就成为了全美洲炼油业的最终领导者。

如今想想，我还真是觉得自己幸运呢！不过不是感到自己机遇好，而是感到自己的策划机遇能力产生得好。倘若我当时也像那些只顾哀叹时运不济的人们一样顾影自怜，我估计自己的产业早已经被其他的大产业吞并了。我是用自己的头脑策划出了自己的机遇呀！

世界百态，万事均有发生的可能性，唯独不劳而获的事情不可能发生。随波逐流、怨天尤人、不思进取的人们令我不屑。因为他们的大脑已经被错误的思想所腐蚀，古板僵化的东西像驻虫一样蛀扎在他们的脑海里，他们总以为自己可以从亏损泥潭中全然退身就已经是幸事了。

儿子呀！一个人要想一直好运连连的话，那他就必须得学会运筹帷幄，策划命运，而要想策划自己的命运就需要你的头脑里有一个完美的计划，一个好的计划往往能够发挥极大的作用。你要记住，当你构思你的完美人生计划的时候，首要考虑的是两个最为基本的先决条件：一、知道自己的人生目标，即你想要成为一个什么样的人或想要做成某件事；二、清楚地了解自己所拥有的可用资源，如地位、金钱、权力、人际关系以及自身能力等等。

这两个基本的先决条件是可以调换顺序的，也就是说，它们之间没有明确的分界线，你可以先去构想一个目标，然后再去寻找自己所需要的资源；也可以先掂量自己所拥有的可用资源，然后再设定自己的人生目标；甚至，你还可以将两者糅合在一起，出现第三、第四种方法，例如，你可能已经拥有某种目标或者是资源，为了实现你已经拥有的目标，你必须得有目的地创造出一些实用资源；也可能你拥有的资源达不到你的目标所需，而你又无法创造出实用的资源，那么你就得降低你的目标了；也有可能是你所拥有的资源对于你的目标实现相当充足，甚至还略有富余，那么你就得提高你的目标了。

总之，你要根据你自身所拥有的目标或资源而进行相互调节，直至两者达到协和为止。当你将两者调整到协和一致之后，你就形成了一个策划命运的基础，一个可以供你构思人生计划的结构，余下的就需要时间和你自己的策划手段来充实了，这期间也需要有一个适合的机遇的降临。

我的儿子呀！你一定要记住，策划机遇就是在策划你的人生。所以，在你策划机遇的时候，也一定要学会引导机遇的到来。孩子，我只能祝你好运了，有些东西是只可意会不可言传的呀！你就去用你的感知去尝试吧！

——————疼爱你的爸爸

洛克菲勒见证智慧的小事迹

洛克菲勒运筹运气成富商

在一个港口附近有一家地下酒吧，贫穷时期的洛克菲勒经常到那里去喝酒解闷。一天，洛克菲勒又到那里去喝酒了，喝得酩酊大醉时便准备离开了，当他晃晃悠悠地走过吧台一边的时候，忽然听到几个日本人在和吧台服务员谈及一批丝绸的事情。那些日本人的神情看起来很是愁闷，于是他就去向那个服务员打听详情。服务员告诉了他事情的原委，原来这些人是一艘大船的船员，他们从日本运来大约有一吨多的丝绸，不幸在途中遇上了风暴，结果一船丝绸就被浸染变成了一文不值的废物，这些日本人正愁没法处理这堆被浸染过的丝绸呢。但是，他们着实没有办法，想将丝绸卖掉吧，根本无人问津；想将其运出港口丢掉吧，又担心会被环保局逮着予以处罚，所以他们现在正打算在回去的途中将丝绸抛到大海里去呢。洛克菲勒一听心里乐开了花，他知道机遇来了，他必须得抓住这次发财的机遇。

等到第二天一大早，洛克菲勒便跑到轮船上来找船长，见到船长后，洛克菲勒指着离港口不远处码头上的一辆马车热情地对船长说："船长先生，我想我能够帮助你们将这些没用的丝绸处理掉。"船长看着他笑笑就让船员们帮着洛克菲勒往马车上搬运丝绸。洛克菲勒就这样没花任何代价就将那批被浸染过的丝绸占为己有了。接着，他将这些丝绸做成迷彩服、迷彩领带以及迷彩礼帽，这笔丝绸为他赚了足足十万美元。他最终利用这批丝绸由一个小商贩一跃变成小有资本的商人了。

第十一封
商业竞争，我必力争

经典格言：

1. 我不是用武力迎接竞争，而是用脑力摧毁竞争者。
2. 即使是我真的输了，我所应该做的也是光明正大地输。
3. 再完美的拐杖，它也仅仅是一根拐杖而已，并不能够代替你强健有力又灵活自如的双腿，我们要依靠自己的双腿站立，而不是凭借拐杖。

February 19，1901

亲爱的儿子：

约翰！

我听到了一个坏消息，那就是我昔日的劲敌——本森先生于昨晚逝世了，听到这个消息后我很难过。

说实在的，本森先生是我所尊崇的为数不多的对手之一，我佩服他出类拔萃的才智，更赞赏他坚毅的恒心以及优雅的风度，总之，他的一切举止都给我留以深刻的印象。

时至今日，我依然记得在我们刚刚结盟的时候，他开玩笑地对我说：“洛克菲勒先生可是一个毫不手软却又很完美的掠夺者哟！倘若要是您输给了那些不尽如人意的人们，我想我会非常难过的。因为就像遇到了强盗一般，不管您是掠夺我还是与我展开战争，我都会为自己与您这样一位规规矩矩的对手交战而感到欢乐的，不论其结果是输是赢！”

我还记得当时自己分不清楚他是在恭维我还是在赞扬我，但是自卫的本能促使我对他说：“本森先生，倘若你能够将掠夺者改说成是征服者，我想我会更加乐意接受些。”他听了我的话后便笑了。

对于那些临危不惧的英勇人士我一直都是存满敬意的，而本森先生就是一位临危不惧的人物。在本森先生与我为敌之前，我刚刚击败了全美洲最为强大的铁路公司——滨州铁路公司，并驯服了全美第四家也是最后一家大型铁路公司——巴尔的摩·俄亥俄铁路公司。那一时刻，我的手掌里握有全美四大铁路公司的指挥权，就连我最忠实的盟友——伊利铁路公司和纽约中央铁路公司也在其内。

而那时更加令我感到欣慰的是，我们在料利佛兰组建的标准石油公司的输油管道也正在一点一点地向巨大的油田延伸呢！要知道，这可是能够使我获得连接油井和铁路干线的所有输油主线的绝对控制权的呀！坦白地说，那时我的势力已经绵延到采油、炼油、输油以及营销等各个石油行业领域了。可以说，我已经拥有各个采油商、炼油商的生杀大权了，这绝非吹牛，我可以让他们瞬息腰缠万贯，也可以让他们瞬息身无分文。但是，不可否认的是，的确有不畏我权威的人，本森先生就是一位。

本森先生绝对是商场上一位雄心勃勃的将军，他有他自己的主见和商业才能，他构思出了在拉德福德油田和威廉波斯特之间铺设一条输油管道的计划，要去拯救那些对我的势力充满恐惧感而且又急欲逃出我的控制圈独立计划石油生产的商人们，当然，我坚信支持他勇敢地闯入我的领地的精神中一定还存有想要从中狠捞一把的想法。

他的构思很完美，而且实施得也很迅速，很快，一条连接宾州东北部与西部的输油管线就以惊人的速度向前铺进了。我被这条绵延千里的"巨蟒"吸引住了，开始全力关注它的行进路程了。儿子呀，你要记住，无论何时，对待一场竞争都绝对不能像看待一场游戏一样松懈，而是应该像对待一场战争一样满怀激情而又密切关注，否则，一不留神，你就会输掉你的一切。

我看到了这条由本森先生铺设的"巨蟒"正在一点点地给我带来危机，我必须得制止这场危机的发生，而要阻止这场危机的发生，就得让制造这场危机的主谋——本森先生停手，让他停手就需要我的策略，我要开始和本森先生较量了。起初，我所用的手法显然不够高明：我花高价收购了滨州州界的一块儿狭长土地，企图阻断本森先生铺设的"巨蟒"的行进路程，可是聪明的本森先生根本没有被我难倒，他采取了绕道而行的办法，将他的"巨蟒"引领到了其他的道路上继续往前绵延，于是我打出的重重一拳便落空了，这导致我是赔了夫人又折兵呀！不仅没有阻止本森先生前进，还白白花巨资购买了一块毫无用途的土地，结果我倒成了慈善家，给那里的农民们平添了一个一夜暴富的机会。接着，我开始出击我的第二轮阻止行动了——我企图借用盟友们的臂力了，我给铁路公司提出要求，让他们绝不允许任何一条输油管道跨越铁路，但是这也没有阻止"巨蟒"的前进，因为它的主人依样画葫芦地将我的计谋破解了。于是我的阻止“巨蟒”行进计划再次落空。我很不甘心，于是予以最后的一击——我动用了政府的力量，但是我依然失败了，最后就只能眼睁睁地看着本森先生指挥着他的“巨蟒”一步步向它的目的地行进。

看着他一步步地变成英雄，我明白自己遇上难以征服的劲敌了，不过要战胜他的竞争决心并没有动摇。因为我很清楚，他所铺设的那条长达110英里的“巨蟒”会给我以致命的一击，倘若我坐看着它毫无阻隔地将那里的原油一点点运输到纽约而不采取任何行动，那无异于，我看着自己正在流淌着鲜血的血管却不闻不问。一旦等到原油运输到纽约，本森的势力就会取代我的势力成为纽约炼油业的新霸主，而且同时我还会失去对布拉德福德油田的控制权。这是我绝对不能够容忍的，我绝不允许那样的事发生。

对于他们在石油业上的发展，我并不是想将其困死或者是赶尽杀绝，我想要的不过是让本森他们停止制造麻烦，破坏我费尽心机才构建起来的石油市场秩序，仅仅是不想让他毁掉我奠定下的石油业控制权罢了！因为那是耗费了我大半生的心血才建立起来的“石油王国”，我绝不允许有人来侵犯它。因此，在本森先生的“巨蟒”尚未开始涌动的时候，我向他们提出了购买股权的要求，但是很不幸的是，本森先生拒绝了我的要求。

他的这一做法激怒了我势力团队内的许多人。公司管道运输业务的主管人——奥戴先生气愤地扬言要用武力彻底摧毁它，好惩罚它的那些不知好歹的主人们。但是我对这种想法感到厌恶，因为在我看来这种做法是邪恶的、下作的，只有那些无能的愚蠢莽夫才会做出这种令人不齿的鲁莽事情来。于是我严厉地警告奥戴：“就将你那愚蠢的想法扼杀在摇篮里吧！我从来就没有认为自己有会输的理由，即使是我真的输了，我所应该做的也是光明正大地去输。”

可以说，那些在竞争对手背后捣鬼下黑手的人们倘若没有被抓到的话，他们几乎都可以获得竞争中的绝对优势。但是，丑陋的邪恶想法和违背道德甚至是法律的做法都是非常危险的，小至让人丧失尊严，大至让人锒铛入狱。而谎言终究是会被拆穿的，违背道德的行为也终究会被世人所唾弃，终将有一天谎言和不道德行为会将一个人陷入万丈深渊。任何不正当的行为和想法都不是企业的可靠策略，它们只会是成为破坏大局的那颗老鼠屎罢了。邪恶的道路本就是害人害己的，让别人行不通，最终自己也会走到小胡同里。我们一定要正正当当地做事，规规矩矩地做人，因为循规蹈矩可以帮助我们创造关系，而关系又会给我们带来长久的效益。事业上，往往是一个好的交易会创造出更多的好的交易，如果我们提供给别人的交易是不好的，那么我们就是在自毁前程，终将会断送我们的好运。

就我自己的本性来说，对于商场竞争，我不是用武力迎接竞争，而是用脑力摧毁竞争者。我不需要不够光明磊落的猥亵胜利，我所奉承的是要赢就要赢得光明、体面而又彻底。因而，我注定是要用我的脑力——智慧战胜本森先生的。就在本森先生还在洋洋自得、享受成功幸福的时候，我就开始向他发起一系列让他毫无防范又难以招架的攻略了。首先，我差遣部属将大批的订单送给储油罐生产商，并向他们提出了必须保证生产质量，并要按时交货的要求，这样的目的是让他们无暇顾及其他的客户，当然，他们也就无暇顾及本森的订单了。这样一来，他们没有了储油罐，开采出来的原油只能倾泻荒野，那么本森先生所收到的就不是大批待运的原油了，而是采油商们的怨声载道。而就在同时，我又大幅度地调低了石油管道运输的价格，这样就不费吹灰之力地将大批原本依靠本森先生运输原油的炼油商们吸引过来了。而在此之前，我已经迅速并购了几家纽约的炼油厂，这就很好地阻断了本森先生拉拢客户的想法。

儿子呀！你要记住，一个优秀的作战指挥者是不会去攻打那些与其战略无关的碉堡的，因为他要集中全部力量去摧毁那个关乎全城安危的碉堡呢！我在每一轮出击的时候，都是在考虑要找准了本森先生的致命弱点去痛击的，当我无法将其铺设的“蟒蛇”除掉，我就转变策略到要让他的输油管道无油可输上，于是，我开始猛击这一薄弱环节，最终，我胜利了。就在他的“巨蟒”管道——被大家公认为是全美洲最长的输油管道铺设完成还不到一年的时候，本森先生向我认输了，他主动向我提出了和解要求。我不清楚他是否出于本意，但是他很清楚，倘若继续同我竞争下去，他们的结局会更惨。

约翰呀！儿子，一场关乎事业成败的商业竞争就是一场决定命运的大战呀！在这场战争中，一旦你胆怯后退了，那就意味着你已经投降了，那就是你沦为奴隶的起点！竞争像战争一样无可避免，既然如此，何不让它来得猛烈些！这个世界上的竞争一刻不曾停歇，我们也便没有了喘息的时间，我们所能做的，就是用钢铁般的意志武装我们自己，然后情绪激昂地走向纷至沓来的种种挑战和竞争。在这些竞争中，只有你积极乐观对待，才会处于不败之地，反之，就会发生意想不到的坏结果。

儿子，一个人要想在每场竞争中都获胜，那他就必须得时刻保有一颗清醒警觉的头脑，只有他不断地看到对手极力想要击败自己的时候，他才可以抓住竞争的主动权。在你开始一场竞争的时候，你一定要清楚地知道自己手里正拥有什么样的武器，还需要什么样的武器，并且要知道如何动用你手中的这些武器，还要懂得在残酷的竞争中，友善和温情是你致命的软肋，而你不可以让敌人抓住你的任何弱点。只有这样，你才可以战胜对手

当然，勇气是一场竞争中获胜的重要武器，不过它只是你真正获胜的武器之一，它不是最重要的，最重要的是你自身的实力。再完美的拐杖，它也仅仅是一根拐杖而已，并不能够代替你强健有力而又灵活自如的双腿，我们要依靠自己的双腿站立，而不是凭借拐杖。倘若你的双腿不够强健有力，它们不能够支撑着你站立，那你就更应该去磨砺、强化它们，你的内心里要坚定不移地相信，只有自己的双腿才能够让自己站得更长久，更挺拔！

我和本森先生有着一样的思想，我相信，他在天堂上也会对我的观点深表同意的。

——————疼爱你的爸爸

洛克菲勒见证智慧的小事迹

临终前的一场幽默，暴赚10万美元

洛克菲勒享年98岁，临终前，他让秘书在报纸上发布了一则幽默消息，告诉大家他即将要上天堂去了，愿意为失去亲人的朋友们给他们在天堂里的亲人们带个口信，一个口信100美元。这则看似荒唐至极的消息竟然引起了无数人的好奇心，人们都感到疑惑不解，于是纷纷前来询问。最终，他因这样一则玩笑消息赚得10万美元。倘若他能够多在病床上坚持几天，我想他会赚得更多。

洛克菲勒的发迹和致富，在许多人眼里一直都是个不可破解的谜团。解铃还需系铃人。看看他那匠心独运的特别墓碑文，也许就足以概括他不断在平凡中创造奇迹的传奇人生吧！——“我们身边并不缺少财富，而是缺少发现财富的眼睛。”

第十二封
化侮辱为动力，变蔑视为激励

经典格言：

1. 具有远大目光并善于思考和行动的人，总是能够明白要想走向成功，他就必须得去除自身的傲慢与偏见。
2. 侮辱正是那柄衡量你能力的标尺。
3. 尊严不是别人给予你的，更不是天赐的，要想要尊严，那你就必须得自己缔造。

February 27，1901

亲爱的儿子：

约翰！

哦，我亲爱的儿子，你可知道，我和你的妈妈正为你同摩根先生谈判时的出色表现感到兴奋呢！你能有那样得体的表现真是我们所没有料想到的，你的勇气是可嘉的，在那样盛气凌人的摩根先生的面前，你能够应对得恰到好处，还不失风度、教养地谈判并且成功地控制住你的对手，这真是难得呀！要知道能够同华尔街最大的钱袋子从容不迫地斗智斗勇，那所需要的绝对是超乎常人的能力和勇气，你却做到了，这真的很令我们感到欣慰。我们正在感谢上帝赐给我们你这样一个出色的孩子呢。

你来信告诉我，摩根先生对你粗鲁、无礼至极，你觉得他是在有意侮辱你，这是正确的。的确，他是想将报复我的怨气都出在你的身上，因而才会让你代我受辱。

你是知道的，摩根先生此次提出要同我们结盟是在担心我们威胁到他的计划。我深知他的伎俩，其实他内心里根本不乐意同我们合作，因为他和我都很清楚，我们两个根本就是两条道上疾驰的马车，彼此之间都不会喜欢对方的。我看到他飞扬跋扈、傲慢无礼的样子就觉得厌恶，我相信他见到我也一定有讨厌的地方。

不过，我不得不说，摩根先生是商业界的一位奇才，他知道我根本不把华尔街放在眼里，他也明白我不会畏惧他给我带来的小小威胁，因而要想实现他一统美国钢铁业的野心，他就必须得同我合作，否则他即将要面临的就是一场决一生死，而且是他必死的竞争。

具有远大目光并善于思考和行动的人，总是能够明白要想走向成功，他就必须得去除自身的傲慢与偏见。摩根先生就是这样一个目光远大的善思善行的人物。因而，尽管他很不乐意同我打交道，可他还得问我，能否同他在标准石油公司总裁办公室里见个面。

我深懂“谈判中坚持到最后一刻的人一定是捞到好处最多的人”的道理，于是我告诉摩根先生：“我已经不在总裁办公室工作了，正退休在家里休养呢！倘若你愿意，我倒很欢迎你到我家里来造访。”他屈尊来了，可是他根本不会想到，当他同我洽谈到具体的合作问题的时候，我竟会对他说：“哦，摩根先生，真是抱歉，我已经不管公司里的事了，我已经退休了，公司里的一切事情都交由我的儿子打理了，我想他可能会很有兴趣同你谈论这个问题。”我相信我的这番话是他做梦也不会想到会听到的。

这样的做法除了傻子谁都能看得出来，我是在公然蔑视摩根先生，不过我倒很佩服他能够克制住自己想要爆发的情绪，他压抑着自己说出希望你能够到他华尔街的办公室里去洽谈这笔生意，我没有拒绝他的要求。

也许摩根先生不懂得“报复他人就是在攻击自己”的道理吧，所以他为了撒撒心头的怨气，竟被你毫不费力地掌控住了。不过，不管摩根先生是如何对我的公然凌辱怀恨在心，他都始终将目光放在了事情的最终目标上，这使得我颇为赞赏。

儿子，我们生活的社会是一个追求尊严的社会，我们都很清楚对于一个爱面子的人来说，承受来自他人的侮辱是什么滋味。因为我们都曾经受过，许多时候，无论你是谁，就算是美利坚合众国的总统先生也不得不忍受一些来自他人的侮辱。

对于那些侮辱，我们要怎么办呢？捍卫自己的尊严，在盛怒中予以还击？还是宽容待之？或者是用其他什么方式解决？

儿子，你应该还记得我一直所珍藏的那张我中学同学的课堂合影吧！照片里没有我，因为那是富家子弟的特照。多少年过去了，我还珍藏着它，而我的脑海里也一直珍藏着拍摄那张合影时的情景。

那是一个天气晴朗的下午，老师兴奋地对我们说，那天会有一位摄影师来学校拍摄学生们的课堂情景。我在那之前也照过为数不多的几次照片，但是，对于一个穷苦孩子来说，那是一种少之又少的奢侈机会。因而当摄影师一出现在教室门口，我的内心就禁不住地狂跳，脑海里不停地涌现着自己被摄入镜头里的景象。我告诉自己要多点微笑，要自然，留下自己最帅的样子，甚至还想到了拿到照片后跑回家里像报告喜讯一样告诉妈妈自己照相了的情形，我还清晰地听到了自己内心里的狂喊："妈妈，妈妈，我今天照相了，还是专业摄影师拍的呢，酷极了！"

我用一双满怀期待的眼睛注视着摄影师的一举一动，身体也不自觉地有点僵直，脸上始终挂着不怎么自然的笑容，满心期待着摄影师赶紧将我摄入相机里。但是，那位摄影者是位唯美主义者，他对着相机聚光了多次，终于直起身来，用手指指向我，对我们的老师说："老师，那个学生的穿戴实在是太寒碜了，你能让他离开座位吗？"我脸上那本就僵直的笑容定格在那里了，我失望极了，更感到羞耻极了，但是我仅仅是个单薄无力又只能听命于老师的小孩子而已，除了本本分分地离开自己的座位，我别无他法。于是我默默地起身红着脸离开了自己的座位，为那些穿着华丽的富家子弟们留出完美的背景。

那一刻我明白自己正在承受着来自摄影师的侮辱、蔑视，但是我没有发怒，更没有怜悯自己，埋怨父母，因为我很清楚，自哀自怜是无能者的表现，埋怨父母更是没有理由，他们能够让我接受良好的教育已经是尽他们所能了。所以我就静静地看着摄影师不断调换的拍摄场景，但是，当时我却私下里紧攥着双拳，在自己的内心里发誓：总有一天，我会成为世界首富的！到时候让摄影师即使是最著名的摄影师给我拍摄照片又算得了什么！让世界最负盛名的画家给自己画像才值得骄傲呢！

儿子呀，如今，我的誓言已经得以实现了。在我眼里，侮辱已经不是那么面目可憎了，它不再是刺伤我颜面的利刃，而是一股激起我奋勇前进的巨大动力。我想即使我说是那个摄影师将一个衣衫破旧的穷小孩激励成了世界首富也不为夸大之词。

谁都有权利享受掌声和和喝彩，也许那掌声来源于肯定我们所取得的成就或者是赞扬我们的美好人格、品德；但是，我们也不可否认，谁都会遭受侮辱和蔑视，我想在遭遇这种不可避免的蔑视、侮辱的时候，除了忍受恶意刺痛，我们还应该思考更深一层的东西——我们之所以会受到别人的蔑视，可能是我们自己的能力还没有达到让他们敬重的程度，可能是我们的为人，也可能是我们的处事做得不够好。所以，我们就要努力做到让蔑视你的人尊重你，而不是对他们的蔑视、侮辱行为耿耿于怀。儿子呀，我想告诉你的是，蒙辱并不是一件十足的坏事，倘若你能够冷静地反思侮辱背后的含义，也许你就会明白，侮辱正是那柄衡量你能力的标尺。

我明白任何极为渺小的侮辱都可能会触及一个人的尊严。但是，孩子，你要明白，尊严不是别人给予你的，更不是天赐的，要想要尊严，那你就必须得自己缔造。尊严只是你自己享用的精神物品，我们的尊严是属于我们自己的，当你觉得自己很有尊严的时候，你就很有尊严。因此，倘若有人伤及你的尊严，你千万不要为之动怒。只要你不死守着你的尊严信条，就没有人能够轻易地伤害到你。

约翰，人们自身的关系是所有关系的基础，只有当你相信自己，同自己达成和谐一致的关系，你才能够成为你自己最忠实的伴侣。也只有如此，你方可做到宠辱不惊、临危不惧的出色表现。

——————疼爱你的爸爸

相关链接

将门出虎子，小约翰代父叫板摩根

1901年，小约翰·D·洛克菲勒代父出面同不可一世的钢铁大王摩根谈判梅撒比矿区的交易。

当年仅27岁的小约翰·D·洛克菲勒走进摩根的办公室的时候，摩根出于傲慢专横，总以为自己高人一等的本性，便故意装作没有看见小约翰·D·洛克菲勒的样子继续同他的一位同事谈话，直到助手通报了，他才扫视了长相虚弱的小约翰·D·洛克菲勒一眼，然后瞪着眼故意虚张声势地高声说："哦，你们的要价是多少？"

小约翰·D·并没有被摩根盛气凌人的样子吓倒，更没有被他轻蔑的话语激怒，他只是平和而礼貌地盯着摩根回答道："摩根先生，我想您一定是有些误会了吧。我今天来这里不是急于向您出售的，相反，我认为您更加急于想购买吧！"摩根听了他的话，不禁有些刮目相看之感，良久的沉默过后，傲慢的摩根先生终于将说话的语调改变了。最终，通过谈判，双方达成协议，摩根答应洛克菲勒所规定的售价。

交易过程中，小约翰·D·洛克菲勒牢牢抓住了双方达成协议的关键——摩根急于想要买下梅撒比矿区。所以他紧抓问题咽喉，从中点化开通，最终出其不意地直击对手要害，摆出问题实质，让对手看清自己的境况，同时也表现出了自己莫大的对垒勇气，以及平等交际的人格尊严，同时还充分让对手意识到需要认真、平等地对待谈话人。

这次的谈判着实是足见小约翰·D·洛克菲勒智慧的一次谈判。

第十三封

用实力镇住对手，拿价值达成交易

经典格言：

1. 其实人们都在从事着一个永不改变的行业——与人打交道的行业。
2. 越是认为自己行的人，越能够变得聪明能行。
3. 决不可有将钱赚得一干二净的想法，你要学会留一点钱给别人赚。

February 27, 1901

亲爱的儿子:

约翰!

今天晚上我会晤了你和摩根先生洽谈的调解人——亨利·弗里克先生,我对亨利先生说:“正如我的儿子告诉摩根先生的那样,我们并不急于出售联合矿产业公司的股份权。不过,也如你猜测的那样,我是从来不会阻碍或者是破坏任何一个有价值的企业建立的。但是,我极为厌恶居高临下的买主定下企图将我们逐出他们建设计划之外的价格,我宁可同这样的买主血战到底,也绝不轻易做这样的买卖。就请你告诉摩根先生,他的如意算盘打错了。”

儿子,我知道你很讨厌不可一世的摩根先生,但是我想你还得同这个讨厌的家伙继续打交道。因而,我想给你一些建议,好让你继续从容对付这个目空一切的家伙,并且狠狠地教训一下他,让他明白什么是刚愎自用的后果。

约翰,其实生活中有很多人总是不明白自己究竟是在干什么,这是一个严重的社会普遍错误。实际上,不管人们从事什么行业,经营石油、销售地产、倒腾钢铁还是当总裁、做职员,其实都在从事着一个永不改变的行业——与人打交道的行业。谈判桌上尤其如此,你要明白同你展开激战的不是一桩生意,而是经营那桩生意的人。

所以,只有你真实了解自己、了解对手,做到知己知彼才能够百战百胜。你要知道,准备应战是同他们展开谈判游戏的重要部分。如果你的手里攥有实质性的优势,那你就必须得懂得:

第一,了解整体状况:包括市场状况和前景状况。

第二,掌握你自己手头里的资源:包括你的优势和和劣势,你所拥有的资本以及你的预期可拥有资源。

第三,摸清对手的资源:包括对方的财产状况以及对方的优劣势态和预期资源。(你要记住,在任何一场竞争中,了解对手的优势绝对是谋略策划中的最重要因素之一。）

第四，明确你自己的目标和态度：包括要清楚地知道自己在做什么，做这个事情的最大目标是什么，实现这个最大目标的决心有多强烈；自己对自己的态度是什么，坚信不疑还是有些信不过自己；在自己的精神上有什么缺点和优点，比如不自信或者是太过骄傲等。（儿子，太阳神阿波罗给自己的伟大座右铭只有四个字："人贵自知。"我希望你在审视自己的时候以及给自己设定目标的时候，一定要从实际出发，切不可胡乱地下定义。约翰，你要记住爸爸今天对你说的一句话——越是认为自己行的人，越能够变得聪明能行。积极的心态是创造成功的契机。）

第五，审视对手的目标和态度：要尽可能地在最短的时间内掌握对手的目标，而且要设法挖掘对手内心的想法，不可被假象所迷惑，要真切地了解他的内心感觉。

无可辩驳的是，最后一条"审视和预测对手的目标和态度"是现实生活中最难实现并加以利用的，但是，要想成功你就必须得努力去实现那些看起来不能实现的难事。你细心观察那些伟大的军官们就不难发现，他们都有一个良好的习惯，那就是尽可能地去了解对手的习性，并能够以此来预测和判断对手可能会做出的抉择和行动方向。在所有的竞争手段当中，能够详尽地了解对手的习性是最好，也是最有作用的手段了，因为当你知道对手的出拳套路了，那要想战胜他还不是小菜一碟吗？在一场竞争中你能够始终把握着主动权，那当然是胜利的最大保障了。有句俗语说："预防强于治疗的作用。"就是我对你说的这个道理的最浓缩的精华。

也许有时候，你的竞争对手就是你所熟知的人，这对于你来说是个绝妙的优势。因为你可以很好地应对他的招式。倘若你了解到他的性格中有些谨慎，那么你所采取的策略最好也谨慎一些；倘若你了解到他的性格有些乖戾暴躁，容易冲动，那么你就要大刀阔斧地去应战或者是出击了，不然的话，你就有被他逼上绝路的危险了。

但是，我这样说并不代表对对手不熟识，你就不可以很详尽地了解对手的习性了，一个好的谈判家是能够在谈判桌上就可以很好地了解到对方许许多多情况的，只要你有一双明察秋毫的眼睛你就一定可以了解到对方的些许信息，你不必等待他走出了第一步再去了解他，而是要在他还没有出棋的时候就去了解他的棋路。

我们同对手说的话往往会掩饰一些自己内心的真实想法，当然对手也是。但是，不可避免的是，我们的抉择几乎总是会泄露我们内心的秘密，每个人做出了第一个抉择，也就意味着他开始泄露自己内心的秘密了。因此在谈判桌上，你一定要清楚地知道自己在说什么或做什么，如果你真的拥有掌控一切的能力，就应该学会掌控自己的所作所为以及自己所说的话，这样会给自己带来好处的。

同时，你还必须得随时保持警惕，便于准确地收到对手所发出的每一条讯息，如果真能做到这样的话，你就完全可以持续掌控整个谈判局面的发展方向，但是，如果你做不到这样的话，你可能会处处处于被动局面，一个个好的机会就会在你的眼皮子底下溜走。你要知道，在一场真正激烈的谈判中失败，那就意味着下一次谈判想赢的几率会降低一半。

交易场上的秘诀是，你要时刻清楚什么是可以拿来交易的，什么又是不可拿来交易的。摩根先生把我们看做是墙缝里需要清扫出去的残渣，可是我们必须得残留在那里。这是我们所不可以进行的交易。要想交易进行下去，他就必须得给我们一个好价钱。不过，儿子呀，你也必须得清楚，做生意时，决不可有将钱赚得一干二净的想法，你要学会留一点钱给别人赚。

儿子，你要记住，我们之所以愿意做这笔生意，是因为我们觉得它有利可图，这是再明显不过的了。不过，我们却不能受制于这样狭隘的想法。

交易的真谛是交换价值，用他人想要的东西换取自己想要的东西。但是，有太多的“聪明绝顶之人”总把自己交易的目的看成是要捡便宜的机会，他们总是希望自己能够用最低的价格购买到自己最想要的东西，而且他们也总以为自己是世界上最聪明的人，跟他做交易的人都是傻子，殊不知谁也不会傻到低价将别人所想要的东西出售给人家。摩根先生这次所给出的价格就是出于这样的想法，他们给出的价格要比实际价值低过百万。倘若他只想同我们做这种只有利于他们一方的生意，那么他就打错了如意算盘，他这样继续下去，只能是意味着他会失去这次登上美国钢铁行业第一把交椅的好机会。

任何人要想很好地将一笔交易完成，最好也是最有效的办法就是强调价值，耍小聪明只会是别人耍得更惨，因为你聪明，别人也不是傻子。然而，多数人都会犯一个共同的错误，那就是在交易中只强调价格而不强调价值。你总是希望他们在向你推销他们的东西的时候会对你说："这已经是最便宜的价格了，再也没有比这个价格更低的了。"是的，没有谁不希望能够以最低的价格购买东西，但是，人们所希望的更是，在最低价的情况下购买到最高价值的商品，所以在谈判中强调价值远比强调价格更重要。

儿子，我希望，你在同摩根先生洽谈这桩生意的时候，一旦涉及金钱，你一定不要先提价格，而是要提供给他最为宝贵的价值，你要让他知道他从这笔生意中买到的东西是什么。

儿子，我一直都认为，人通过自己的努力是可以改变世界的，将自己及他人带到一个全新的、美好的世界里去。我希望你可以做这样的事情。祝你一切顺利吧！

——————疼爱你的爸爸

洛克菲勒见证智慧的小事迹

洛克菲勒的商业头脑

约翰·D·洛克菲勒，1839年出生于美国纽约州的里奇福德镇。他们这个家族是18世纪从德国举家移民到美国的。洛克菲勒的父亲威廉·洛克菲勒是个行为放荡的假药贩子，这使得他们的家庭一次次搬迁，过不得安生的日子。1853年初，洛克菲勒一家搬到俄亥俄州的一个草原小镇上，第二年，15岁的约翰·D·洛克菲勒迈进镇上的高中学校，同学们都叫他“约翰·D”（因为他在作文里这样署名）。小时候的约翰·D是个超群的辩论英雄，阐述自己的观点时总是头头是道，令万人不及。他有个叫马克·汉纳的密友，后来成了美国国会参议员兼共和党领袖；另一个朋友叫达尔文·琼斯，他们是洛克菲勒少年时代的“校园三剑客”之一。约翰·D曾一度迷恋上了音乐，甚至曾经想过将来要当一位音乐家。倘若真是那样的话，我想我们就见不到日后的“石油大王”了。然而最终他对商业的兴趣战胜了他对音乐的兴趣。随着他走出校园，他的音乐家梦也就破灭了，而他的商业梦却有了极大的发展舞台。

在约翰·D上高中的时候，曾同他的父亲有个特殊的约定：父亲从他这里借一笔小小的贷款，他需要从中收取一定的利息。尽管那点儿利息钱还不够他来回的车费，但是，那时候的约翰·D已经有一种生意上的事绝不可马虎或是感情用事的意识。这种意识正是他良好的创业之基。

第十四封
与人协作，商友至贵

经典格言：

1. 建立在生意上的友谊远比建立在友谊上的生意更高尚。
2. 你希望别人怎么待你，你就怎么待别人。
3. 往上爬的时候千万要对你下面的人好一点，否则等你走下坡路的时候再遇到他们就遭殃了。

May 16，1901

亲爱的儿子：

约翰！

我很开心看到这一刻，你和摩根先生的手终于紧紧地握在一起了，我相信这会是美国经济史上最伟大的一次握手，也是后人必定会记住的一次握手。它的意义就正如《华尔街日报》上所说的那样，那是标志着“一艘由华尔街大亨和石油大亨共同掌舵的无敌战舰已经起航，并注定会势不可挡、永不沉没”的一次握手。

儿子，你知道是什么力量创造出这么伟大的奇迹吗？那就是合作的力量呀！

在那些夜郎自大的人的眼里，合作也许是软弱者的可耻行为，但是在我眼里，合作在有利于我方的情况下永远是聪明人的最佳选择。这是一个不争的事实，不过我还是需要同你讲述一番：

如果说我成就今天的伟业不是上帝的扶助，那我更愿意将这些功劳归于三大支持我的力量：第一种力量来源于循规蹈矩办事，这是让我的伟业得以永续的根本；第二种力量来源于竞争，正是这种残酷、无情的竞争让我明白了自己需要做得更好，它是鞭策我不断趋于完美的原动力；第三种力量就来源于合作了，合作让我从中学到知识，还能够让我从中捞取好处和利益。

其实，我之所以能够遥遥领先于我的竞争者们，正是由于我擅长跑“与人协作”的捷径。回头望望我奔向财富巅峰的路程中，几乎竖满了合作的里程碑。在我踏入商海的第一天，我就清楚地知道，不论是什么地方、什么时间，只要是有竞争的地方，就会有合作，没有任何一个人能够孤军奋战并最终取得胜利，聪明的人往往会拉拢许多合作伙伴，即使是同对手也完全可以达成合作的关系，所谓“借他人之臂力，达己之目的”。在这个处处存满竞争的世界里，要想生存下去或者是强大起来，你就必须得学会与人协作。

我还可以给你做出一些很有可能会成为现实的假设，就拿我们和摩根先生来说吧，倘若我们没有和摩根先生牵手合作，那么我们就很有可能会变成激烈的竞争对手，最终等着我们的结果是“鹬蚌相争，渔翁得利。”我们两败俱伤了，正好让我们的竞争对手戴尔·卡耐基先生坐收渔翁之利，他的企业会以一枝独秀的态势在钢铁行业上永续延伸下去。不过，现在我们合作了，卡耐基先生只得捶胸顿足一番了。我说这样的话绝非是在诋毁卡耐基先生，试想，有谁会在对手蚕食自己领地的时候还能够泰然自若呢？如果能做到那样的人，那一定是躺在坟墓里的人。

合作是压制竞争对手或者是让他出局的最佳手段，他可以使你昂首阔步地向自己的目标一步步挺进，可以说，合作并不一定是去追求胜利。但是，很遗憾，知道这个奥秘的人少之又少。

不过，你要记住，合作只是一种利用关系，它不等同于友谊、爱情、婚姻，它的筹码是金钱和利益，而不是感情。要知道，成功有赖于同他人的合作或得到他人的支持。在我们与成功彼岸之间有一条难以逾越的激流，要想跨越这条激流，我们就不得不寻找合作的桥梁，只有得到他人的支持与合作，我们才能够安然地抵达成功彼岸。

当然，我从不拒绝同生意伙伴建立良好的友谊，在我看来，建立在生意上的友谊远比建立在友谊上的生意更高尚。就像我和亨利·弗拉格先生，我们之间存在着合作关系，但是我们之间也存在着真挚的友谊。亨利是我心灵上的知己，其作用如同我的一条臂膀。同他结盟，我得到的不仅仅是他的投资，更多的是他睿博的智慧和灵魂上的理解与支持。我喜欢亨利身上散发出的那种一如我一样不自满而又雄心勃勃的精神，同样的，他也怀有和我一样的成为石油业主人的梦想。直到今天，我还依然记得我们最初合作时的情形，那时候，我们除了吃饭和睡觉不在一起，其余的时间几乎就是形影不离，我们一起上下班，一起思考问题、一起研究计划，相互勉励。现在回想起那段日子来，感觉就像是度蜜月一般甜蜜，那是一段永远让我感到欢欣的记忆。

现在，离那段日子已经有几十年了，而我们的友谊就像佳酿美酒一般越来越甘醇了。这份兄弟般的情谊就算是拿全世界的财富来同我交换，我也决不交换。儿子呀，这也就是我为什么一直要求你叫他亨利叔叔而不是亨利先生的原因。

我从未拿友谊当过生意筹码，因为在我看来，友谊的价值是任何金钱都不能衡量的东西，我明白友谊的背后是真挚的感情。我和亨利之间的友谊以及合作关系之所以能够长久地坚持下去，不仅仅是因为我们有着共同的目的和利益，更重要的是，我们懂得严于律己的道理，更明白“你希望别人怎么待你，你就怎么待别人”的意义。

我在同他人交往时所奉行的准则是——“己所不欲，勿施于人”，同时，这也是我对合作所保有的明智态度。因而，我从不倚仗财势欺凌弱势对手，我愿意与我的对手以及合作伙伴们促膝长谈，而不愿意以一种盛气凌人的态度去折服别人，因为我明白，那会毁了我们之间的合作关系，使得我的目标被中途搁浅。

虽说如此，但是一旦遇上傲慢无礼的人，我就会决心羞辱他一番，好让他明白他的做法是多么愚蠢。我曾经就教训过纽约中央铁路公司的老总范德比尔特先生。

范德比尔特先生是位贵族将军，家境本就优裕，又在内战中立下过赫赫战功，因此他总是受到很多人的吹捧。而范德比尔特先生总是把战场上赢得的荣誉当做是自己的骄傲资本，因此有些不可一世，他又自以为掌控着铁路运势大权就非常了不起，总把我们这些合作伙伴当做短工看待。

一天，亨利前去找他谈论运输的事情，但是没想到这个目空一切的家伙竟然傲慢地对亨利说：“小伙子，你是说要找我谈论运输的事吗？你难道没有估量一下你的军阶吗？”要知道亨利是从未经受过这样的侮辱的，不过，那时他良好的教养帮了他，他没有失态，只是默默地回到了自己的办公室，但是当他一进办公室的门，放在他书桌上的一个漂亮的笔筒就立即遭受了灭顶之灾。

我赶忙走上前去安慰他道：“亨利，跟那没教养的狗屎计较什么，就忘了他说的那些愚蠢的话吧！总有一天我会为你讨回尊严的。”后来，我真的抓住了为亨利讨回公道的机会了，当时范德比尔特先生急着要同我们谈生意，邀请我们到他的办公室里谈判，我却不慌不忙地派遣我的一个职员去告诉他：“我们可以同你洽谈生意，但是就请你到我们的办公室里来谈吧！我们没时间到你那里。”最终，这位高傲的将军只能屈尊来比他小四十多岁的年轻人的办公室里洽谈那笔重要的生意，而且还得全权听凭两个年轻人提出的种种苛刻条件。我估计在那一刻范德比尔特先生一定明白了一个类似于“往上爬的时候千万要对你下面的人好一点，否则等你走下坡路的时候再遇到他们就遭殃了”的道理吧！

我鄙弃待人态度粗暴无礼的人，我自己也从未那样做过，因为我知道耐心和温和待人的价值，无论是对下属还是对合作伙伴甚至是对对手，都应该和蔼可亲些，只有这样才有助于我们实现自己的目标。我很清楚用钱所能买到的只是人才不是人心，这样的人才总有一天会被更高的金钱收买走。我的准则是在付给人才金钱的同时还附赠一份尊重。我相信这样的做法可以赢得人心，可以让他们死心塌地地为我效忠。这就是我建立高效管理队伍成功的技巧。

不过，儿子，我不希望这样的说法会让你产生一定的误会，认为同人合作就是当好人。不是这样的，孩子，合作绝非是当好人的事情，因为合作的筹码是利益和好处，没有任何一种结盟是永久存在的，合作只是一种获利的手段罢了。它就相当于是商战中的一种战略战术，而这种战略战术又是随着时间地点等环境条件变化的，不然的话，你就只能在商战中节节败退了。现实很残酷，你必须得学会残酷对事，当然，做好人也是非常有必要的。

儿子，激励人心的生命本质就在于战斗和竞争。不过，当这两种本质发展成冲突时，就会给你带来毁灭性的打击，而适时合做则是调节这两种本质的最佳润滑剂。

——————疼爱你的爸爸

洛克菲勒见证智慧的小事迹

成人达己，为人利己

世界首富约翰·D·洛克菲勒在年轻的时候一直过着一种流浪生活。有一次，他流浪到一个离家乡很远的偏僻小镇上，小镇上的镇长杰克逊先生为人善良、大方，洛克菲勒经常受到他的帮助，因此就和镇长很熟识了。洛克菲勒住的地方离镇长家不是很远，每当他倚着门向前方眺望的时候，总能见到镇长家门前的那个长满各种鲜艳花朵的花圃，他总是感到很惬意。

一段时间后，洛克菲勒决定要离开小镇了，于是就准备向镇长告别，但是就在他准备告别的那几天，小镇上接连几天都是阴雨天，因此，洛克菲勒不得不继续留在这个小镇上，他心里很怨恨该死的天气来得不是时候。

天阴沉沉的，小雨淅淅沥沥的，时而来一阵风，吹散了。每当雨停时，洛克菲勒就会离开自己住的地方到镇长门前的花圃看看那些经雨露滋润洗涤过的娇艳花朵。有一天，当他再次来到镇长家的门前看花圃时，发现镇上来往的行人为了躲避泥泞的过道竟然走镇长家的花圃，眼见一大片鲜花被人们踩折了枝叶和花朵，他感到气愤不已，惋惜不已，于是，他就站在过道上指责那些不走过道的行人。他原以为人们会因他这一通指责就不去践踏那些鲜艳的花朵了。但是，等到第二天，行人依旧踩踏那片花圃。第三天，当他再向那片花圃望去的时候，只见镇长正拿着一袋煤渣和一把铁锹在泥泞的过道上铺撒呢！洛克菲勒很是不解，于是走到镇长的身边问道："镇长，那些行人践踏了你家的花圃，你怎么还为他们铺路呢？"镇长忙碌着也不顾抬头地回答他说：“成人达己，为人利己。”听到这句话，洛克菲勒当下并没有明白，但是，当他看见过往的行人走在镇长铺平的过道上时，他就明白了，原来路铺好了，人们就不会再走花圃了。

几天后，天气放晴了，洛克菲勒向镇长告别了，带着镇长告诉他的那条至理名言——“成人达己，为人利己”离开了小镇，从容地踏上了他追求梦想的大道。直至他成为举世闻名的“石油大王”后，他还依然记得镇长的那句话，并且还按着那句话为人处世。

第十五封
防微杜渐，远离小人

经典格言：

1. 富有聪明才智的人绝对不会坐在那里为命运哀号。
2. 说你做不到的人，都是人生的失败者。
3. 环境助你成功的途径是：让你的身边围满了积极的成功人士，而不是消极悲观的失败者。

May 11，1902

亲爱的儿子：

约翰！

我觉得你应该也已经觉察到自己的某些观念和思维模式正在发生着一些改变，而这些改变的原因是源自你身边的那些朋友们。当然，我并不反对你扩大自己的社交圈，那是可以增加你生活情趣，拓宽你生活领域的一种方法，甚至，还可以帮助你找到灵魂上的知己或者是帮助你遇见人生理想的贵人。但是，并不是所有的人都能够交往，有些人显然就不值得你对他付出你真挚的感情，就像那些被卑微和猥琐的内心所禁锢的人们。

我从踏入交际圈的时候，就拒绝和两种人交往：

第一种人：完全屈服于强大力量并且又安于现状的人。这种人深信自己的才能比不上别人，在他们看来，能够创造卓越成就的人都是那些天赐过人才华的幸运儿，而他自己则没有那么好的命运。这种人的一大特点是甘为人下，他们情愿守着一份有保障收入的平凡职位，就形同机器人一般年复一年、日复一日地浑浑噩噩生活着。他们有时候也会想到自己应该去找一份更具挑战意义的工作，因为只有这样才能促进自身才能持续发展壮大，但是，现实生活中的种种阻力，使得他坚信自己根本没有做大事的能力。

富有聪明才智的人绝对不会坐在那里为命运哀号。但是，安于现状的人却会哀叹自己命运的不济，他们从未欣赏过自身的美，没有衡量过自身的价值，他们只是一味地看低自己的能力或地位。他们就在不自信中丢掉了那种能够激励自己全力以赴的感觉和动力，而消极的心理则会像大举进攻的侵略者一样杀进他们的心里。

第二种人：不能够将自我挑战坚持到底的人。这种人也曾在事情还没开始做的时候为自己的工作做了大量的准备，也制定了详尽的计划。但是，这种人很显然的一个特点就是禁不住时间考验。十几年或者是几十年后，随着实践过程中的阻力逐渐增加，想要更上一层楼就必须得付出更加艰苦的努力的时候，他们开始觉得这样坚持下去实在是不值得，因而他们就在离成功仅有一步之遥的地方放弃了，于是他们前功尽弃，变成了半途而废的自暴自弃者。

在放弃了自己的最终目标的时候，他们还不忘自我解嘲一番："我已经比其他人赚得多了，我的生活水平也比一般人好得多，那我干吗还不知足地去冒这个风险呢？"事实上，这种人说这样的话就已经透露出了他的恐惧感了。他们担心自己会失败，担心大家会反对，担心会有意外发生，最主要的是，他们害怕失去自己已有的东西。他们其实对于自己的财富并不满足，但是却没有冒险去做使自己满足的事情的勇气，正是因为这样，他们才甘心平平淡淡地了此一生。

在这两种人的身上都有着极易感染他人的思想毒素——消极悲观。

我一直认为，一个人的品行和雄心，以及当下的身份和地位，都与他所交往的人有着莫大的关系。常常同消极的人交往，会使得自己也变得消极起来；常常跟小人交往，就会诱发自身的许许多多猥琐思想习惯。相反的，如果常常同那些伟大的人物交往，长此下去，我们的心灵就会被熏陶，思想水准也会自然而然地提高许多；常常同那些雄心勃勃的成功人士交往，也会使得你的雄心得以培养。

我非常喜欢同那些不屈不挠的硬汉当朋友。一位智者说了一段非常美妙的话——我要挑战，挑战自我，挑战逆境，因为智慧老人告诫我，那是通往成功的最明智方向。但是做到这些的人却少之又少。

能够做到这些的人绝非悲观消极之人，没有任何悲观情绪可以左右他们的抉择，他们绝对不会屈服于种种阻力，他们坚信自己不可能仅仅是浑浑噩噩、虚度光阴的废物，他们活着有着明确的目的——取得一番成就。这种人乐观豁达，因为他们坚信自己的心愿一定能够达成。这种人在各行各业都会是令人羡慕的佼佼者。他们能够明白人生的真谛，并且能够真正地享受人生，真正地理解生命的宝贵价值。他们以极为期待的心去迎接每一个新的开始，他们盼望着能够尽可能多的与人接触，因为他们把这些看做是丰富他们人生经验的历练。

我相信大家都想被列入这种人的行列里，因为只有这种人才能够获得成功，也只有这种人能够真正地行事，并达到他们预期的目的。

但是，很不幸，乐观的人很少见到，但消极的人却一抓一大把，这也就使得许许多多的人被困在消极的坚墙里无法走出。

生活在我们身边的人并非人人相同，有的消极保守，有的积极进取。同我曾一起共事的人们当中，有的是只想混口饭吃的平庸者，有的则是胸怀大志的野心家，前者懒懒散散，后者精神饱满，想要做得更好。因为后者明白在自己成为大人物之前，必须得学会做个好的追随者。

要想有所成就，就必须得学会避免落入种种圈套、陷阱中去。无论是在哪里，你都会遇上自知不行却偏要阻止你前进的脚步，阻止你更上一层楼的人。许多人因为想要奋发图强而被人嘲讽甚至是恐吓。有些人心怀妒忌鬼胎，看见你努力上进，他就会绞尽脑汁地想办法来阻碍你，给你难堪。

我们没有能力去阻止别人成为百无聊赖的消极分子，但是我们却可以免受那些消极思想的感染，降低我们的思想水平。你要学着让这些消极的思想像风一样从你的身边自然刮过而不受任何影响。时时鞭策着自己跟随着思想积极、乐观、向上的人们，在他们的思想熏陶影响下一起进步。

我相信，只要你的思想够正常的话，你一定能够很好地做到这一点，而且可以做得很好。儿子呀，我希望你能够这么做。

有些消极的人虽然自己不求上进，但是他们为人善良，不希望别人也陷入消极的深渊。但是与之相反的另外一些消极悲观者却是自己不知上进，还想将别人一起拉下水里，因为他们自己一事无成，所以他们希望别人能够像他们一样也一事无成。记住，儿子，那些说你做不到的人，都是人生的失败者，他个人的成就最多就是个平平凡凡的普通人而已。所以，这种人的意见或者是建议，你最好不要听信，因为他们的想法对你有百害而无一利。

你不得不提防一下那些说你做不到的人们，因为他们很可能会将你同化了，对于他们的意见或者是警告你就纯当做是一种证明自己能够做到的挑战。同时，你还得防范那些消极的人毁坏你通往成功的计划，这些人似乎专门破坏人家的进步与努力，这种人还不少呢，随处可见。你要当心，多加注意一下那些消极的人们，千万不要让他们毁掉了你的成功计划。切不可让那些思想萎靡、心胸狭隘的人挡住你前进的脚步。那些妒肠横生的小人们最喜欢幸灾乐祸地看你摔个四脚朝天呢！所以你要努力不让他们看你笑话。

一旦你遇见困难需要寻找人来帮你一把的时候，最明智的选择是找第一流的人物来帮你。倘若你向一个失败者请教成功的办法，那就好比是得了重病去找庸医来治疗一般愚蠢。你的前途不可能是从长舌妇那里得来的，所以你也千万不要奢望向这种人征求什么好的解决问题的办法，这种人一辈子不会有出息，你将你的前途赌押在这种人的身上，你还期望有什么好的结果吗？

要重视你周边的生活环境。正如身体成长需要食物供给能量一样，你的心理健康也需要精神活动去滋养。你要想尽一切办法让你的环境为你的成功服务，而不是让它成为拖你后腿的一个累赘。切不可让那些专门扯你后腿的阻力人物将你带向精神萎靡的深渊。环境助你成功的途径是：让你的身边围满了积极的成功人士，而不是消极悲观的失败者。

儿子，你要将每一件事做得尽善尽美。因为你担负不起贪小失大所垒砌成的坚墙硬壁所给人带来的压力。

——————疼爱你的爸爸

洛克菲勒见证智慧的小事迹

洛克菲勒鏖战全球市场

19世纪80年代初，标准石油公司在相当长的一段时间内实行全球垄断，洛克菲勒名噪海内外。1822年，为了研究国外市场，标准石油公司派遣石油商人威廉·赫伯特·利比前往远东地区进行为期两年的市场调研。调研过程中，利比发现“石油远比商业史上任何一种源自土地的产品更具渗透性”。于是他便在日本、中国和印度等地劝说人们使用煤油。正如洛克菲勒所说：“在许多国家里，我们得先生产油灯，再教会当地人使用我们的煤油，进而才可以打开我们的市场。”利比很满意地看到，当一本宣传煤油灯安全可靠的小册子被译为汉语后，一艘艘小舢板满载标准石油公司的产品沿河而上，向中国内陆深处驶去。为了扩大人们对煤油的需求，公司根据洛克菲勒的理论，低价出售给中国人民成千上万盏煤油灯和灯芯，有时甚至免费赠送给首次买煤油的顾客。

然而，自从里海边上的俄国巴库喷出原油后，到19世80年代末，巴库郊外已麇集了二百多个炼油厂，价格低廉的煤油很快充斥欧洲市场，抢占了标准石油公司的地盘。美国驻巴库领事J·C·钱伯斯被标准石油公司派去收集情报，他向标准石油公司发出警报说：“俄国人野心勃勃，想把美国的石油从世界市场上赶出去。”洛克菲勒大吃一惊，试想，这位“常胜英雄”怎么可能会坐视自己的地盘被别人占去呢？于是他用上了他惯用的“重型武器”——在欧洲市场上疯狂降低油价。这种激烈的海外竞争再次激起洛克菲勒的斗志，他决心设立自己的海外石油机构。于是，在1888年，标准石油公司开设了它的第一个海外分支机构——英美石油公司，很快，这个分支便如洛克菲勒所愿地吞噬掉了英国的石油行业；1890年，标准石油公司又在不莱梅建立了德美石油公司，负责垄断德国市场；同时，还在鹿特丹港口建立了一个石油运输站，签订了一个向法国供应全部所需原油的合同；接着收购了荷兰、意大利石油公司的部分股份，并策划在印度打响一场激烈的"叫价战"。标准石油公司还向欧洲派出了第一艘装载量为100万加仑的巨型蒸汽油轮。

为了抢占亚洲市场，1890年，标准石油公司甚至不惜屈尊代销俄国煤油。最终在亚洲拉起了它的一系列营业网。同时，洛克菲勒又向上海、加尔各答、孟买、横滨、神户和新加坡等地派去了一批代理人。自此竞争便成了国际石油业一成不变的事实。此时标准石油公司已经是拥有职员10万的泱泱石油大国了，也是至此，洛克菲勒所创造的这个石油帝国成了世界上规模最大、经济基础最最雄厚的融生产与商业于一体的金融机构了。

第十六封
目的做领导，人生会更好

经典格言：

1. 忠诚是甘心效命的开端。
2. 目的是我的领导依据，目的是一切之始、一切之末。
3. 源于坚决意志和无比坚韧的目的，一定是最能够激励人心、鼓舞士气的目的。

May 11, 1902

亲爱的儿子：

约翰！

祝贺你能够成功地走向标准石油公司的核心地位，这是你的无上荣耀，也是我的骄傲。但是，我需要提醒你的是，在你坐享这个荣耀的时候，毫无疑问的，你也需要挑起与之相匹配的责任。不然的话，你将会有愧于这份荣耀，更会辜负大家对你的期望和信任。你不要忘记，你已经是标准石油公司的中坚力量了，这个公司的最终成败和你息息相关并最终掌控在你的手里，所以你应当用更高的能力和牺牲标准来要求自己。

坦白地告诉你，你要想在那个重要位置上干出一番出色的成就，使得大家都认同你、尊重你、爱戴你，你所需要学习的东西真的还很多呀！你就努力去学吧！而现在，我要让你思考一个重大的问题：你自己究竟能否成功地担当这个重要角色。

每一位成功的领导者都是一个公司的希望大使，是带领着自己的公司和部属们迈过一个个摆在面前的不可避免的荆棘丛的导师。但是要想做到不被辜负却很难。身为领导者，不管是谁，都会时时面临种种棘手的问题，例如，堆积如山的工作，像汹涌澎湃的浪花一般涌来的资讯，突发的变故，最高层管理人、股东和客户们的无止尽要求，难以控服的职工，不停地变换的挑战等等，这些都能够让你疲惫不堪，感到挫败的恐惧和无名的焦虑甚至是束手无策，以致最终毁灭你想要取得商业成就、个人成就的梦想泡沫。

不过，有时候，成为一个满怀信心、活力四射的优越领导者，要比沦为一个死气沉沉地挣扎于无助泥沼中的领导者来得更容易一些。但是，前提是领导者能够知道让他的部属甘愿为他卖命的诀窍。要看清楚了，是甘愿，而不是被迫。

身为标准石油公司的最大领导者，我在享有权威的同时还享有欢悦，因为我很清楚，找到那个刚好适合这个任务并且能够确保完成任务的人，就相当于是创造了有利的时间，换言之，这不仅能够让我精力充沛，而且最为重要的是，它还能够让我拥有更多的时间去思考如何能为公司赚得更多利润的方法。

在这其中存在着一个态度问题，我们的一举一动都是态度使然，我们有什么样的态度，也就决定了我们会采取什么样的行动，对于结果，则由时间去见证。一个人可以通过改变自己的态度从而转变自己的人生，倘若你坚信自己能够改变自己的态度，那么你就一定能够改变的。

睿智的人对事总是保有一种对自己有利的态度。懂得领导技巧的人，时常会反问自己：什么样的态度才能够辅助自己达到自己真正所期望的目的。是鼓舞激励？还是同情怜悯？睿智的人也总是能够明白他们永远不可以有冷淡对之或者是敌意对之的消极态度。

如果你将自己看做是高高在上、肆意任为的专制君主，那么你的下场就犹如法国国王路易十六那样惨不忍睹。就我自身而言，我从未将自己视为可以专横跋扈的国王，我也不会去制造没必要的冲突，或者是给自己过大的压力，而是给予我的部下们足够的信任和鼓舞，以达到我所期待的商业成就，这个习惯大有作用，它能够帮助我实现活用部下的目的。要想做到这一点，办法其实很简单，就是首先要知道如何运用自己所设定的目的的力量。

可以说，我是一个纯粹的目的主义者，我了解目的的价值，我不像有些人那样过分地夸大目标的作用，而是重视目的的功能。在我眼里，目的是发动我们潜能机器的原动力，是主导一切的重大力量，它能够直接或者间接地影响我们的行为，激励着我们创造出达成目的的方法。明了、果决的目的，会让我们毫不动摇地专注于自己所选择的方向，而且会全力以赴地去完成这个目标。

丰富的经验告诉我，一个人的最终表现和他所完成的任务都与他的目的之本质以及力量是息息相关的，而同他为目标所做的种种事情几乎没有太大关系。儿子，开动你的脑子想想，有一杆就可完成的高尔夫球比赛吗？显然没有，要想完成，你必须得一杆一杆地打，一洞一洞地打，每打出一杆的目的就是离球洞再近一些，落到洞里再好不过了，就这样一杆一杆地打，直至打进球洞为止。

目的是我的领导依据，目的是一切之始、一切之末。在做任何事之前先确立目的是我的做事习惯，而且，我每天都要设定许许多多的目的，例如同合作伙伴谈话的目的，召开董事会的目的，制订方案的目的等等。我还习惯于在做事之前检视一番自己的所设定的目的。通常是在我到达公司之前，我已经在头脑里设定好了一切，并且做好了万全的准备。所以，我的头脑里从未闪现过类似于“我没有办法”“我管不了”“没有什么希望了”等具有湮灭心灵的话语。因为我每天所确立的目的已经将这些失败的力量消灭掉了。

倘若你没有办法明确而自主地给自己设定一个目的，那么你就容易陷入被动局面，失去自己掌控大局的能力，你的抉择就会不自觉地顺着别人的思路去做出，最终导致你的身心受制于那些搅乱你一切思路的人或事，那时，你就方寸大乱了。

这样的话就好像是将一艘游艇从港口解开缆索，却忘记了启动马达一样。你将只能是随着海浪的起伏而颠簸游走，倘或来一阵剧烈的海风或者是一个激流，再者是一艘大一点儿的船只都会将你颠入海底。没错，彼岸的无限美好风光正在等着你，但是，要是没有奇迹发生，你几乎没有可能抵达那里。确立明确的目的就好像开启了游艇的引擎一样，能够驱动着你向你自己所选择的目标一步步逼近。目的就是人们的力量源泉和指向明灯。

不过，一个人要想成就大事业，你只确立目的是不行的，因为那只是走到成功路的一半，是成为目的主义者的中途，你还必须得走余下一半的路程才能够走到成功的彼岸。余下的那一半路程，就是需要你坦诚地向你的部属表述你的目的，包括你的个人企图、动机以及内心的计划策略。对于每一位需要了解你所想达成的目的的人，你必须得详尽地向他们说明你的目的。我正是那样做的，我在每一次的会谈、会议、报告或者是事情的初始阶段，都会先向大家表明我的想法、动机以及预期结果。无论事情大小巨细。

这样的做法的益处会大到让你吃惊。它能够让你的部下清楚地知道你的目的，进而可以知道他们自己前进的方向，最重要的一点是，一旦你敢于将自己内心的真实目的开诚布公之后，那将无异于播撒下了忠诚的种子，你会收获你的部属们最为忠诚的心。要知道要想让你的部下甘心为你效劳，那就得换得他们的忠心，因为忠诚是甘心效命的开端。

一个优秀的领导者总是擅长运用两种无形的巨大力量：信任和尊重。当你坦诚地向你的部属们表白了自己的目的时，其实你在无形中就向他们传递了这样一则讯息：“我非常信任你们，所以我很愿意向你们分享自己的内心真实想法。”这样的讯息就如同是一把开启令人信服的大门的金钥匙一样，一旦它帮你打开这扇大门，你就可以拥有来自你的部属的强大力量，这种力量包括他们的能力和忠诚以及强大的凝聚力。“信赖别人并赢得别人的信赖”是我一生创造出伟大成就的重要理念。

向大家公布你的目的，更大的作用就是避免大家私下的无益推断。倘若你不告诉你的部属你有什么样的想法或目的，仅仅是让他们按你的意图去做，那么他们就会花费大量的时间臆测你的目的，他们不知道自己现在所做的工作会创造出什么样的结果，人都有好奇之心，所以你的部属也会好奇你让他们这样做的目的到底是什么，于是他们根据自己所找到的蛛丝马迹进行推断、猜测，而他们收集到的蛛丝马迹又非常容易受到扭曲，一旦他们获得什么不好的讯息，就会造成混乱局面。所以要想避免这样的结果，最好的手段就是公开告诉他们你的目的，只有你的部属了解到你的目的了，他们的士气和能力才能够有一个质的飞跃。所以，将部属视为是可以聆听你想法的“傻瓜”倒是一个有利的策略。

向你的部下表明自己的目的的力量是一种无可替代的巨大力量，它所宣誓出的是一种领导者个人勇敢坚决行为的誓言。来源于坚决意志和无比坚韧的目的，一定是最能够激励人心、鼓舞士气的目的，它能够煽动出部属的非凡能力，使得他们在日后的工作过程中能够有优异的表现。

领导者的最大职责是发现问题，并谋划出解决问题的方案，而真正将解决问题的措施付诸实践则需要依靠部属的力量。因此，如何将部属的积极性调动起来，去完成他们的职责就成了领导者首要考虑的大事。我觉得，或者还可以说是我的经验告诉我，将你的目的表述给你的部属，温和热情地对待你的职员们，就能够轻松地达到你的目的了。

但是，向大家表明你的目的也是有一定的风险的。目的就像是一颗钻石：倘或它是有价值的，它就必须得真实。同样的，目的也必须得真实。如果一个人随便向大家宣讲他那华而不实的目的或者是谎话连篇的目的，那么最终只能是破坏彼此之间的信任关系，失去别人的信赖。

儿子，通向地狱的路是用善意的砖头铺就而成的。如果你没有万全之策，没有做好万全的准备，那么这句话绝对是一句金玉良言。

——————疼爱你的爸爸

洛克菲勒见证智慧的小事迹

心中要有坚定的目的地

在人们心目中有些被神化的“石油大王”约翰·D·洛克菲勒年轻的时候学习条件非常差，而且也没有明确的目标。他时常会陷入一种迷迷糊糊的幻觉当中，有时候整晚整晚地失眠，天亮的时候小憩两个小时。

一段时间里，他实在郁闷得慌了，就漫无目的地乘坐大巴跑到了犹他州上，在那里的一个农场附近下了车。夜幕降临后，他就敲响农场主人的门，请求留宿一晚，农场主人热情地招待了他。第二天，洛克菲勒不得不返回家了，于是，他告别了农场主徒步沿着来路往回走，他很期待能够搭上一辆“顺风车”，但是令他失望的是，这里几乎有些荒无人烟。终于，他等到了一位赶着马车的农人路过，他向农人招手，农人让他上了马车。洛克菲勒感到一生从未有过的满足和得意。

马车疾驰着，洛克菲勒的思绪翻飞着，嘴角上还残留着得意的笑容。突然，农人打断他的思绪问道："小伙子，想要到哪里去呀？"

"我将要到我喜欢到的地方去，漫长的路儿将会把我带到我的梦境去，啊！我美丽……"洛克菲勒坐在车上深情地背诵着《通达大路之歌》里的诗句。

农人用面带惊讶甚至是愤怒的神情盯着洛克菲勒得意忘形的样子看，然后猛然喝道："年轻人，你是在对我说，你连一个目的地都没有吗？"

洛克菲勒根本没有注意到农人脸色的变化，还在洋洋自得地说："有，当然有了……只是，它每天都在发生变化，变化，变化，不断地变化……"

"滚下去！"洛克菲勒被这一声吼惊醒了，车子已经停在了路边上，农人神情严厉地说："游手好闲的家伙，你怎么就不想着找一份正当的工作，脚踏实地地挣钱过日子呢？"说着便将洛克菲勒推下车，自己扬鞭赶着马车朝前方走去。洛克菲勒呆呆地站在荒无人烟的土路上，这是一条前后望不见头的路，洛克菲勒试图想要找回两分钟前的那种得意、满足的感觉，可是浑身上下已经被失落感围裹了起来，他不知该如何是好，他很失落，他感到生活存满了两极对比。我在前一晚上还在聆听大诗人惠特曼的鼓励，但是，第二天，我却因为他的鼓励而受到农人的训斥，但是，这又有什么呢？我的确需要有一个明确的生活目标，这个目标是带我走出这条荒芜不见头的路的信念。后来，洛克菲勒一生都记得这个教训。

第十七封
冲动毁己，忍耐则刚

经典格言：

1. 忍他人之所不能忍之辱，方可成他人之所不能成之事。
2. 无论何时，冲动都是我们最大的敌人。
3. 要每天都将忍耐系在你的领带上，每一次低头都可以看见它，那会是让你获得快乐、机会和成功的一个宝贝。

September 2，1902

亲爱的儿子：

约翰！

你能那么信任我，我真的感到很高兴。你告诉了我你已经退出了花旗银行董事会的事，我很理解你为什么这么做，因为你再也无法忍受你的那些同仁们的某些令你厌恶的做法，而且你也已经在那里屈从够了。身为你的父亲，我当然能够理解你的做法，但是，对于你的抉择是否明智，还有待时间来考证。因为，倘若你不主动退出花旗银行董事的位置，也许你会获得更多的好处。

对，我很清楚，屈从是束缚思想的绳索，更是看守自由的狱吏。但是，儿子，你要知道，对于一个想要成大事的人来说，保有一定的屈从和忍耐精神无疑是一条屡试不爽的成功谋略。想想我自身的种种经历，我曾经也是忍耐、屈从过许多人和事的呀，而且我也从忍耐和屈从中得到了许多。

从我最开始的创业之初说起，那时，由于资金的匮乏，我的合伙人克拉克先生决定邀请他昔日的同事加德纳先生加入我们的企业，我当然是赞成了，你想想一位富豪加入我们的企业，那就意味着我们能够有资力做我们想做的事了，这样的好事我能不同意吗？

然而，显然我的想法太过天真了，克拉克先生在为我们的企业带来一个巨大的钱袋的同时，还给我带来了一个莫大的侮辱。我的合伙人跑来对我说，他们要将公司的名称更改为克拉克-加德纳公司，理由是：加德纳先生出身名门，身价不菲，其姓氏能够带来更多的顾客效益。儿子，你想想，将自己一手打造起来的公司易名为一个新来的合伙人的名字，谁会不感到是一种耻辱呢？我愤怒至极，我感到了极大的不公，加德纳先生带来的仅仅是他的那一份投资而已，凭什么就将“克拉克-洛克菲勒公司”易名为“克拉克-加德纳公司”呢？难道就凭他有一个贵族身份吗？拥有贵族名分就可以随便剥夺我本该享有的东西吗？但是，尽管千怒万怒涌上我的心头，我还是用理智的头脑浇灭了心中的怒火，我忍耐下了，我故作镇静地对我的那位合伙人克拉克先生说：“哦，这没什么。”说话时还显出一副若无其事的样子。而实际上那表情是装出来的，那话也是一个十足的谎言。傻子都会想到，一个正在遭受凌辱或者说是不公平对待的人，他怎么能够宽大地忍耐别人对他深深的伤害呢？儿子，想知道，我当时是怎样忍住怒火的吗？我告诉你，我当时就是这样在心里告诫自己的：“洛克菲勒，你一定要控制住自己，要保有一颗平静的心态，这才刚刚跑出了起跑线，以后的路还长着呢。看谁能够笑到最后。”

不过，儿子，我所说的忍耐，并不是让你盲目地去容忍，忍耐是一种策略，它需要你去冷静地思考事态情势，要清楚地看到这样的决定是否会对你的目标有利。倘若我当时对克拉克发飙，我不仅会有损颜面，而且还会带来一系列的恶果，首先它会成为我们合作的裂痕源，最终还有可能招致被踢出局的悲惨下场，那样的话，我就不得不再从头做起了，之前的努力全都前功尽弃了。但是，我选择了忍耐，这样做的结果是我预期的结果，我们形成了强大的合力，我们的事业因为这种合力而蒸蒸日上，我个人的利益也得到了保障，最重要的是，我的个人力量随着公司的进程而日益壮大。

我的优点就在于我很清楚自己想要什么，知道自己的脚该往哪里迈。在那之后，我还是一如既往、孜孜不倦地工作，甚至热情更加高涨。终于熬到了第三个年头，我便成功地一举将那位不可一世又背负贵族名分的加德纳先生“请”出了公司。我的克拉克-洛克菲勒公司的招牌再次傲然挺立！从那时起，人们已经开始称我为“洛克菲勒先生”了，因为我已然身居富人榜列。

在我看来，忍耐不是忍气吞声的无能之举，更不是卑躬屈膝的谄媚之举，而是一种有效的谋略，同时也是一种磨炼性格，培育好胜之心的途径。这是我在同克拉克先生合作期间获得的一大心得。

我讨厌盛气凌人、居高临下地发号施令的人，因为我所崇尚的是人人平等。但是，我的那位合作伙伴克拉克先生正好同我相反，他总喜欢在我面前摆出一副趾高气扬的架子，这着实令我厌恶，似乎在他看来，我根本不是他的合伙人，而仅仅是一个普通得不能再普通得小职员，有时他还当面贬斥我是个除了记账和管钱之外什么都做不了的小人物，还夸口说，离了他我就是个一文不值的废物。任何人都能够看得出来他这是在公然侮辱我，对于我来说，这无疑是一种挑衅，但是我却装聋作哑地不闻不问，只是埋头工作，因为我知道，自己尊重自己比谁尊重自己都重要，我是活给他看的，只要自己不贬低自己别人再怎么贬低自己，你终有一天会让他知道他的做法是多么愚蠢的。从那时起，我的心里已经开始同克拉克先生宣战了，我不住地警告自己：你一定要超过他去，没有什么比你强过他更能够为你讨回公道的了，你强大起来会是给他最大的羞辱，就用你的成功在他的脸上打出最响亮的一记耳光吧！

最终，我的目的达成了，克拉克–洛克菲勒公司成了永远的过去，取而代之的是洛克菲勒–安德鲁斯公司。就在那一刻，我不仅给了他重重的一记耳光，同时我还搭上了自己事业成功的特快列车，以一日千里的速度开往我的财富巅峰。

儿子呀，你要记住，忍他人之所不能忍之辱，方可成他人之所不能成之事。

正如那句古话说得好“冲动是魔鬼”，无论何时，冲动都是我们最大的敌人。倘若忍耐一时能够化解本不该发生的冲突，那我们为什么不去忍耐呢？这就是忍耐的价值所在，我们要将它的价值显示出来。顽固的一意孤行只能是带来更大的危机甚至是灾难。但是，很遗憾，安德鲁斯先生似乎并不懂得这个道理。

不客气地说，安德鲁斯先生真是个没有商业远见而又有些自以为是的家伙，他是个不合格的商人，他所拥有的不是一颗成为伟大商人的野心，而是一颗狭隘偏执的贪心。因而，你看，同这样的人产生矛盾也就不足为奇了。

我们之间的冲突一直没有间断过，不过最终导致我们分道扬镳的那场冲突是缘于公司股东年终分红的事情。那一年，我们的绩效很好，因而红利也就很大，但是，我希望将公司收益的一半再次回笼到公司运营中去而不是被股东们拿回家去。因为钱可生钱，只有我们再次投资才可以生出更多的钱。但是，固执己见的安德鲁斯先生坚决反对我的计划，他想将公司赚得的钱分得一干二净，这种想法实在是自私，他还暴怒地威胁我说，倘若不按他的想法做的话，他就退出公司。我无法容忍任何阻止公司走向强大的行为，于是，我只好向他摊牌，让他给他自己持有的股份开出一个价格，他张口就要一百万美元，我毫不犹豫地同意了，并在第二天就将一百万付给他，买下了他的股份。

我可以看得出来，安德鲁斯拿到钱后兴奋极了，因为他觉得自己捡了个大便宜，在他看来，他手里的股份根本不值一百万美元。但是，他没有料想到的是，很快，我就将那份股份转手了，并从中赚得三十万美元。这件事传得沸沸扬扬的，直传到他的耳朵里，他竟然公开叫骂我手段卑鄙。我不想为了区区的三十万美元落得个卑鄙的恶名，于是就差遣职员去告诉他，他可以按原价将他的股份购回。但是，很可惜，当时懊恼已经蒙蔽了他的头脑和双眼，他拒绝了我的好意。实际上，他这次拒绝的是一次成为豪富的绝佳机会，倘若他当时冷静地思考一下，将他那价值一百万的股份紧攥在手里的话，今天，他一定会成为一位富豪的。然而，他就是为了赌那一时的怨气，愣是错失了这个终生仅有一次的致富良机。

儿子，要想在这个世界生存或者是强大起来，我们就必须得忍耐许许多多的人和事，而引诱我们爆发冲动情绪的人和事也很多很多，所以我们必须得培养或者说是修炼自己掌控自己情绪的能力，力争做到在做每一个决定的时候都不被自己的情感所左右，要就事论事，完全根据自己的需要来做出明智的决定。要想做到这一点，首先你就必须得知道你究竟想要的是什么。孩子，你要记住，机会的世界里，没有太多的机会是特定留给你的，而要想争取到每一个机会也很难，如果你真心想成为一个成功的人，你就一定要学会掌握经过自己身边的每一个机会，甚至要设法去争夺别人的机会。

记住，儿子，要每天都将忍耐系在你的领带上，每一次低头都可以看见它，那会是让你获得快乐、机会和成功的一个宝贝。

——————疼爱你的爸爸

洛克菲勒见证智慧的小事迹

官司场上控情绪，洛克菲勒赢对手

对于洛克菲勒的传奇故事，人们总有一种神秘感，人们佩服他的致富才智，羡慕他的远见卓识，敬佩他的英勇胆气，就连那些仇恨他的人也不得不佩服他沉稳和气的性格，洛克菲勒总是能够很好地控制自己的情绪。在他接受一个案件审理的过程中，这种控制自我情绪的能力更是表现得淋漓尽致。面对对方律师粗暴的询问，他总是还以平和、可亲的微笑，一直保持着那种不动声色的态度，这种和蔼的态度使得他不仅一举挫败了对手的阴谋，而且也为他赢得了儒雅的好名声。

法庭上，对方律师在询问的时候明显怀有恶意的激怒甚至是羞辱洛克菲勒之意。我们不难想象，当时洛克菲勒是在怎样糟糕的心情下做出如此平和的举动，这怎么能不引起人们对他的敬重呢！谁都清楚，倘若他这时候发怒一定会掉入对方的陷阱，但是，睿智的洛克菲勒很明白在什么时候控制自己的情绪，他很清楚此刻的冷静、平和将会是击碎对手阴谋的最有力武器，他告诉自己要控制自己，不能够像对方律师那样暴怒狂躁，更不能流露自己的激愤之情。结果，他做到了。

当对方的律师粗暴地问："洛克菲勒先生，请把我XX日写给你的信件拿出来，必须，我提出那样的要求。"

洛克菲勒深知信件里面有很多关于美孚石油公司的事情，而这个粗暴鄙俗的家伙根本就没有资格来询问这件事，但是，洛克菲勒并没有说出自己内心所想，他不做任何反驳，只是静静地坐在那里，微笑地看着法庭里的一切。

“洛克菲勒先生，对方律师所说的那封信件是你亲自接收的吗？”法官开始发问。

“嗯，法官先生，我想是那样的。”

“那么，你给对方回信了吗？”

“我想没有，法官先生。”

这时，法官拿出一些别的信件来，当场宣读完毕后又发问道：

“洛克菲勒先生，你现在能够确定这些信件都是你亲自接收的吗？”

“嗯，法官先生，我想是那样的。”

“那么，你有没有回复过这些信件呢？”

“我想没有，法官先生。”

“那你为什么不回我的信呢？难道你不认识我吗？”对方律师插嘴到。

“嗯，我想我之前认识你吧！”

到此刻，对方律师已经被洛克菲勒这种爱理不理的装傻回答问题方式搞得心情坏透了，他开始控制不住自己了，他暴跳如雷。而洛克菲勒却依然静静地微笑着坐在自己的位置上，似乎眼前的一切事情都与自己无关，整个法庭都沉寂了下来，只有对方律师的咆哮声久久地回荡在宽敞的法庭里。

最终，对方律师在情绪激动下，一不小心说漏了嘴，将事情的真相说了出来，法官当场听到，最后的结果当然是大家可想而知的了。洛克菲勒依然微笑着平静地走出法庭。

第十八封
信念是金，成败是炉

经典格言：

1. 信念的大小直接决定了成功几率的大小。
2. 我不相信失败一定是成功之母，但是我相信信念一定是成功之父。
3. 成功的信念会激发我们创造成功计划的智慧火花；而失败的念头则会将我们打入万劫不复的深渊。

June 7，1903

亲爱的儿子：

约翰！

你说得不错，具有雄才大略的人固然可以用他的智慧创造出不朽的奇迹。但是，现实生活中，真正能够创造奇迹的经天纬地之才却总是少得可怜，而无能的平庸之人却多得数不胜数。

不可不说的是，每个人都在追求成功的人生，谁都想成为人中龙、鸟中凤，但是成功却不是那么好得的。忙忙碌碌的人群中，你不会找到一个说自己不想成功的人，谁都想要得到一些美好的东西，谁也不想跟在别人的身后听从别人的指挥，过着庸庸碌碌的生活，也没有任何一个人想要让自己沦为二流人物，甚至都没有一个人愿意承认自己是被迫沦为二流人物的地步。但是为什么大家都这么斗志昂扬，却最终还是有庸俗之人呢？难道是他们没有雄才大略吗？哦，不！儿子，不是那样的。其实，成功所最有效的方法早已在《圣经》中写到过了："坚定不移的信念足可以激发出你空手移山的潜力。"那些平庸的人们不是没有雄才大略，而是没有坚定不移的信念。

人们总是这样，真正的圣言他们不去听信，而对于那些迷信反倒坚信不疑。《圣经》中的那句圣言显然没有被人们听信。人们都觉得那是荒谬的，是根本不可实现的。因为人们错把信念当做是希望，我们确实是不能够用"希望"撼动一座大山，也无法凭借希望获得成功的人生或者是平步青云的机遇，更不能空凭"希望"就可以拥有财富和盛名。但是，希望只是信念中的一部分，坚定的信念能够帮助我们移动一座高山，说白了就是只要我们相信自己可以取得成功，那我们就一定会成功。也许这在你听来有点儿荒谬，你认为我是把信念的力量神秘化了，其实没有，信念来源于自信又鼓舞着自信，它是一种我们恒久坚持的人生态度，一种"相信我一定可以做到"的态度，这种态度所创造出的神奇能力、技巧绝对是强有力的，当你时刻在告诉自己“我可以，我一定可以做到！”的时候，“我一定有解决这个问题的办法！”的想法便自然而然地产生了。而成功往往就诞生在解决问题的过程中。这就是信念发挥其神圣力量的见证。

人人都想成为人上人，每个人的心里都有一个爬上巅峰的梦，也就是说，谁都想成功。可是，并非人人都具备成功的信念与决心，而没有足够的信念和决心，人生就无法到达顶峰。也是因为自己的内心已经相信自己无法到达顶峰了，因而也就找不到登上顶峰的捷径了，人生也便就搁置在一般的水平上了。

当然了，世界之大，总有人是会坚信自己能够达到人生顶峰的，尽管那只是很少的一部分。在他们的内心里，时刻都在警告自己：“我要成功，我一定会登上人生的顶峰的。”，表现到他们的工作态度上，他们就会极为认真地对待每一项工作，最终，他们会凭借着自己的努力走向成功。我想我就是这些人当中的一员吧。在我还一穷二白的时候，我就坚信自己会成为世界首富，正是在这种强烈信念的刺激下，我才费尽脑汁地想出种种可行的计划、方案、手段、技巧去解决我遇到的每一个问题，最终，一点点地建立起了我自己的石油王国。

我不相信失败一定是成功之母，但是我坚信信念一定是成功之父。失败是一种习惯，胜利也是一样的。倘若你想要取得最终的成功，那你就必须得取得持久性的胜利。一时的胜利对我来说没有任何意义，我所要的是持久的胜利，因为我知道只有持久的胜利才能够将我带到成功大殿上去。信念激发着我要成为一个强者，我以信念为成功之原动力。

相信结果的伟大性，是创造一切伟大事物的根本源动力，无论是开创事业、编写书籍和剧本，还是科学研究都是遵循这一真理的。相信会成功，你就已经成功了一半了。可以说，信念是成功的必备素质，但是失败者却往往将其抛弃了。

我曾多次与那些生意场上的失败者们交谈过，也听到过数不清的失败理由和借口。这些人大多都会有意识无意识地说：“说实在的，我从一开始就不是很相信这个方法会行得通。”“其实在这项工程实施之前，我就已经感到不安了。”“老实说，这个失败结果是我预料之中的事情。”

约翰，你要记住，在行事之前说类似于“我姑且先试一试吧，不过我还是不确信它会有什么结果”之类的丧气话，你就一定会失败的。正如信念的正面力量一样，不信的力量也是巨大的，不过，它是巨大的负面力量。当你对自己的目标产生了不以为然或者是怀疑的态度的时候，你的种种想法就会指向“不信”的那一面。怀疑、潜意识里的失败倾向是会将你真的引向失败的深渊的。总之，“疑之必败，信之必胜”绝对是一条绝妙的真理呀！

信念的大小就直接决定了成功几率的大小。那些终生碌碌无为、得过且过的人们，在自己的内心里已经给自己定位为一事无成的庸才了，所以他们也就只能是赚取极少的报酬罢了。他们坚信做出一番宏功伟业是别人的事情，自己根本就不是那块儿料，结果，他们就真的不能做出任何伟大的事。他们自认为自己是个无足轻重的人，因而也就越发觉得自己做每一件事都是那么无关紧要。这样久而久之，就连他们说话的语气也愈发显得自卑了。而他们自己都看不起自己了，还想期待别人看得起他们吗？于是乎，这种人就在众目睽睽之下愈加变得渺小不堪了。其实，如果他们能够不在自我评估中那样畏缩，也就不会变得愈加渺小了。

那些自信心极强的人们，他们知道自己的价值所在，所以他们往往能够取得更高的报酬。他们坚信自己能够完成每一项艰巨的任务，因而他们就会去想尽一切办法去完成这个任务，最终，他们也就真的做到了。他们的交际处事风格往往是独特而又存满魅力，他们有着自己对事情的独到见解、个性化的想法，举手投足之间总有一种专家的风范，总能够给人一种他们是不可或缺的人物的感觉。

充当我人生道路上的光明灯塔的，不断补给我勇气的，让我满怀欢乐之情看待生活的，正是信念呀！无论何时，不管在怎样的环境下，我都会怀着满满的信念去做事的。成功的信念之花已经绽满了我的心头，失败的草种无法再在那里生根发芽。当困难降临到我的头顶上的时候，我告诉自己的是“我一定会战胜困难！”而不是“我可能会被困难打倒。”当我在同对手们竞争的时候，我所想的是“我没有哪一点是比他们弱的。”而不是“他们比我强大得多。”

当机会出现在我面前的时候，闪现在我心头的想法是“这个机会我一定要牢牢抓住”而不是“这个机会我可能抓不住。”

成功之峰是一步步走上去的，而在走向成功的每一步中，最最基本的一步——确立自己的坚定信念，则是必不可少的。只有我们相信自己一定会成功，我们才有可能成功。让这个关键性的一步支配着我们整个行进过程，我们才不致陷入一跤摔到谷底的困境中。成功的信念会激发我们创造成功计划的智慧火花；而失败的念头则会将我们打入万劫不复的深渊。

我时常告诉自己：“洛克菲勒，你本身的能力比你想象的还要高哦！”儿子呀，那些成功者并不是什么超人，成功是不需要过人的智慧的，也不是凭借一时的运气的，更没有什么绝密的技巧。你要记住成功之道没有投机取巧的捷径。唯一的途径就是信念加勤奋。凡是成功人士都坚信自己就是个有所作为的人。其实成功者只是个凡人，但是他们都有一个特性，那就是相信自己。儿子，不论何时，我们都不要廉价出售自己，那是绝对不可以做的事情。

每个人的思想就表现在他的行动上，思想中的目标渺小，那他表现出的举动或者是做出的成就绝对大不了。反之，构思的目标宏伟表现出的行动或者是取得的成果也必然重大。通常，伟大的计划、目标往往比渺小的目标、构思来得更加容易，至少不会更加困难。

约翰呀，你看看那些能够在商业上、传教上、写作上、演讲上以及其他人生追求上都到达巅峰的人们吧！他们没有一个不是奉行脚踏实地、坚持信念的原则行事的。这个原则会给他们带来无限的好处——首先是赢得家人的尊敬；其次是获得朋友以及同事们的赞扬；再则是可以获得高薪酬，提高自身生活水平；最为重要的是能够让自己成为一个重要人物，给自己一种更加自信的感受。

起步→小有成就→成功→达到人生的最终目标。这就是人生的一个过程，在这个过程中，我们需要一直怀有一颗坚定的心。在任何时候我们都不能让自己的信念出现问题！

——————疼爱你的爸爸

洛克菲勒见证智慧的小事迹：

洛克菲勒的崛起

在约翰·D·洛克菲勒还是个懵懂小孩的时候，他就一直在告诉自己："将来总有一天，我会赚到10万美元的。嗯，我一定可以！"

在他找到第一份工作的时候，他就一直在心里向天下人宣布："看吧！有一个名叫约翰·D·洛克菲勒的成功者就将在这里崛起！"

在他创立起自己的石油公司之后，他告诉他的朋友们说："亲爱的先生们，请相信我，总有一天，我会用我的标准石油公司吞掉所有的炼油和制桶业务的！"

这位传奇英雄正是因为有了这样一个个逐次递进的宏伟目标，同时也为之付出巨大的努力，所以才会最终让自己的豪言壮语得以实现。也正是因为他对自己有信心，勇于挑战自己，不甘落于人后，所以他才能够坚定自己的信念和目标，并为之全力以赴。他的创业传奇也正是因为这些才得以造就。

美国著名作家理查德·巴赫曾说过：胜利终将属于那些坚信自己能够取得成功的人。倘若将人生比作一叶扁舟，那么自信就是桨，没有船桨的拨水借力，扁舟就会停滞不前；倘若人生是一棵参天大树，那么自信就是根，没有根系的支持，参天大树就无法耸立云端。

第十九封
行事需尽心，多思寻佳途

经典格言：

1. 能够找出解决事情的最佳方法，是将任何事情做成做好的前提。
2. 任何计划都不可能达到绝对完美的程度，这就意味着任何事情都有无尽改良的可能性。
3. 最大的成功者都是那些曾经有“我一定能把事情做得更好”的态度的人。

December 4，1903

亲爱的儿子：

约翰！

对于你让罗杰斯担当重任、独当一面的观点我很是不赞同！实际上，我也曾有过让他担当重任的想法，但是他达不到我的要求水准，我也曾为此做过努力了，但是结果是令我万分失望的。我的用人标准其实并不高，只要是能够对我所委任给他的工作找到多种方法中最好一种方法去解决的人，我统统重用。在我看来这是没什么难以达到的，但是，有些人就是做不到，就如罗杰斯先生，他的思想太过懒惰。

在我有心重用罗杰斯的时候，我已经对他做过一番考查了，其实那很简单，就是一个问题。我问他："罗杰斯先生，你觉得我们的政府应当怎样做就能够在30年内将所有的监狱废除？"他听过这个问题后的表情显然是在告诉我，他很迷惑，甚至有些怀疑是自己听错了，他沉思了一阵后没有给出解决问题的办法，反而反驳我的提问道："尊敬的洛克菲勒先生，您是说要将那些凶残的杀人犯、可恶的强盗、不知廉耻的强奸犯统统释放出来吗？哦，那怎么可以！难道您没有考虑过这样做的后果吗？您难道就没有想到，将他们释放出来，我们的生活将会永远不得安宁。无论如何，监狱一定是一个国家必不可少的设置。"

我想再给他一次机会，希望能够将他那颗僵化的如同铁板一样的脑袋打开一道缝隙，于是，我提醒他："罗杰斯先生，你说的是不能废除监狱的理由，而我要的是废除监狱的办法。现在，你就试着相信监狱是可以废除的，就假设它可以被废除，那么我们应该如何着手呢？"

"这怎么可能，洛克菲勒先生，这未免有些勉强我，我不能够相信监狱会被废除，而且我也想不出废除它的方法。"罗杰斯很不理解地说。

儿子，看吧，这就是罗杰斯解决事情的方法——没有办法完成。

我无法想象，若是委予他重任，一旦重大机会或者是危难摆在他面前的时候，他如何能够动用他所有的才智去思考解决问题的办法，以积极的态度去面对这些事情。儿子，还是那句话，我不信任罗杰斯，他只能将希望变成无望甚至是绝望。

能够找出解决事情的最佳方法，是将任何事情做好的前提。这不需要拥有超人的智慧，重要的是一种信念，一种相信自己一定能够将事情做完、做好的信念。一旦我们觉得某一件事很难做到或者是根本做不到的时候，我们的大脑就会怠惰，它会找出种种不能够做到的理由搪塞我们。相反，如果我们发自内心真正相信，某一事件的确可以做到并且做好，那么我们的大脑就会变得勤快起来，会给我们搜寻出种种解决问题的办法。

有句古话叫做“有志者事竟成”，它所蕴含的深刻意义就是，一旦人们相信某一件事能够做成、做好，那么我们就一定能够发挥出种种创造性的解决问题的能力，从而很好地将事情解决。而与之相反的是，倘若人们不相信某一事情能够做成，那么我们的大脑就会关闭了这些创造性解决问题的能力窗口，而且与此同时，还毁灭了我们的理想。

我很讨厌那些嘴里总是喊着“这不可能”的口号的员工。因为在我看来，“不可能”是失败者、懦弱者的口头禅，一旦有谁被这种“不可能”的想法所指使，那么他的内心里就会滋生出一连串的不可能借口来证实他的想法是正确的。罗杰斯正是犯了这种思想上的错误。他的思想已经被传统的模式所禁锢，他的心灵也已经被这种思想所麻木，他给自己不能够解决问题所找的借口是：这已经是百年的惯例了，所以这个方法一定是最好的解决问题的办法，一百年来先贤们都没有将这个问题的解决方法打破，我有什么理由去将它打破呢？我维持这个原貌就可以了，何必又去冒险改变它呢？但，实际上，只要我们用心去想我们能够解决这个问题的办法，我们就一定能够达成。不过，一般的“平庸人”总是憎恶进步。

我坚信，解决任何问题的最佳办法就像创造性的心灵一样多，永远不可能只有一种最佳办法，谁要是说只有一种最佳办法的话，那么就是他的大脑在偷懒。没有任何东西是生长在冰雪中的，倘若传统的保守思想将我们的心灵和大脑冻结了，那么新的创意就无法诞生了。

传统的保守思想是我们创造性计划的最大敌人。它会冰封我们的心灵，会阻碍我们真正需要的创造性能力滋生。罗杰斯正是被这种传统的保守思想所冰封，其实他要是能够乐于接受他自己头脑里的或者是别人所提出的种种创见，也许他就会将他的那种“不可能”“办不到”“没有办法”的思想渣滓一一赶出大脑。他需要有敢于试验、勇于尝试新东西的精神，只有这样才能够扩展他的能力，好为他担负重任打好坚实的基础。同时，他还需要主动前进，抛弃“我解决这样的事情通常就是用这种方式，所以，这次我还是照搬原路的好”的想法，增添“怎样才能够找到比我惯用的方法更好的办法来解决这个问题呢”的疑问。只有等他能够做到这些了，才能够委以重任。

有句话叫做“没有最好，只有更好”。任何计划都不可能达到绝对完美的程度，这就意味着任何事情都有无尽改良的可能性。我是深知这一点的，因此我常常在做某一事情的时候，总是去尽可能地找寻多种解决途径，最终找出我所能找到的最佳办法。我知道自己一定能够找到更好的解决问题的办法，因此，我常常问自己：“要怎样做才能够做得更好呢？”而不是：“我能不能够做得更好一些？”

要想找出完美解决问题方法的最佳途径，就是想出多种解决方案。我总是会不断地给自己或者是我的部属设定较高的标准，不断地去找寻增进效率的种种方法，希望能够找到以较低的成本获得较高的报酬，花费较少的精力去做较多的事情的途径。因为我很清楚，最大的成功者都是那些曾经有我一定能把事情做得更好的态度的人。

要想培养“我能做得更好”的解决问题的态度就要每天这样告诉自己：“我今天要如何能够将工作做得更好呢？我今天又要怎样更好地激励我的员工呢？我还能够再想出哪些比较有创意性的观点为公司服务呢？我该怎样才能够

让工作做得更有绩效呢？”这项日常训练是很简单却很管用的。你可以试着这样做一下，我坚信你能够找到许许多多有创造性的方法来取得更大的成功。

儿子，决定我们能力的是我们的心态。我们觉得自己能做的很少，那我们就真的做得很少，而如果我们坚信自己能够做得很多，那么我们就真的会做得很多。

不接受任何新的挑战是非常愚蠢的行为。我们应该集中心思想想自己怎样才能够做得更多、更好。这样，无数极富创造性的解决问题的方法才会不期而至。比如，改进当下的工作计划，或者是处理例行工作的捷径，再或是无关紧要的一些事情。换言之，那些激励我们能够做得更多、更好的办法多半是在这时候产生的。

约翰，你要想重用罗杰斯，最好是先找他谈谈，让他能够有所改变。我也真心希望他能够有所改变，那样的话，他也许就会过上好日子了。

——————疼爱你的爸爸

洛克菲勒见证智慧的小事迹

想别人没有想到的，做别人不能做到的

一个多世纪以前，洛克菲勒在美国X石油公司做小职员，他所从事的工作是简单到连小孩子都能够胜任的检查石油罐盖子是否自动焊接完全，其目的是确保石油的安全储存。

每天，洛克菲勒像定时运转的机器一般看着油罐重复着同一个动作——首先是油罐从传送带上移动至旋转台上，接着是焊接剂自动滴下，沿着油罐盖子旋转一周，然后完成工作，油罐下线入库。他的工作内容就是从早到晚地盯着油罐焊接的过程。

这是个人员流动最频繁的工作岗位，许许多多人根本无法忍受这种机器式的枯燥工作，大多自动离职。当然，洛克菲勒也想过离开，可是他又一想自己连这样一份工作都担任不了，还能胜任什么工作呢？于是，他就安心留下来了。

洛克菲勒就这样坚持工作了一段时间后，在成千上万次的机器重复运转过程中，他注意到了一个非常细小的问题，那就是油罐每旋转一次，实际需要滴落38滴焊接剂，但是机器却每次滴落39滴，这样的话就会浪费掉一滴。他想，倘若能够将浪费掉的那一滴节省下来，那么每天可以节约多少呀！一个月甚至一年呢？不是节省得更多吗？于是，他开始研究如何能够节省下浪费掉的那一滴焊接剂的焊接机了，最终他成功研制了“38滴”焊接机，并将其推荐给了公司。这小小的一滴焊接剂为公司创造出了巨大的利润呢！

洛克菲勒正是善于发现别人没有发现的问题，注意到别人没有注意到的细节，最终创造出了别人不能够想到的东西。

第二十封
策略思考，大局全掌

经典格言：

1. 只会耍小手段的谋划者仅配给有头脑的策略者提鞋。
2. 策略的本质是有弹性的、长远的、多面向的、大格局的。
3. 遇到别无选择的困境，我们一定要勇于毅然杀出一条血路来以求绝处逢生。

October 14，1904

亲爱的儿子：

约翰！

汉米尔顿医生的身子又在发福了，看来他企图用高尔夫运动抑制自己腰围扩张的计划又失败了，他不得不再依靠其他运动方式来消耗他体内的超额脂肪了。但是，很不幸，能帮助他消耗多余脂肪的运动方式显然还没有被聪明的人们发明出来，这使得他非常痛苦。但是，这个可爱的胖医生倒总是能够用他脑子里的种种稀奇古怪的故事给我们带来无尽的欢乐。

今天，可爱的汉米尔顿医生就用一个渔夫和垂钓者的故事又逗乐了我们这些球友。他看到我们笑得前仰后合的样子，显出一副得意的神态。他笑着问我："洛克菲勒先生，让你在二者其中选做一人，你会选做渔夫呢？还是垂钓者？"

我对他说，倘若我做了固执的垂钓者，那么我就可能没有资本跟大家站在同一个球场里打高尔夫了，因为我现在的成就是我凭借自己有效的行为谋略所创造出来的，而垂钓者的固执行为却不能够造就我的成功。

当然，不可否认，任何一个垂钓者都是会在抛出诱饵之前做好事先的考虑的，他们也会有一定的计划、谋略，会有一定的目的：钓什么样的鱼、用什么样的饵料，又要将钓钩抛向哪里，等到这一切都考虑周全了，他们才会将渔钩抛向水域，然后才安然地坐在那里坐等大鱼上钩。从形式上说，他们这样的做法没有什么不妥之处，但是结果能否如其所愿那就有待时间的验证了。

有可能花上一段时间他们就能够如愿钓到大鱼，但是也极有可能他们一条鱼也钓不到，他们理想中的那条大鱼也永远不会上钩。他们总是太过执拗于自己的钓鱼方式，因而尽管他们很清楚自己的目标是什么，但是由于他们的钓鱼区域太过局限化——除了手里的那根鱼竿所及之处外，他们捕到鱼的范围几乎等于零。这就大大缩减了他们成功的可能。但是，如果他们能够像渔夫那样，结网捕鱼，那么捕鱼的范围就没有什么局限了，鱼的捕获量也会大大提升，他们的选择机会也就增多了，最终一定能够轻而易举地捕获他们所想要的那条大鱼。

我还告诉汉米尔顿先生和其他在场的球友们，我不是死板固执的人，我不会像总是按部就班的垂钓者那样仅仅通过简单的方式来解决问题，我会像能够创造出多种方式以供挑选的渔夫那样挑选出最能创造商业价值的方式去网鱼。汉米尔顿先生和球友们都笑了，他们说我泄露了赚钱的金点子。

儿子，不管你做什么，你都一定要找出达到最完美目标的最佳途径，而要想找出最佳的途径，你就必须得拥有多种想法。我通常的做法是，在作出最完美的决定之前，致力于寻找最具创造性并且功效极佳的种种可能性选择，思考多种可能性的方案，同时还要积极地尝试种种选择，最终选定一个最好的抉择，将所有的重心都放在其上。

正是由于这个缘故，我才总是能够捕获我想要的“大鱼”。当然，不只是我在选目标、选途径的时候拥有多种思路，就是在将想法付诸实践的过程中，我也绝不会刻板地遵循之前想好的思路去执行下去，而是继续保持我的开放策略，顺应时势，不断地改进我的计划。这样一来，即使计划实施的进展并不顺利，我也绝不会惊慌失措、束手无策，相反却恰恰能够沉着应对。

有许多人都觉得我是一位有着非凡能力、高超效率以及行动能力的领导者。我想我如果真如大家所说的那样，那么你也能够做到那样。你只需要克服自己内心的那种想要找寻最简单的单向解决问题方案的冲动就可以了，你要乐于去尝试种种能够达到目的的可能性办法，还要培养解决困难的耐心和胆气，以及不达目的绝不收手的执著精神。

只会要小手段的谋划者仅配给有头脑的策略者提鞋。身为公司的总裁，我仅仅是为我的部属们设定明了的方向或者是策略，但绝对不给他们行动的细节制定任何条条框框的约束以至用我的局限性思想僵化了他们行动的思路，我支持他们在实施计划过程中去探索各种可能性策略。

很多人都坚决认为，成功的关键点就在于拥有扎实可行的杰出谋划策略，而且在这项策略的背后还必须要有可衡量、可付诸实践行动并可达成具体目标的后盾。我承认能想到这些的人一定是个聪明的人，这样做的确有它的重要性，但是也有它致命的缺陷。计划的好处就在于它可以设定实践目标过程以及预设结果，它强调的是判断标准，它是人们所认可的能够达到目标的固有方法。但是，由于这些方案计划都是预期能够达到目标的已知方法，所以一旦有了这些计划、策略，我们在实施计划之前就已经有了限制性范围了。

由于事情总是处于不断的变化状态之中，所以，尽管我们在提笔拟定计划之际，觉得这个计划简直是完美至极，甚至可以说是天衣无缝，但是，我们没有料想到的是局势可能在我们拟定计划之前就已经有了转变，可能是市场的状况早已改变，也可能是客户终端发生了变故，就连已经计划好的支持计划的自身资源也可能发生转变。这也就难怪那些成本高昂，又费时耗力的优秀策略，仅有绝少部分真正能够被付诸实践了。

那么，我们要怎样应对这种状况呢？不管我们是为整个公司还是为单一部门拟定计划策略，我们都必须确定自己所拟定的是一项长远的策略而非短浅的手段。你要记住，策略的本质是有弹性的、长远的、多面向的、大格局的。它所强调的是结果，是如何能够扩大利润、效益等等的结果，而绝不是某个可以衡量的目标。同时，策略所提供的仅仅是达成目的的一个大方向，而非达成目的的唯一途径。

要想成为一名杰出的领导者，就必须得让自己成为一个富有策略性思考的谋略家，而不仅仅是一个要手段的设计者。同时还得避免将自己的思路局限于已经拟定的条框流程中，等待我们设定的座右铭是："专注"但是有一定的弹性空间。我们所需要看重的是探索过程，每一天的分分秒秒中，我们都要尽可能地去开创有助于我们达成长远目的的可能方向。

无论是在同对手交谈过程中，还是在与部属进行的脑力激荡会议中，我们所坚守的绝非三五种固定的达成远程目标的方式，而是发掘获取利润的机会。

为了避免卷进危机风暴，我们必须持续地拟定新的策略，同时还要不断地调整旧有的策略。在应对每天都在改变的商业环境的同时，我们也需要不断地依据情势变化来修改既定的长远计划。这样一来，我们不仅在短期内能够维持弹性作风，就是较长远计划来说，我们也能够对一个符合最新经济环境的弹性理想目标有一个极为清晰的概念。我们要精力充沛、满怀希望地在朝气蓬勃的商业环境中昂首挺进，那些陈腐的策略计划就将它束之高阁吧！

我们要做希望主义者，永远怀有希望的希望主义者。不管我们眼下的情势看起来或者是实际上有多么糟糕，我们都一定要擦亮自己的双眼去寻找蕴含其中的希望火焰。孩子，希望是只要你寻找，它就永远存在的一种东西，所以，你千万不要放弃寻找希望。

我认为所有的领导者都肩负着提供希望的义务，不仅仅是为自己，还要为部属指引出一条平坦的大道。回忆一下你生命中那段最为没有希望的黑暗日子，你会发现，那正是因为你自己觉得已经走投无路的时候，你相信自己已经没有任何出路，你相信自己已经被困住，于是你放弃了寻找出路，你陷入了绝望的暗洞。那么，要如何克服这种绝望的情绪呢？方法只有一种，那就是不断地去追寻、去创造种种跨越障碍的可能性。简单地说，希望来源于自己内心，只有自己内心坚信会有奇特选择存在，我们才能够看见希望之火。

出色的领导者兼备应对特定商业状况的腹案、创造新市场的灵活计划、打破商业危机的锦囊妙计以及自己和部属发展事业的宏伟蓝图。一旦遇上看似局势不可挽救地落入谷底的时刻，他们就会像智勇双全的优秀摔跤手一样，尽管现在身处对手的胯下难以脱身，但是内心里却永远不会抛弃想要翻身的点滴机会。

最终，他们总是能够凭借自己的卓越才能、灵活身段，以及随机应变的头脑巧妙地找到空隙化险为夷。他们就是要绝处逢生，他们也能够在别无选择的态势下拼杀出一条血路来。

倘若你能够在事情一开始的时候就能够发挥自己的创意，那么你就能够避免无休无止的疲于奔命、挫败和痛苦了。

在事情看起来已经达到绝望的地步的时候，只要我们不放弃怀有无限希望的心，那我们就一定能够超越自己所设定的计划，干出一番漂亮的事业，而且还能够从中获得新的选择提供给部属。所以，遇到别无选择的困境，我们一定要勇于毅然杀出一条血路来以求绝处逢生。

——————疼爱你的爸爸

洛克菲勒见证智慧的小事迹

洛克菲勒借材施教，吃西瓜论成功之道

20世纪30年代，美国的一个想发财的年轻人找到了洛克菲勒向他讨教发财秘诀。他告诉洛克菲勒自己非常想发财，但是苦于没有发财的方法，于是他就决心来向全世界最富有的人讨教发财方法了。赶巧那天洛克菲勒正一个人在家里做事，仆人们都放假了，因此洛克菲勒不得不亲自接见这位陌生的青年客人，当听明白青年客人的来意后，洛克菲勒便对他说："哦，朋友，我家的仆人今天都放假了，所以我不得不亲自接见你。我很想款待你一下，但是我找不到任何好东西，现在我只找到一个西瓜，那我就只能拿这个西瓜来招待你了。"洛克菲勒说着就将西瓜切成了大小不同的三份，然后又对年轻人说："年轻人，倘若这三份儿西瓜分别代表你人生今后可能得到的不同利益，那么你将会做出怎样的选择？"

年轻人毫不犹豫地拿起其中最大的那一份，而洛克菲勒则拿起其中最小的那一份。两人同时吃了起来，就在年轻人还在费力地啃着那份最大的西瓜的时候，洛克菲勒已经将那份最小的吃完了，接着他便拿起另外一份冲年轻人得意地大笑道："怎么样，上当了吧！"说着他就将第二份西瓜也吃完了。

年轻人经洛克菲勒这样一点，有如醍醐灌顶一般，心里顿时明白了其中的奥妙了。在这三份西瓜里，的确，他拿的那一份无疑是最大的，但是，洛克菲勒先生吃的那两小份加起来显然比他的那一大份多得多。

吃完西瓜后，洛克菲勒就细致地向那个年轻人讲述了自己的发财经历，最后又对年轻人说："小伙子，要想成功，你必须得有远见，甚至不惜放弃眼前利益，只有你看得远，才能够走得远，你所能获取的利益也会更大。"

第二十一封
借口于成功，蝼蚁于大堤
（千里之堤，溃于蚁穴）

经典格言：

1. 借口就是腐蚀成功机遇的病菌源。
2. 借口就是给自己的怠惰之心找到的最好的“软枕头”。
3. 百分之九十九的失败者都是由于没有越过借口这一拦路石。

April 15，1906

亲爱的儿子：

约翰！

今天，在和斯科菲尔德船长打高尔夫的时候，他又一次败北了，他有些气急败坏，于是一怒之下将他那漂亮的球杆以一个极完美的弧形抛向了天际，结果，球杆夭折了。

坦白说，我是非常喜欢斯科菲尔德船长的性格的。打球就像人生一样，就需要有个极具动力的奋斗目标——获胜。出于赞赏他的品格，我决定送给他一杆新的球杆，只希望他不会把这当做是对他发脾气的奖赏，否则一旦他一发不可收拾地肆意发脾气，那么我可就惨了。

而且，儿子，在斯科菲尔德船长的身上还有着一个极为令人敬佩的精神是他不找借口，即使是输球后会很不开心，他也绝不会为自己的输球找任何借口，尽管他可以说是由于自己的年龄太大、体力欠佳才会导致输球，好为自己讨回颜面，可是他却从未那样做过。因为在他看来胜利的本身并不代表什么，关键是奋力为胜利去拼搏的做法尤为重要。

儿子，你要记住老爸今天对你说的话，借口就是一种思想上的毒疮，凡是染上这种毒疮的人无一不是失败者，不可避免的是每个人都会或多或少地染有一定的借口毒疮，普通人只是比失败者轻微些。但是，你要记住，一个成功的人，他是不会去找借口的，而且是越成功越不会去找借口，其实，那些飞黄腾达的人和那些平庸无能的人之间的最大区别就在于此。

孩子，只要你留心观察那些没有任何作为，也不曾想过要有所作为的人们，你就不难发现，他们做事往往会找出种种借口来解释自己为什么没有做成这件事，为什么他没有去做那件事，为什么不能去做那件事等等的理由。找出种种塞责别人也是敷衍自己的借口，往往就是失败者“料理”自己失败后事的首要表现。

我看不起那些事事找借口的人，因为在我看来，找借口是懦弱者的表现，不过，同时我也很同情这些染有借口毒疮的人们，因为借口就是腐蚀他们成功机遇的病菌源。

当一个失败者为自己的失败行为找到一个“极好”的借口的时候，他就会像落水者抓住了唯一的一棵救命稻草一样紧抓不放，接下来又会总是拿着这个借口说事，为自己的失败开脱，向其他人做以塞责之词，然后还很坦然地说：“你看嘛，要不是这个原因，我一定会成为众人仰望的成功者的！”起初，这种说法只是为了挽回自己的“薄面子”，是敷衍别人的说法，但是，到了后来，那就是给自己怠惰之心找到的一个“软枕头”。渐渐地，最初的找借口撒谎的负罪感消失了，一切都觉得就是那样理所当然，就连自己也深信不疑这就是自己失败的真正原因。最终，他的大脑开始僵化，要努力想方设法取得成功的动力消失了。可是他们却从不承认自己是个爱找借口的人。

我偶尔见过有人振臂而言：“看吧，我就是凭借自己的辛勤努力获得成功的！”但是，直到今天，我还从未见过任何一个人，勇于振臂而说：“唉，看吧！女士们、先生们，我就是自己将自己投向失败深渊的。”孩子呀，失败者往往都有自己的一套失败借口，他们会将自己的失败原因归咎于家庭、性格、年龄、环境、时间、肤色、民族、宗教信仰、某个人甚至是迷信的星象，最差的借口莫过于健康、才智和运气。

而且最常见的借口，往往就是健康借口，一句“都怪我的身体不好！”或是“哎呀，我正在忍受着令人难以承受的病痛折磨！”就万事都推脱了。实际上，没有一个人是完全健康的，每个人都或多或少地有些生理或者是心理上的毛病。

有许多人都是完全或者是部分屈从于种种借口的，可是那些一心想要成功的人则不然。盖茨先生曾经向我引荐过一位知名的大学教授，这位教授在一次登山旅行中不幸失去了自己的一条手臂，可是他还是常常微笑待人，还经常去帮助更加不幸的人，正如我所见到的每一位身处不幸却有乐观豁达心胸的人一样。当我同他谈及他的残障问题的时候，他笑着对我说："不过就是一条手臂罢了，是的，我不可否认两条胳膊是比一条好，但是，切除掉的仅仅是我的一条手臂而已。您看，我的心灵不还是百分之百地完整吗？它还在正常地跳动哩！我应该感谢上帝仅仅是夺去我的一条手臂呢！"

正如那句老话所说："在没有遇到那位没有双脚的不幸人儿之前，我还一直在抱怨自己的破鞋子呢！可是那之后我却在庆幸自己的完整双脚。"这说得很对呀！庆幸自己所有的要比抱怨自己所没有的好得多。同样的，庆幸自己的健康要比抱怨自己的身体不适好得多。为自己所拥有的健康鸣谢，可以减轻自己潜意识里的病痛折磨，还有助于克服病痛。我常常告诫自己：与其让自己闲放着腐朽坏掉，还不如让自己累坏在工作场上。我们的生命是用来享受生活的，倘若花费时间去担忧自己还未出现的健康问题，那真是可惜，若是再担忧出疾病来，那就更是不幸了。

还有一个借口是推脱在自己的才智上，这也是很常见的借口，这样的人大多会说："是我的脑子太过愚笨了。"有百分之九十五的人们都会发出这样的感慨，只是程度的深浅而已。而且这种借口有一个特点就是它通常是无声的，就憋在人们的心里，没有人愿意承认自己是不够聪明的，但是多半人会在自己的内心里这么想。

人们对于自己的才智总是走向两种极端化错误，要么是太低估自己的才智又太高估别人的才智，要么是太高估了自己的才智又太低估了别人的才智。前者往往是因为这些错误思想的诱导而轻视自己，进而就会促使他们产生一种逃避挑战的情绪，因为他们担心挑战自己是需要一定的才智的。后者又往往太过骄傲。认为自己才智最高的人是傻瓜，认为自己才智低下的人是蠢货。认为自己是愚蠢的人才是最愚蠢的人，其实，如果那些认为自己愚笨的人能够明白一个人不去考虑自己的才智问题，而是勇敢地去一试，成功的机会就有了一大半。

在我看来，要想成为一个好商人，关键的不是你拥有多少聪明才智，而是你对这份事业有多大的热情和耐心。你不需要有闪电般灵敏的头脑，你不需要有惊人的记忆力，更不需要有在学校里名列前茅的好成绩，只需要有一颗对商业存满兴趣和热情的心，你就足可以闯出一番事业来。

一件事情结果的好坏，往往与我们对这份事业的热情度成正比。对待这份事业的热情高昂极致，这份事业的成功率就会增加百倍、千倍。也许有许多人并不知道什么叫事业热情，所谓事业热情，就是对这份事业，你永远的评价是：“啊！那真是一份伟大的事业呢！这真的很了不起！”其实这就是完成事业的动力源泉。

我坚信，即使是才智一般般的人，只要他有积极乐观、乐于同人合作的处世态度，那他取得的成就也会比一个才智杰出却悲观消极，更不乐于同人合作的人取得的成就大。一个人不管摆在他面前的是琐碎的小事，还是艰巨重大的任务或者是一个周密的计划，只要他用心执著地去完成这些事情，那他取得的成果就会远大于聪颖却懒散的人取得的成果。因为专注与执著占一个人能力的百分之九十五。

人们总是习惯于发出这样的疑问或者说是感叹：“唉，怎么许多聪明的人也会失败呢？”我想我可以给他们一个永远不再让他们叹息的答案，倘若一个绝顶聪明的人总是习惯于用他们惊人的脑力去思考无法成功的借口，并予以证明的话，他就根本没有心思去考虑如何去寻找迈向成功的种种办法，那么，失败的命运就注定是要悬在他们的头上的。消极的想法像一根毒藤似的纠缠在他们的心头，直到将他们的才智打乱，使得他们自身的潜力无法得以发展，最终只能一事无成。其实，只要他们稍稍改变一下心态，他们就一定会写下自己辉煌的人生篇章的。

存满伟大事业幻想却不知道思考实现事业方法的大脑，比一桶廉价的糨糊多值不了几个钱。

儿子呀，你要记住，诱发我们发挥自己聪明才智的思考方式比我们原本就有的聪明才智要宝贵得多，这就如同是一摊死水和一个溪源一样，我们原有的聪明才智仅仅是一摊已有的死水而已，而诱发我们聪明才智的思考方式则是我们思想的溪源。这是一个无法改变的事实，一个就算学历再高的人也无法改变的事实。天生的聪明才智或者是受教育获得的聪明才智不是评价一个人业绩好坏的基准。那些成功的商人们是不会整天思考自己才智的，而是将满腔的热忱投向自己的事业。你无法改变天赐的才智，但是你却很容易得到唤起自己潜在才智的方法。

有些人热衷于“知识就是力量”的说法，但是，在我看来，这句话仅仅是说对了一小部分。拿才智当失败借口的人们正是错解了这句话的含义。其实，知识仅仅是一种潜在的力量如同我们自身所有的潜力一样，不被付诸行动是毫无意义的，真正的知识力量是将知识建设性地运用了，才可见到的。

在我的标准石油公司里，永远也没有活字典式的高才智人物的位置，因为我所需要的是真正能够想出种种办法解决问题的人，而不是那些只会记资料的机器。怀有梦想而且又勇于实现自己梦想的人能够发掘出自身的巨大创造力，而富有创造力的人能够为我赚钱，但那些只会记忆东西的“专家”们却不能。

一个不拿才智问题当借口的人，永远不会低估自己的才智，也永远不会高估别人的才智。因为他所专注的是自己的资产而不是自己的才智，他懂得如何去发掘自己的优势，而不是大肆地抱怨自己的劣势。他明白成功之道关键的不是自己拥有多少聪明才智，而是如何活用自身所拥有的这些才智。他时常告诫自己：心态比才智更重要。他在自己的内心里建立了一个“我必赢”的强烈信念，接着他会运用自己的才智去创造成功的机缘。这一切都是因为他清楚思考的价值远大于记忆的价值，他需要用自己的头脑去思考更好的做事方法，而不是用自己的记忆去实现成功的目标。他时刻提醒自己：“啊！我正在用自己的头脑创造历史或者是记录他人创造的历史呢！”

所谓事出必有因，人类的遭遇当然也遵循这一原则。所以，那些总是埋怨自己时运不济，将一切失败结果都推向运气的人真是可怜呀！因为他们不懂得这一原则，他们只知道看见别人成功就妒忌人家运气太好，殊不知，没有创造运气，何来运气之说。我从来不会相信什么天赐良机、天赐好运之说，在我看来，运气从来都是自己创造出来的，只有经过自己精心筹备过、策划过的行动才能够赢得“好运”。

倘若说人们该做什么都是由这个人的运气所决定的，那么每一种生意都会土崩瓦解。就拿标准石油公司的改组举例来说明吧，倘若这个巨大公司的改组是凭借运气来决定的，那么就将公司的所有职员的名字写在纸条上，放进大纸箱里，然后由一个人去抽取纸条，第一个被抽出来的名字的主人就是公司的老董，第二个就是总经理，依次下去，抽出公司所有职员的位置。这样的做法无疑是一个笑话，但是，你不得不承认这就是运气的作用。

我从来不相信天赐运气的说法，我只相信因果定律。你仔细观察那些鸿运当头的人们，你就不难发现，他们的成功绝非运气使然，只有详细的计划、得当的准备和积极的思想才是他们成功背后的真正原因。倘若你也仔细地观察了那些“不济时运”的人们，你会发现，在他们失败的背后绝非是什么时运的原因。成功者不会畏惧挫折，他们不把失败当魔鬼而是将其当老师，要从它那里学得经验教训。但平庸的人则总是将失败看做是魔鬼，一旦遇上了便同其一起下地狱。

一个人要想成功，他是不能靠运气的，最好让他成功的方法就是付出辛勤的劳作。我从未妄想过要凭借好的运气去获得人生中种种美好的东西，我只依靠自己勤劳的双手和善于思考的大脑去培养自己变成“赢家”的资本。

借口是挡在绝大多数人面前的拦路石，百分之九十九的失败者都是由于没有越过借口拦路石的原因，他们总是惯于寻找种种借口。因此，我的儿子，我希望在你追求事业的道路上一定要越过借口拦路石，切莫找借口呀！

——————疼爱你的爸爸

洛克菲勒见证智慧的小事迹

跻身于石油产业

早在18世纪，印第安人塞尼卡部落就开始利用石油了。到了19世纪50年代，30岁出头，毕业于达特默斯学院的中学校长兼律师乔治·比斯尔组建了宾夕法尼亚石油公司，并且在当地采集了石油样本送到当时最著名的化学家之一、耶鲁大学教授小本杰明·西里曼那里进行化验。化验报告中显示这种油可以提炼成优质的照明油，还可以生产出许多副产品。1859年8月28日，宾州的一口探油井里终于咕嘟咕嘟地冒出了石油。

洛克菲勒虽然后来对石油抱有极大的热忱，却是逐步从经营农产品转移到石油上来的。把洛克菲勒拉进这个行业的，是克拉克的朋友塞缪尔·安德鲁斯。安德鲁斯是照明油方面的专家，他认为煤油将比其他来源的光要亮，市场也更大。为了寻找赞助人，安德鲁斯经常去克拉克-洛克菲勒公司里转悠。可是每次一旦安德鲁斯谈起提炼石油的事情，心存疑虑的克拉克就会立马打断他的话说："我告诉过你，这事没希望，我们不会拿出钱来的，你就死心吧！"安德鲁斯转而走到洛克菲勒的办公室里，把他的想法又推销了一遍。洛克菲勒头一次投资铁路股份获利了，正好手头有一笔钱，他觉得这主意不错，就动员克拉克共同投资4000美元，作为新建的炼油企业——安德鲁斯－克拉克-洛克菲勒石油公司一半的周转资金。

洛克菲勒将炼油厂选在一条名叫金斯伯里的小河边上，那条窄窄的水路，离克利夫兰市中心一英里半，流入凯霍加河。而铁路把克利夫兰同纽约市连接起来，并且使它有了一条连接宾州油田的宝贵通道。由于水陆并举，洛克菲勒占据了他取得低廉运费的优势。没过多久，沿着金斯伯里河出现了一连串的炼油厂。安德鲁斯对做生意一窍不通，他让克拉克和洛克菲勒去管理公司运营，而自己则只管炼油方面的事。而洛克菲勒对实际炼油过程十分关心，他经常早晨六点钟就到制油桶车间，将一个个油桶推出来，石油提炼出来之后还会残留下一部分硫酸，洛克菲勒就制订计划用那些残余的硫酸来生产化肥——这是他头一次想到废弃物重新利用生产副产品的主意。不到一年，炼油业务就成了他们公司最赢利的项目，洛克菲勒紧紧抓住了这个大展宏图的机会，一头扎了进去。

1860年，洛克菲勒代表一群炼油资本家去了泰特斯-维尔油田，以确保自己炼油厂的石油供应。他在油田看到，为了把原油运到铁路边上，人们就将其装在桶里，用大车拉着走上崎岖的乡间小路。装满石油的车队在车辙交错的道路上绵延不断，许多油桶从车上掉下来摔碎了。原先一派田园风光的山谷变得一片乌黑。井架、油罐、机房与东倒西歪的小屋杂乱无章地挤在一起。油区到处都是赌徒和妓女，道德败坏，简直像地狱一般。就如同早年的淘金热一样，他看出了这个行业的草率之处。洛克菲勒代表的是资本主义发展的第二个阶段，是更加理性的阶段。他尽可能地收集资料，坚定地要在这个被上帝抛弃的地方，做道德的维护者。

第二十二封
伟人非特异，人因价值珍

经典格言：

1. 人没有什么了不起的，但是也没有什么比人更了不起的了，这关键是要看你为你的同胞以及祖国作出了怎样的贡献。
2. 人之所以伟大是在于他自身的价值，而非他的金钱、地位和身份。
3. 思考最深刻、情感最高贵、行为最正当的伟人，也是生活得最充实的人！

June 8，1906

亲爱的儿子：

约翰！

《马太福音》中记载着这样一句圣言："你们是人世间的盐！"

这是一个平凡而发人深省的比喻。盐，食之有味，同时又可防腐、洁物，真是上等之物。基督想用这个圣洁的比喻来教诲他的门徒，希望他们明白自己应该肩负什么样的使命以及需要发挥什么样的作用。他告诉门徒们，上帝派遣他们来到这个世界上，为的是让他们净化、美化这个世界，他们的职责是让这个世界免于腐败，让人们拥有更新鲜、更健康的生活气息。

盐的第一特征是具有盐味，盐味象征着高尚、虔诚的宗教生活。儿子，我们应该用我们的财富、原则以及信仰去做些什么呢？我们要做世上的盐，我们要释放我们本真的味道，去积极地奉献社会、服务社会，造福人类。这是我们唯一的一个社会责任！

我们当下的伟大责任就是献身世界以及众人，使得他们得福，要专心于我们的奉献艺术，在我看来这就是最伟大的行为了。

跟你说到了伟大一词，倒勾起了我对一篇伟大的演讲稿的记忆。我还记得我从中体味到的一个道理：人没有什么了不起的，但是也没有什么比人更了不起的了，这关键是要看你为你的同胞以及祖国作出了怎样的贡献。

这篇演讲稿给了我很大的启发，我想把它抄录下来给你看，希望能够也对你的未来有一定的裨益。

——————　疼爱你的爸爸

演讲稿

亲爱的女士们，先生们：

今天，我很荣幸能够在这里得以会晤诸多大人物。我知道大家一定会说这个城市里不会有什么大人物，真正的大人物都出身于伦敦、旧金山、罗马或者是其他大城市里，本地是没有什么大人物的，大人物都来自于这个城市以外的地方。是这样的吗？倘若我猜对了，那么我告诉大家，你们的想法大错特错了。实际上，我们这里的大人物绝对不比其他大城市里的少。在座的各位男士、女士听众里，就不乏诸多大人物。

现在，我斗胆放言，希望大家允许，我们通常在判断某人是否是大人物的时候，会犯一个重大的错误，那就是我们总认为大人物都坐在一间敞亮的大办公室里。但是，我想告诉大家的是，在这个世界上根本就没有一个衡量什么样的人是最伟大人物的统一标准。

也许大家会感到惊奇，也许有人会问我，尤其是性急的青年人，“究竟谁才是世界上最伟大的人呢？”是啊，究竟谁是这个世界上最伟大的人呢？这是个值得考究的问题。好吧，我告诉大家吧，朋友们，大人物不一定都坐在高楼大厦里特设的舒适办公室里，坐在舒适办公室里的人也未必都伟大。人之所以伟大是在于他自身的价值，而非他的金钱、地位和身份，有谁会说一个只会吃粮食的君王比一个辛勤耕作的农夫更伟大呢？但是，也请大家不要责备那些自以为自己身居某重要职位就一定会成为大人物的年轻人们。

现在，我想问大家一个问题，请问诸位听众，你们有谁在准备将来做个伟大的人呢？

喂，朋友，就是你，戴西部牛仔帽的那个小伙子，你不是一直都在说总有一天你会成为这座城市里的大人物吗？我想知道这是不是你的真实想法。是吗？

你准备在什么时候实现这个心愿呢？

发生另外一场重大战争的时候？在枪林弹雨中冲锋陷阵？扯下敌人的军旗？到时候你就可以胸前挂满军功章凯旋而归了？心满意足地担任政府褒奖给你的公职，这就是你想成为的伟人？英雄？

哦，不！不是那样的！不能！我年轻的朋友，这样的做法并不能成就真正的伟大，不过，我们没有理由去责备你这样的想法，你从上学起就接受着这样的教导，也是从那时起在你的内心里萌生了这样的伟人梦想。的确，那些担任重要官职的人们都是曾经的战斗英雄，他们参战过，并英勇地为祖国奋战过。

我依然记得，美西（美国和西班牙）战争刚刚结束的时候，我们这座城市经历过一次大的和平游行运动。当时，围观的人们告诉我，游行队伍走上步洛大街的时候，霍普森先生的四轮马车在我家大门口停下了，所有围观的群众都将礼帽抛向天际，挥舞着手帕高声呼喊着："霍普森万岁！万岁！"老实说，我当时要是在现场的话，我也会那样做的，因为霍普森先生本该获得这种伟大的赞誉。

但是，倘若我明天到大学讲坛上去向大家提问："孩子们，是谁将梅里马克号击沉的呢？"我知道他们80%会回答说："霍普森先生！"我也可以说，他们的回答仅仅只说对了1/8，因为击沉梅里马克号的人共有八个，也就是说，除了霍普森先生以外还有七个人也参与了这次行动，由于职位的关系，那七个人一直暴露在西班牙敌军的炮火攻击下，而霍普森先生身为指挥官，极有可能是置身于两军交战炮火之外的。

朋友们，今晚在座的各位听众都是文化人，但是，我敢说，诸位当中没有一位能够说出和霍普森先生一起战斗过的其余七个英雄的名字。

先生们、女士们，我不知道我们为什么要以这种方式来教授历史课程？其实我觉得我们应该让学生们明白，一个人不论他的职位是多么低微，只要他能够尽职尽责，那么美国人民褒奖给他的荣耀是应该同国王一样高的。

大多数人教导自己的孩子的方式都是这样的：走在哈德逊河畔的儿子问他妈妈："妈妈，妈妈，那栋高高的建筑物是什么呀？"

"哦，亲爱的，那是格兰特将军的坟墓。"

"格兰特将军？他是什么人呀？"

"哦，孩子，他是个了不起的英雄，是平定叛乱的伟人。"

不可思议，我们为什么要这样教授孩子历史呢？请大家仔细地想一想，仅凭格兰特将军，我们就能打赢战争了吗？哦，不！显然不是那样的。但是，那我们为什么又要在哈德逊河上建造一座格兰特将军的坟墓呢？其实，并不是因为格兰特将军本人的伟大才建造那座坟墓的，那座坟墓之所以会被建起，是因为格兰特将军是那次战役的代表人物而已，他代表了二十万名为国捐躯的热血英雄，那其中的许多人都和格兰特将军有着同样伟大的功绩。这才是那座美丽的坟茔真正耸立在哈德逊河畔上的原因。

还有一件事情也是可以用来证明这一道理的，这可能是我今天晚上所能为大家回想起的唯一一个例子吧。坦白地对大家说，这是一件令我感到惭愧的事，我永远也无法将其忘掉。只要我闭上双眼，大脑就会将我拉回到1863年，我的眼前就会出现我那位于伯克郡山的故乡，我可以看见挤满牛市以及当地教堂和市政厅的人群；我也可以听见激昂的乐队奏曲声，鲜艳的国旗在高空中飘扬，人们手里的帕子在迎风招展，就像一群群美丽的起舞蝴蝶。我记忆犹新，喧闹的人群是去迎接一连兵士的，那连兵士也正列着方队踏着齐步向人群走来。他们是在南北战争中服役满一期的老兵，要延长一期的服役时间，家乡的父老乡亲们是在为他们欢欣鼓舞呢。当时，我仅仅是个年轻气盛的小伙子，可是我已经是那个连的连长了。那一天里，我一直表现出得意洋洋的神情，活像个鼓足了气的气球，只要遇上一根细细的针，就会爆裂的气球。我无比骄傲地走在对列的最前面，高昂着我的头颅。

我们的连队在乡亲们的鼓舞中走入了市政厅，我的兵士们被安排坐在大厅中央，我则坐在他们的最前排，紧接着镇上的官员们也列队从挤得水泄不通的人群中走了过来，径直走上讲台，依次在围成弧形的座位上入座，市长在那个弧形座位中央就座了，这位市长是位头发灰白的老者，之前从未担当过什么样的重大公职。但是当时，他认为既然自己已经担任公职，自己就是一位大人物了。当他站起来准备开始演讲的时候，他先扶了扶他那副自认为很有分量的眼镜，接着以极其威严的眼神环视了一圈台下的听众。突然间，他那炯炯的目光闪耀着灼灼的光芒直射向我，然后这个好心的老人走向了我，诚恳地邀请我上台同那些镇上的官员们同坐在一起。

哦，市长邀请我上台！要知道，在我从军之前，我从来没有受到过任何一位政府官员这样的重视。我应邀坐在了台上，我腰间的佩剑像是威严的权杖一样垂在地板上。我高傲地昂着头，双臂抱在胸前，准备接受乡亲们的欢迎，我觉得自己就像是拿破仑五世那样辉煌！但是，骄傲总是在毁灭与失败之前显露。

这时，老市长要代表民众发表欢迎演说了，要向我们这批凯旋的军人们致辞表敬，他颤巍巍地从衣袋里掏出准备好的演讲稿，小心翼翼地将其摊在演讲桌上，然后又扶了扶眼镜。我相信他之前一定已经很仔细地研究过那篇演讲稿了，不然的话，他的举动也不至于那样仔细，他先是从演讲台后面后退几步，然后摇摇头又向前走了几步，最终采取了极为正规的演说家的姿态——身体前倾，重心放在左脚上，右脚轻轻向前移开，双肩后缩，以四十五度的角度伸出手，然后开口：

“亲爱的市民们，各位乡亲，我们都非常的激动，为欢迎这些英勇的战士们欢欣……英勇参战的……不畏流血的……战士回到了故乡，我们当然为之高兴。尤其令我们兴奋的是，今天跟大家在一起的，还有这位大无畏的年轻英雄（边说着边指着我）……我们的这位小英雄，在想象中，他曾在我们的脑海里英姿飒爽地率领着他的连队同敌人进行过殊死搏斗。我们看见了他那柄闪闪发光的佩剑……在耀眼的阳光下发出刺眼的光芒，他以嘹亮如虎啸般的声音呼喊着他的部下冲锋……”

天哪！我明智的上帝呀！您竟然没有赐给这个好心的老人一点战争的常识。我想只要是懂得一点战争的人，就不会不知道这样一个事实：步兵军官在危急时刻根本就不可能跑到军队的最前方，那是天大的一个错误，军家大忌呀！我竟然在人们的想象中，高举着明晃晃的刺刀，对我的部下狂喊“冲锋”！我的天，我从未那样做过呀！

大家想象一下，我能够跑到对列的最前方，还高喊冲锋，等着双方部队的夹击吗？一名合格的军官是绝对不可以那样做的。实际战斗中，军官应该在的位置就是军队的后面。因为是参谋指挥作战，所以当叛军从树林中杀出，由四面八方向我方袭击来的时候，我总是要骑着自己的高头大马对我的部下们高喊：“军官后撤！快！军官后撤！”而绝不是“军官跑到最前面高呼冲锋去！”我呼喊过后，每个军官都会自动撤退到军区后面，而且往往军阶越高的军官撤退得越远。这不是因为军官们贪生怕死，而是出于作战的需要，是一种固定的作战规则。你想呀，如果指挥作战的将军跑到作战前线去和敌人死拼，而且被击毙，那么这场战争还有胜的可能吗？必输无疑呀！因为整个作战计划都装在将军的脑子里，将军一旦处于危险境地，那么整个战略计划就会打乱，打乱战略的军队能不输吗？所以军官必须处在绝对安全的地方。

哦，真是不可思议，我竟然会拿着那柄“在耀眼阳光下发出刺眼光芒的佩剑”大喊冲锋，哦，那真是可笑。啊！那天坐在市政大厅的兵士们当中，有的曾经用他们的生命保护过我这个年少的军官，有的还背着我横渡过湍急的河流，还有些人因为已经在战争中牺牲了没有到场，尽管演讲中也提到了他们的名字，但是没人会去注意到他们。对呀！正是这样，真正为国捐躯的伟大人物们却没有受到大家的仰慕，而我这个小男孩军官却被大家神乎其神地传颂为当时的英雄。

我怎么会被当成是英雄呢？道理很简单，只因为那位演讲的老者和听众们都掉进了愚蠢的思想陷阱里——这个年轻人是军官，而其他的人只不过是小小的兵士而已。就在那一刻我获得了一个令我永生难忘的教训：真正的伟人之所以伟大，并不是因为他拥有某种特殊的官衔或职位，而是因为他用卑微的工具创造出了伟大的成就，用自己默默无闻的一生完成了自己的人生目标。

一个人只要他能够为大众提供宽敞的大道、安逸的住宅、庄严的学校、肃穆的教堂、诚挚的训诫、真心的祝福，只要他值得当地人民感谢他，那么无论这个人走到哪里，他都是人们心目中的伟人。

在座的朋友们，我希望大家都能够清楚，我们应该在有意义的行动中生活下去，而不是在空熬日子；我们应该在实际的情感中生活，而不是在虚幻的电话数字按键上浪费感情；我们应该在自己的高尚思想中生活，而不是在摸不着的空气中瞎想；我们应该在正确的目标下，用自己的脉搏跳动来计算自己的人生。

朋友们，如果你今晚没有注意我之前所说的话，那么请集中注意力聆听并且记住我接下来要说的话：思考最深刻、情感最高贵、行为最正当的人，也是生活得最充实的人！

第二十三封 穷人千千万，我岂殊途归

经典格言：

1. 尽管你我都是浩繁尘世中的匆匆过客，
   但是我们也应该划出一道人生的耀眼光芒。
2. 我没有权利和那些贫困的人们殊途同归。
3. 要让金钱做我的奴隶，而不是我做金钱的奴隶。

July 26，1906

亲爱的儿子：

约翰！

有许多悲剧都是因固执和骄傲而诱发的，当然贫穷悲剧也不例外。

我今天突然间想起多年前发生在第五大道浸礼会教堂里的一件事了，那时，我在那里遇见了一个缩衣节食的小花匠，他的名字我至今依然清楚地记得，汉森，一个悲惨度日的年轻人。在他看来坚守贫困是一种美德，因而他见到我后便摆出一副品德高尚的架子对我说：“洛克菲勒先生，您难道不觉得《圣经》里有一句极为经典的话——‘金钱是万恶之源’是我们应该遵守的教条吗？”

就在汉森先生发出疑问的那一刻，我终于明白他为什么与财富无缘了，这是源于他对《圣经》经典话语的误解呀！他还自认为是从那里获得了真知，殊不知自己早已经曲解了真知，更歪曲了自己的人生。

我真心希望能够将这个可怜的年轻人从他狭隘的思想泥沼中解救出来，于是我对他说：“小伙子，我的母亲是上帝的忠实信徒，我也是，我从小就饱受着各种基督训言熏陶，而且我的行事准则也是依据那些圣言所衡量的，我相信你也是这样的。不过，我的记性好像比你好一些，因为我记得在你刚才说的那句话之前还有两个至关重要的字——酷爱，完整的说，就是‘酷爱金钱是万恶之源’。”

“什么？你是说……”汉森先生将他的嘴巴张得大大的，似乎是要活吞下一条鲸鱼似的。我倒真希望他赚钱的胃口也有这么大呢！

“对的，小伙子，”我拍了拍汉森先生的肩膀，继续说，“《圣经》的产生根源于人类内心深处的尊严和爱，它是敬重世界高尚灵魂的体现，你可以毫不忌讳地引用其中的经典话语，甚至是将你的一生托付于它。因而，当我们完整地引用《圣经》中的智慧结晶时，我们所发表出来的就是真理。‘酷爱金钱是万恶之源’就是一句真理，因为酷爱金钱只是一种崇拜金钱的手段，而不是目的。倘若酷爱金钱，为了金钱不达目的誓不罢休，甚至是不择手段，那么金钱就是万恶之源了。但是，金钱本身并没有什么罪过，甚至还是一种幸福的源泉。”

“小伙子，你想想看，”我提醒汉森，“倘若你有了足够的金钱，你就可以给你的家人、朋友们带来快乐，这是惠及亲友；你的金钱还可以投放到慈善事业上去，拯救那些贫困无助的人们，这是惠及社会。那你说，这样看来，金钱还是万恶之源吗？”

“小伙子，当我们的手里每多增加一分钱，我们就又增加了一分决定自己未来命运的力量，那么我们为什么不将自己的命运把握在自己的手里呢？就快快去赚钱吧！”我极力劝导汉森先生，“你不该再让那些扭曲了的错误观念束缚住自己了，你应该花时间去思考如何用自己的大脑和双手打造自己的财富路了，因为只有等你有了钱以后，你才会有足够的力量惠及自己和他人。纽约是个到处都有致富机会的地方，你应该在这里致富，而且我深信你也能够致富的。年轻人，你要记住，尽管你我都是浩繁尘世里的匆匆过客，但是我们也应该像耀眼的流星一样划出一道五彩的人生光芒。”

对于我的规劝，我不肯定汉森先生是否接受，但是我希望他能够接受，倘若不能的话，那我也就只能为他感到遗憾了，他是个壮实而聪明的小伙子，要是去创造自己的财富，应该是能够成就一番事业的。

我一直都深信，每个人都有向往财富的必要，而且每个人也应当花时间思考如何让自己富裕起来的问题。当然，我也不可否认，有些东西确实是比金钱更有价值和意义。当我们走近一座秋叶覆盖的坟冢的时候，是人都会有一种难以言喻的凄凉悲伤之感。我知道的确有些东西，多是人类灵魂深处的东西，确实是比金钱更崇高。那些经受过苦难磨砺的人们更是深有体会，那些不可名状却真实地显现在我们面前的东西比沉甸甸的黄金更美妙、更神圣、更尊贵。然而，事实上，我们又都很清楚，那些东西也没有一样不是用金钱来大幅度提升自身价值的。孩子，你要记住，在这个世界上，金钱不是万能的，但没有金钱又是万万不能的。

爱情是上帝赐予我们最伟大的东西之一，但是，你不得不承认的是，那些拥有巨额财富的情人们会使爱情更加甜蜜，这就是金钱的力量啊！

倘若一个人疯狂地扬言说自己不需要金钱，那么就等同于是在说："我不愿意为我的家人、朋友以及社会作出贡献。"也许你会觉得我的这种说法有些荒谬，但是要断然否定金钱和家人、朋友以及社会的关系也是同样荒谬的事！

我深信金钱的力量，我呼吁大家都去奋力赚钱。可是，我的这种观点在宗教上却是一种罪恶的想法，有些人对这种观点有着强烈的偏见，在他们看来，身为上帝贫穷的儿子是一种无上的荣耀。我曾亲耳听过一个基督徒在祷告会上向上帝祷告说："亲爱的上帝，人类的天父，我很庆幸自己是您贫穷的儿子。"听了他这样的祷告语，我心里不禁突生一个念想：要是这个人的太太就在当场听着他做出这样的祷告，不知她会作何感想，不过我可以肯定的是，她一定会痛恨自己嫁错了人。

我希望自己永远不会再见到这样的上帝的贫穷儿子，我相信上帝也不想再见到这样的结果！在我看来，那些本该很富有的人，却一心想要做个贫穷懦弱的人，那他就大错特错了，他这样做，不仅是不忠于自己，还亏待了他的家人，更对不起上帝赐予他的天赋。

不能说，财富的多寡是衡量一个人成功与否的准标准，但是，毫无例外的是，金钱的多寡一定是衡量一个人对社会所作出的贡献大小的准标尺。你的收入越多，你对社会所作出的贡献绝对越大。每当我想到这些，我就会感到自己浑身存满了伟大的力量，因为我已经使许许多多国民们走向了永久的富裕之路。

我坚信善恶分明的上帝绝对不是为撒旦等恶人之流铸造出钻石的，那绝对是上帝赐给他勤劳的子民们的奖赏。而在赐给我们奖赏的同时，他所给予我们唯一的警告就是：我们要在不违背上帝意愿的情况下赚取金钱或者是其他什么东西。倘若我们违背了上帝的意愿，那就只能是徒增负罪感。我们要赚取金钱，多多的金钱，这是无可非议的事情，只要我们是以正当的手段来获得金钱，我们就永远不是在犯罪。

许多人之所以过着贫困交加的生活，是因为他们不了解金钱的含义。在他们看来，金钱仅仅是又冷又硬的一件物体，可是在我看来，金钱其实就是温暖而柔软的东西的代码，它会使得我们感觉良好的。

我之所以有今天的成就，跟我过去的信念是有着绝对的因果关系的。坦白地说，在我感受到贫困带来人世间疾苦的时候，我的脑海里就萌发了一个坚定的信念——我要做富翁，我没有权利和那些贫困的人们殊途同归。渐渐地，时间在冲刷着一切记忆，可是却深描着我内心坚定的豪富梦。

我小的时候，正是“拜金热”思想达到顶峰的时期，当时，成千上万的淘金者都怀揣着发财梦从全国各地拼命地朝“金矿宝库”——加利福尼亚州涌去，尽管他们到达那里后发现所谓的“淘金热”其实就是一个圈套而已，但是，那也大大地激起了无数人的发财梦，而其中就有一个年仅十多岁的我。

当时，我的家境窘迫至极，时常是只能凭借好心人的接济才能度日。而我的妈妈又是一个极富自尊心的人，因而她期望我能够肩负起身为长子的责任，帮助她一起料理好这个大家庭。就这样在妈妈的期待和教诲下，我养成了一种极强大的责任感。就是在那时，我向自己立下了终生不变的誓言：“我要赚钱，我要成为富人，决不可沦落为穷困潦倒的人，我要用自己的双手创造财富，进而再用自己的财富改变家人的命运。”

在我少年时代编织的发财梦中，金钱不仅仅是改变家人命运的工具，还是换得道德尊严和社会地位的一种渠道，通过明智的消费将金钱变作更有意义的东西，这比豪华的住宅、华丽的衣服更能激起我为之奋斗的勇气和激情。

对于金钱的深刻理解，使得我赚大钱，成为富人的信念更加坚定了。而这种信念又给予了我无限的追逐财富的力量。

儿子呀，在这个世界上，没有比纯粹是以赚钱为目的赚钱更可悲、可怜的了。我的赚钱之道是：让金钱为我所用，而非我为金钱所使，换言之就是，要让金钱做我的奴隶，而不是我做金钱的奴隶。儿子，我的一生正是这样做的，我希望你以及你的子孙们也能够这样做。

——————疼爱你的爸爸

洛克菲勒见证智慧的小事迹

由“标准”走向“美孚”

19世纪70年代，以洛克菲勒在俄亥俄州创建的标准石油公司为领头先锋，石油公司的发展便进入了一个全新的时代。标准石油公司之所以会用“标准”一词来命名，正是由于标准公司的老董们想要标榜自己公司所出产的石油产品是能够让顾客们信赖的符合标准的产品，同时也意味着这个公司将会给石油行业带来一个（全新的）标准秩序。

标准公司垄断全美石油行业后，便向西欧及中国进军，不断地扩大其海外市场。由于技术先进，标准公司很快就赢得了大部分欧洲煤油市场。在中国，标准公司不得不开辟一个全新的市场，为了让中国人民购买标准石油公司的煤油，他们奉送给中国人民几百万盏廉价的煤油灯，就这样标准石油公司的煤油在中国国土上燃烧了起来，标准公司一步步地将它的进军步伐深入到亚洲各个地方，进而搭好了迈向世界舞台的踏板。

睿智的洛克菲勒知道怎样降低自己的成本又怎样提高自身的利润，因而他在进军海外市场的同时，还大肆地利用国外的廉价劳动力“掠夺”国外的丰富石油资源，使得自己最终取得高额垄断利润。亚非拉地区的油源无疑成了他的财源。1935年，洛克菲勒掌控了海内外将近200多家公司，资产总额高达66亿美元，顿时成为名噪全球的“石油大王”。

1909年，美国联邦政府最高法院依据《反托拉斯法》勒令标准石油公司解体。1911年7月，标准石油公司被分拆为34个独立的子公司，而标准石油公司的传奇并没有停写，洛克菲勒的辉煌也并没有因此中断。不久，这些子公司就又成为新的巨头了。在这过程中，几经变动后，路易斯安那标准石油公司于1966年更名为美孚石油公司，新泽西标准石油公司则于1972年更名为埃克森石油公司。1999年，履经分合的美孚石油公司和埃克森石油公司再度合并为埃克森-美孚石油公司，并于2001年荣登《财富榜》杂志500强企业冠首。

第二十四封
勤奋出成效，多劳财自来

经典格言：

1. 机会是只会留给勤奋的人的！
2. 财富是勤奋的意外之物，是多劳的副产品！
3. 勤奋是在为自己劳作，而不是给别人好处，只有自己才是勤奋的最大受益者。

January 25，1907

亲爱的儿子：

约翰！

我很高兴看到你的来信，而且最使我高兴的是，你信中的两句至理名言，我真的很欣赏这两句话。一句是“没有获得胜利，你就是在自暴自弃。”；另一句是“贵族源于勤奋。”毫不夸张地说，这两句话都是不折不扣的至理人生格言，倘若我不自谦的话，我可以说自己的人生就是这两句话的最好见证。

那些对我存满妒忌之意的人们，一谈及我凭借自己双手所创造的巨额财富，就说我是一架极具天赋的吸金机，这个比喻真是毫无根据，这只能显示出他们平庸的见地和缺乏历史洞见的才能。

身为移民，天性中就有着勤奋努力和满怀希望的情感。在我还是个孩童的时候，我的妈妈就将自力更生、勤俭节约、坚持不懈和忠实守信等创业美德根植在了我的脑海里。我笃信这些至理的教条，视它们为我成功的伟大信仰，就算是到了今天，我的灵魂深处依然驻扎着这些美好的信念。我不会忘记正是这些美好的品德奠定了我成功的基石，是它们建立了我攀爬人生巅峰的阶梯，最终将我送上了人生的顶端。

当然了，我不可否认，那场改变美国人命运和生活状态的战争给了我绝佳的成功机会，坦然地说，是这场战争造就了我传奇商业巨人的生涯。我承认，是南北战争赐给了大家前所未有的绝妙商机，是它让我从一个穷小子变成了十足的富人，是它为我提供了战后的抢夺商机竞争中获胜的资本支持，为我挖掘了一个财源滚滚的金源。但是，正如那句话所说——“上帝给每个人的时间都是均等的”一样，这场战争所带来的机会也是均等的，但是我却能够抓住这场战争所带来的机会成为了巨富，而有些人，可以说是绝大多数人却与这场战争所带来的机会擦肩而过，沦落到了贫困队伍当中，这是为什么呢？难道真是像那些毁谤我的忌妒者所说，是因为我有贪心吗？

不！儿子，绝对不是那样。真正使我抓住那次机遇的是勤奋！你要记住，机会是只会留给勤奋的人的！我从小就笃信这样一条成功真理：财富是勤奋的意外之物，是多劳的副产品！勤于思考和勤于行动是达成目的、实现目标的根基，要想实现财富梦，就必须得勤奋、多劳。

对于“贵族源于勤奋”这句话，我也是倍加推崇。我相信它会成为我终生铭记的箴言。不管是过去还是现在，无论是在我立足的北美还是在遥远的东方国度，凡是那些永久地享有盛名、受人尊崇的贵族，在他们的血脉里都流淌着一种不息的精神——勤劳，在他们的双肩上生有一双强有力的臂膀，在他们的身上都闪现着坚强毅力和顽强意志的精神光芒。他们就是凭借着这些成就了他们的宏功伟业，赢得了受人尊崇的名誉。

儿子呀，你要记住，在这个世界里没有永恒不变的东西，从而也就没有永恒的贵族，也没有永恒的穷人。所永恒的只是一种精神。正如你所了解的那样，我年幼的时候就仅仅是一个衣衫褴褛的穷小孩，家境贫寒到非好心人的接济就没法度日的程度。可是，今天呢？今天的我拥有着自己的财富帝国，而且我也已经将巨额的财富投放到了慈善事业中。这一切就如同沧海桑田的幻化一般川流不息。出身贫寒的人同头上悬有耀眼光环的贵族之间的转换也就是瞬息一变而已。身份卑微的穷小子，通过自己的勤奋工作和执著追求最终也是能够功成名就、出人头地的。

所有尊贵的称呼和耀眼的荣誉以及巨额的财富都必须是依靠自己的勤奋双手获得才能够更加长久。可是，你看看现如今的那些富家子弟们所处的种种不进则退的情况吧！尤为不幸的是，这些富家子弟们多是缺乏进取精神的纨绔子弟，他们好逸恶劳，还过着极尽奢靡的生活，最终只能是败家败业，落得个富贵出生，贫困死去的结局。

鉴于这个教训，你一定要教导你的孩子们用自己的勤奋大脑思考自己的人生，用自己的勤奋双手去创造自己的前程。你还要让他们记住，想要在风浪颠簸的人生大海中拼搏出一片自己的天地，静享成功喜悦，赢得社会尊崇，那么掌舵的人就只能是自己。告诉他们，荣誉的桂冠永远是属于那些敢于探索人生、勤于创造人生的勇者。要让他们明白，勤奋是在为自己劳作，而不是给别人好处，只有自己才是勤奋的最大受益者。

我从小就坚信，只有辛勤的耕耘才能够收获丰硕的果实，身为贫民之子的我很清楚，除了凭借自己的勤奋双手去获得成功、创造财富、赢得尊崇之外，我没有任何捷径可走。上学期间，我不是一个一学就会的聪明学生，甚至可以说是有些愚笨，但是我从未自甘堕落过，相反，昂扬的斗志使得我不甘落后，但是又苦于别无他法，因此我只能依靠勤恳备课来弥补我自身的缺陷。在我十岁的时候，我就知道要干自己力所能及的活去减轻家里的负担，像砍柴、打水、挤牛奶、下田等等这些劳作，我都能够担当，而且一干起来就毫不惜力。说起这些，我还不得不感谢上帝让我经历那段艰辛的农村生活呢！倘若没有那段艰苦而辛劳的岁月，我的意志也就不会被磨炼得那样坚毅，日后在商业场上也就不会有那样顽强的承受挫败的耐力。正是那段岁月历练了我坚韧不拔的性格，也塑造了我坚定的自信心。

我很清楚，自己之所以在日后身陷商业泥沼中的时候能够泰然处之，甚至是我的成功，都很大程度地得益于我从小历练出的自信心。

勤奋精神体现着一个人的品质，更能够提高一个人的品质修养，培养一个人的能力。在我受雇于休伊特–塔特尔公司的时候，这一点就很好地体现出来了。就在当时我凭借自己的勤奋工作获得了非同一般的能力和出众的年轻簿记员的赞誉。我永远也不会忘记那段日子里的勤奋努力，那真可谓是披星戴月、夜以继日的劳作呀！我还记得当时我的老板对我所作出的努力给予的忠告，他说：“小伙子，相信我，等到将来，你一定会凭借自己非凡的毅力取得成功的。”尽管当时的我不知道将来的自己会是什么样子的，但是，我坚信一点，那就是只要自己用心去勤勤恳恳地干一件事，我就一定不会失败的。

如今，尽管我已经年近古稀（70岁），但是我依然壮志勃勃地拼杀于商海之中，因为我很清楚，最快捷的结束生命的方式就是无所事事地闲待着。每个人都有选择把退休当做开始或结束的权力。在我看来，那种闲待着的生活状态像毒品一样危害人们的身心健康，因而我始终都把退休看作是人生的新的一次起航，我从未停止过奋斗，因为我知道生命的真谛在于勤奋劳作。

儿子呀，你的父亲能够拥有今天的显赫地位和巨额财富，都是用自己的辛勤劳作所换来的。我原本也就是一个普普通通的平常人，但是我却用自己的勤奋大脑外加勤奋双手创造出了自己的辉煌人生，是我的坚持不懈、孜孜不倦以及顽强的毅力使得我功成名就的。我没有徒得虚名，我的每一分金钱、每一点成功都是用自己的血汗浇铸而成的，那些浅薄无知的忌妒者对我的评价都是不公的，他们不懂得自己创造财富，更不懂得去赞赏别人创造财富的能力。

我永远都相信，一个人所获财富的多少都是对他勤奋程度的嘉奖。我希望你能够坚定信念，认准目标，凭借着自己对上帝的信任，对自己的相信，去不顾一切地奋斗、去努力拼搏吧！儿子，你会成功的！我相信。

——————疼爱你的爸爸

洛克菲勒见证智慧的小事迹

致富秘诀

洛克菲勒小时候家境贫困，进学校读书的机会很少，但是他却很善于把握学习的时间，头脑本就存满致富灵气的他加之掌握时间阅读了大量的书籍，使得刚刚十岁的他就已经在考虑自己的致富计划了。为了寻找致富之路，他辛辛苦苦地打工赚钱，当他积累到5美元的时候，兴奋极了，他想，用这笔资金投资些什么呢？头脑里缺乏致富的知识怎么办，对，应该买一部关于致富的书籍吧，说不定还能够从书籍中找到致富的方法呢。

一天，他在一张报纸上看见上面有一行醒目的销售广告——“出售《发财秘诀》，打造致富人生！”，洛克菲勒一看见便急于想拥有这本书，于是他连夜赶到书店去购买这本求之不得的书籍。拿到书籍后他赶忙拆开裹得严严实实的包装袋，拿出《致富秘诀》准备如饥似渴地饱读一番，但是，很快他就失望了，因为全书的内容就两个字“勤俭”。洛克菲勒看后气愤极了，当下就把书籍扔到了地上，当时去找书店老板算账的念头一直在他的头脑里闪现，他想控告作者糊弄人。可是当时已经是深夜了，书店已经关门了，于是他准备明天再去。那天夜里，洛克菲勒一夜没有合眼，最初是生书籍作者和书店老板的气，怒骂他们竟然用普普通通的两个字编成一本书籍来哄骗人们，又后悔将自己辛辛苦苦换来的5美元血汗钱竟然就这样浪费掉了。后来夜深了，他的思绪也平静下来了，怒火也已经发泄完了，他开始慢慢地思考作者的用意了。为什么作者会选择用两个字就写一部书籍呢？而且就是“勤俭”两个字，而不是别的什么字呢？他越想越感觉作者似乎是在告诉人们一个致富的天机。后来再想想竟觉得勤俭其实正是致富的根本途径，终于，他参透了作者的用意，更悟到了人生的真谛。于是他赶紧将书本从地上捡了起来，并深深地亲吻了书籍封面一下，然后郑重地将其放在自己卧室里的小书桌上。从此，那本《致富秘诀》就成了他一生的座右铭。正是从那时起，他开始努力地打工，埋头苦干，把每天挣得的钱，除了一部分交给家里外，其余的一美分也不舍得乱花，全部积蓄起来，准备将其当做以后创业的资本。洛克菲勒就这样坚持了5年，辛辛苦苦地积攒了800美元，正是这800美元成了他走向成功的第一块儿基石。他用那800美元开始了他的创业之旅，并最终一步步地走向“石油大王”的地位。

致富的方式是很多，但是致富的真正秘诀就两个字：勤俭。

第二十五封
创造财富是责任，造福人类是使命

经典格言：

1. 身为富人拥有巨额财富的同时还肩负着重大的责任。
2. 只有傻瓜才会因为为国家奉献出几个金钱而自命不凡。
3. 我的心中有着一种比拥有巨额财富更加崇高的东西，那就是根据国家的需求适时为国家服务。

November 20，1907

亲爱的儿子：

约翰！

这次给你写信，我是真的很高兴，因为一场险些酿成重大国难的金融危机风暴总算是过去了！

如今，我想，我们那位合众国总统——西奥多·罗斯福先生，总算是能够安心地到路易斯安那去继续安心打猎了。虽然他在这场巨大灾难的面前表现得极其无能，甚至有些让人吃惊，但是，此刻他还是依然能够悠然自得地继续他的打猎活动去了。当然，我们的这位总统先生并不是什么也没有做，他用他的“担忧”支持了华尔街。哦，我的上帝！我们这些纳税人真是瞎了眼睛了，才会误将这个来自纽约的混混儿送进白宫。

坦白地说，我对总统先生充满了厌恶之情，甚至一提到或一听到“西奥多·罗斯福”这几个字就会感到愤慨，一想起他对标准石油公司的所作所为，我就感到一阵气愤涌上心头。他是我所见过的最心胸狭隘、最爱报复别人的卑鄙小人了。的确，这个小人现在得逞了，他倚仗自己手中的大权，成功地策划并发动了一场极为不公的竞赛，并且成为了竞赛中的获胜者，成功地让美国联邦法院开出了一张美国历史上从未有过的巨额罚款单，还恬不知耻地下令要解散我们的公司。就看看这个卑鄙小人对我们犯下的滔天罪行吧！可恶！

但是，我坚信，那些他所谓的惩戒最终不会得逞，反倒会成为诱发他气恼懊丧的一个源泉，因为我坚信我们的公司不是一文不值的垃圾，凭借着我们一流的管理队伍、充足的资金，我们一定可以化险为夷的，再大的风险与打击也不会将我们击倒，我们的财富最终会因这些健全的机体而源源不断地来到我们的手里。就等着瞧吧，会有我们再次放出笑容的时候的。

不过，不可否认的是，这也的确给我们造成一定的打击。我们受到了不公平的待遇，西奥多指责我们是巨富恶人，那位法官大人也跟着侮辱我们是窃贼，在他们看来，似乎我们的金钱都是密谋偷来或者是掠夺来的。哦，那真是无知的愚蠢想法，他们大错特错了，在那些愚人头脑里根本没有一个大企业的建立概念，他们不明白如何去建造一个大企业，他们也没心去知道这些。我们握在手里的每一分钱都是用我们的智慧换来的，那里面渗透了我们的辛勤劳碌，我们每前进的一步都付出过自己辛勤的汗水，我们的事业殿堂都是用我们的生命奠基打造的。可是，犹如疯子一般的他们根本就不想了解我们成功的过程，他们一味地偏执，只相信他们自己低能的想法，蔑视我们的经商才能，玷污我们的勤劳和智慧，将我们以优质、廉价的煤油照亮美国历史的事实看做是一文不值的行为。

西奥多拒绝我们的任何和解建议，我知道，他手里的长剑很难停止挥舞，除非是等到他大有斩获的时候。不过，我并不畏惧他的淫威，因为我问心无愧，最坏的结果也无非是他用他手中的权力强行毁掉我们这个辉煌而又存满欢乐的大家庭而已，至多不过如此，但是，我们的快乐不会停止，我们的辉煌也不会轻易落地。我坚信建立在现实基础上的未来是会证明一切的。

无可置疑，我们正在经受着来自罗斯福政府的迫害，前所未有的迫害。不过，不管我们正在经受的是怎样的考验，我们都不能够让一时的情感掌控了我们的思维，因为我们知道愤怒一旦压制住良知，结果会是恐怖的。当厄难降临到人们头上的时候，身为上帝子民的我们没有理由作壁上观，那会让我们感到耻于面对上帝，我们会良心不安的，我们必须得挺身而出。我们都是合众国的公民，我们有职责让我们的国家和同胞们免于灾难，何况我们又都是上帝的子民呢！而身为富人，我更清楚：拥有巨额财富的同时还肩负着重大的责任，我们负有造福人类的使命。

这场席卷华尔街的金融风暴使得存款的人们惶恐至极，银行大楼前挤满了要取款的人群，挤兑局面愈演愈烈，眼看着一场即将导致美国经济再度陷入大萧条的危机就要莅临了，我预感到，我们的国家已经陷入双重困境中——政府缺乏资金，民众缺乏希望。我明白，这时候，“钱袋先生”必须得显示一下他的威仪了，于是，我打电话给斯通先生，告诉他让美联社用我的话请国民放心，那两句振奋民心的话是：我们的国家从来不缺少信用，金融界的人士们也一直都是把信用看得比生命还重要。倘若你们非要要个证明的话，我很乐意将自己一半的证券拿出来帮助国家维持信用。请大家相信我，强烈的金融地震是不会在我们的国家发生的。

感谢仁慈的上帝，现在，危机已然成为过去，华尔街已经安全地接受了金融危机的洗礼。

我感到自豪，因为我为这一刻的到来，做出了我应该并且能够做的一切，正如《华尔街日报》上说的那样，“洛克菲勒先生用他的声音和巨额资金扼住了华尔街金融恶魔的咽喉。”只是，还有一点大家永远不会知道的秘密是，在克服这次金融风暴过程中，我从自己的腰包拿出的钱是最多的，这也是最让我感到自豪的。

当然，我认为在抵抗这场金融风暴的过程中，摩根先生功不可没，正是因为他的英明指挥才使得这场危机能够如此快速地结束。这位英勇的指挥官，用他超群的智慧将一群商界名流聚集在一起拧成抗击危机的巨大战线，并以他无可替代的金融才能和果决个性拯救了整条华尔街。因此我说，合众国人民应该感谢他，华尔街的市民们更应该感激他，至于我们的那位总统——西奥多·罗斯福先生更是应该好好地感谢他一番，因为摩根先生替他做了他本该做却因为无能而没有做的事情。

现在，许许多多的人，当然还有各大报社里，都在纷纷赞扬慷慨解围这次危机的人士们。但是，这些赞扬在我的面前一文不值，在我看来，良心的安慰比什么报酬都有价值，国难当头，我们还有什么可说的呢，没得推脱，当仁不让，挑起该挑的大梁。我想那些真心对国难伸出援助之手的绅士们和我有着一样的感受，他们也仅仅是想尽自己的所有力量去帮助国家，用自己的信仰和忠诚之心映照我们的祖国。

今天是我人生辉煌篇章的再现，但是，我的人生历程并不是没有可耻的记录。四十六年前，当数不清的热血青年在祖国母亲的召唤下，忠诚地奔赴解放黑奴战争的前线，为维护国家的统一抛头颅洒热血的时候，同样身为青年的我却以公司刚刚开业，以及我的家人要靠我的力量来过活为由，拒绝参战为国奉献。

这个看似足以让人心安理得的理由却让我背负了很长一段时间的良心债，因为那时国家有难需要我们去出力、流血甚至是奉献生命，但是我却没有为国家献出我的绵薄之力。后来这件事一直让我感到良心不安，直至十几年前爆发的那场金融危机，我才得以抓住一个赎罪的机会。当时，联邦政府没有办法保证黄金储备，华盛顿总统向摩根先生请求援助，但是摩根先生也表示无能为力，就在这时我拿出巨额资金帮助政府平息了那场金融恐慌。这使得我兴奋不已，赚得多少钱也不能比这件事更使得我兴奋了。

不过，我从未把自己看做是自命不凡的拯救者，在我看来，只有傻瓜才会因为为国家奉献出几个金钱而自命不凡，我是合众国的公民，为国家作出贡献那是我的职责。我很清楚，自己的确拥有巨额的财富，但是我更清楚，我因它而承担着巨大的公共责任。儿子，我的心中有着一种比拥有巨额财富更加崇高的东西，那就是根据国家的需求适时为国家服务。

约翰，我们是很富有，但是，不论何时，我们都不该肆意浪费一分钱，我们的金钱只应该花销在为人类造福上，而不应该将金钱浪费在那些私心人的身上，你要记住，决不可给任何怀有私心的人点滴好处。我们绝对不会再用自己的财富去资助共和党人参选了，一个西奥多·罗斯福已经将我们害得够惨的了。

美德和名誉就像是心灵的皇冠，倘若没有这顶皇冠，那么我们的肉体再美，也不能看做是美的。

——————疼爱你的爸爸

洛克菲勒慈善事业的见证

洛克菲勒基金会

洛克菲勒基金会【Rockefeller Foundation】最初设立于1904年，当时称为“公共教育基金”。而从字面理解来说是对公共教育基金作为补充的。“洛克菲勒基金会”的组织则成立于1910年，经过了漫长时期的通说以及洛克菲勒财团大量地投入资金，终于于1913年5月14日赢得了纽约立法机构颁发的特许令，得以注册成功。后来，在1951年同劳拉·培尔曼·洛克菲勒纪念基金会合并，外加洛克菲勒家族的一再捐赠，到1951年资金多达3亿美元，2000年的时候突破33亿美元。

洛克菲勒基金会的首创资金是1亿美元，小约翰·D·洛克菲勒担任第一任基金会会长，现由洛克菲勒家族第五代成员主持。洛克菲勒基金会始终坚持创立之初的捐赠传统，关注的焦点始终聚集在教育、健康、民权、城市和农村的扶贫上。其持续捐赠的时间跨度之长、规模之大以及成就之广、之显著，当之无愧是美国乃至世界之首。

洛克菲勒基金会的这种投资是全球性的，在美国国内，资助项目包括，维护环境质量、发展文化事业（尤其是在戏剧、文学以及音乐领域）、增进机会均等等；在国际资助项目上，包括征服饥饿、控制人口、促进健康、解决国际冲突、改进发展中国家的教育等。基金会的资金开拨和资助政策由一个独立的不拿薪水的理事（评议员）掌控，负责向大学、研究机构和其他合格机构提供资助。基金会也从事自己的研究，但仅局限于农业和病毒学。洛克菲勒基金会的资助项目是宏观化的，不针对个人进行资助，也不单独资助地方组织的建立和运行。

洛克菲勒基金会创建的最初宗旨只有一句话：“促进全人类的安康”，之后随着社会的变迁，措辞上有些变动——“促进知识的获得和传播、预防和缓解痛苦、促进一切使人类进步的因素，以此来造福美国和世界人民，推进文明发展。”其基本核心精神仍然是造福全人类。

第二十六封
夜幕尾声，新日凌晨

经典格言：

1. 最好是好的敌人。
2. 一场残酷的竞争中，那个首先找到对方劣势并予以狠命一击的人，永远是竞争中的赢家。
3. 当你的对手不愿意把你看作他的对手，那么你就捞到了最好的为未来竞争赚足资本的机会了。

August 31，1908

亲爱的儿子：

约翰！

你应该在今天的报纸上看到了安德鲁·卡耐基先生的专访了吧！我一直都搞不明白，这个家伙为什么总是那么热衷于在各大报纸上抛头露面呢！我猜想他一定是患上了恐惧遗忘症了，他唯恐人们会忽视了他这个“伟大人物”的存在。

不过，坦白地说，我还是蛮喜欢这个常常同我争风的对手的。因为我知道，他是个勤奋、野心勃勃、不知疲倦的铁汉。他总是将向前看作是第一、第二、第三重要的事情；或许正是因此，他才会在被记者问及成功秘诀的时候说：“一件事的尾声只是另一个新事件的开端。”

我真是不敢相信，从这个铁匠的嘴里怎么会迸出如此精辟的话。我坚信，这句仅仅由三个单词组成的短句，在不久的将来一定会远播万里的，而卡耐基先生也会因此而赢得个“商界哲学家”的美誉吧！实际上，他能够将自己成功的一生浓缩成这样一句精辟的小短句，是非常值得人们给予他高度的赞誉的，因为那正体现了他不凡的商业智慧。

但是，我不得不提出的是，卡耐基先生仅仅是给出了一个成功者的成功公式，却吝于给大家指出这个成功公式的演算过程，看来，这个吝啬的家伙还是难以改变他自私的本性，总担心别人会窥见他的成功秘诀。我却想试着推导出铁匠的这个成功公式，不过，你不要将这个推算过程公布出去，否则的话，他一定会因为我泄密而生我的气的，那么这个圣诞节他送给我的礼物就不光是一瓶威士忌酒了，一定还会加上雪茄的，因为他深知道我是个滴酒不沾的人，更知道我是个禁烟主义者，这个可爱的家伙。

“一件事的尾声只是另一个新事件的开端”，我想，铁匠是试图向大家表明成功是一个连续不断地繁衍的过程，就好比是一头多产的母牛一样，等它的一个幼崽落地后，它就会立马再怀上第二个宝宝，就这样循环往复、生生不息。尾声是一段旅程的最后一站，同时又是新一个旅途的开始。正如夜幕的尾声正是新一天的黎明一样。每一位伟大的成功者都是用一个个小的成功将自己推上最大成功的宝座上的，他们用每一次成功的尾声欢庆旧的梦想的实现，又用这尾声庆祝新梦征程的开端。看吧，儿子，这就是每一个创造伟大成就的人的芬芳品质。

可是，我们要如何开始自己的新梦呢？卡耐基先生“忘记”告诉大家了，但这却恰恰是能否顺利达到最后胜利一刻的关键所在，也是下一个梦想开始的关键。事实上，这个问题的答案是很简单的，那就是，你要从一开始就学会千方百计地把握事情的优势。经验告诉我，三种方法可以让我掌握住自己的优势。

第一种方法：首先要下定决心，关注竞争势态和竞争者的可用资源。这就表示，我们要打起十足的精神关注自己和对手要拥有的东西。着手新事业的时候，没有了解到事情的整个势态，千万不要鲁莽地采取初步行动，成功的第一步就在于了解达到目的所需要的优势在哪里和要避免的劣势在哪里。

我做事，首先会设法预测这件事情会出现什么样的机遇，一旦预测中的计划出现了，我就会像饿狮扑向猎物那样猛扑过去。同时，我还明白“最好是好的敌人”的道理。有许多人都是追求最好的完美主义者，他们总是在追求最好的同时将好抛弃在一边。这样做显然不是聪明之举，因为好总比不好或者是坏强许多。现实生活中，理想中的完美机遇很难遇上，但不尽理想的种种还算勉强的好机遇却时常光顾，但这远比没有机遇要强得多吧！

第二种方法：研讨对手的状况，然后再将知识转变成自己的优势。经历告诉我，详尽地了解竞争对手的优势、劣势、行事习惯以及性格特点，总能掌握竞争中的有利形势。当然了，我们也必须得清楚自身的情况，明白自己到底有几斤几两。我曾经就是用这种方法或者说是叫谋略使那个成功公式的创造者卡耐基先生心悦诚服地低头了。

我承认卡耐基先生的确是位当之无愧的钢铁巨人，谁要是敢挑战他就如同是想挑战死神一般。但是，我却能够抓住他的劣势，可以说正是他的缺点帮了我一个大忙。他为人固执己见，可能是由于他的腰包被金钱塞得太满了的缘故，他总是太过高估自己的能力，又太过低估别人的能力，可以说他不喜欢仰视别人却非常喜欢俯视别人。他俯视我，不把我放在眼里，还愚蠢地认为，我只能在石油行业上施展自己的能力，在他看来只有愚笨无知的人才会去干开采矿石行业，因为在他眼里矿石只是取之不尽的廉价石头而已。

因此，当我投资采矿业的时候，卡耐基先生几乎是逢人就会向他们讥讽我一番，他扬言说我是全美洲最失败的投资者，说我根本不懂钢铁行业。而实际上，英明的卡耐基先生仅仅是看到了一座大山的山腰却没有望见山峰，他不明白一件东西重要的不是它的价格而是它的价值。可以说采矿业是他炼钢业的源头，倘若不能控制采矿业，那就无异于是断了自己的矿源，没有了矿源，那么他那些令他引以为豪的炼钢厂就只能变成一堆废铁。

儿子呀，这就是卡耐基先生给我的一个最好的机会。你要记住，无论什么时候，当你的对手不愿意把你高看为他的对手，那么你就捞到了最好的为未来竞争赚足资本的机会了。因此，我从一开始就放心大胆地实施全面投资计划。冒险胜过慎重，很快地，这个不可一世的家伙就发现，那个被他到处宣称为“全美洲最差劲投资者”的人竟然掌控了铁矿业，一举成为全美最大的铁矿石开采商，完全取得了支配地位，正准备要同他平分秋色了。他有些按捺不住了，最终只能是低声下气地向我求和。

一场残酷的竞争中，那个首先找到对方劣势并予以狠命一击的人，永远是竞争中的赢家。

第三种方法：拥有正确的心态。你必须在一开始的时候就下定追求必胜的决心，这就意味着你必须得学会在道德和法律的允许范围内，表现出你的积极无情来，这种态度来源于残忍无情的目标。

既然有追求胜利的决心，那就必须得竭尽全力去达成心愿。只有竭尽全力去做才能够创造辉煌的成就。竞争的开始尤其该是如此。说得正面一些，就是要努力获得竞争早期的优势，以建立起独霸的地位。负面一点的说法，就是你付出努力就等于让别人减少一个成功的机会。同时，我们还要拥有积极而勇猛的精神，要有生吞鲸鱼的胆量。我坚信那条千古不变的定律——天才的有力竞争对手总是英勇的勇者。

在《新约》格林多前传里，他的使徒保罗就曾说："现在常有的是信、望、爱，而在这其中最重要的是爱。"每一个新的梦想的开端，最重要的就是下定追求胜利的决心。对任何事，倘若你没有追求胜利的心态，即使你再关注竞争势态的发展以及了解对手的资源和习惯也没有太大的作用。拥有知识、保有控制能力、评估竞争状况，正是帮助你建立信心，达成最高追求胜利目标的东西。

你仔细地观看一番那些失败者，就不难发现，大多数会失败的人，多数不是因为犯错了，而是因为他们没有全心全意地投入，一个企业也存在这种原理。

儿子，你要记住卡耐基先生的那句即将广为流传的名言，"一件事的尾声只是另一个新事件的开端"，当然，我做的那三个成功公式的推解也应当谨记。

哦，儿子，我难道是在营救一个本不需要营救的谋略家吗？但愿如此。

——————疼爱你的爸爸

洛克菲勒见证智慧的小事迹

无故加之而不怒的洛克菲勒

纵看洛克菲勒的一生，我们不得不佩服他那“猝然临之而不惊，无故加之而不怒”的品格，有这样一则关于洛克菲勒的事例，让我们看后更加赞扬洛克菲勒其为人。

曾经有一位不速之客贸然闯入洛克菲勒的办公室，直冲到他的办公桌前，大声喊道：“洛克菲勒，我非常恨你！是非常非常的恨，并且我有充分的理由恨你！”叫嚷着还用双手握紧拳头猛击桌面，然后持续谩骂洛克菲勒长达10多分钟，办公室里的所有职员都听不下去了，感到这个人无理至极、粗暴至极，大家都觉得洛克菲勒一定会抓起手边的墨水瓶向他掷去，或者是立马打电话让保安来将这个无赖之徒带走。但是，出乎所有人预料的是，洛克菲勒非但没有像大家想的那样做，反而停下手边的工作，抬起头来微笑着静静地盯着那人看，好似在聆听教诲一般，那人越是粗暴不堪，他就越是和善至极。无理的攻击者被洛克菲勒这样的举动搞得摸不着头脑了，只觉得莫名其妙，渐渐地，他的情绪竟然平静了下去。他强咽了一口气，愣是想不起该说什么了，急得脸通红。大家都知道，一个人在发怒和人吵嚷的时候，遭不到对方的回击，是坚持不了多久的。当然，我深信，洛克菲勒也是深知这一点的。那个无理的攻击者原本是做好了来和洛克菲勒大吵一架的打算的，并且还设想到了洛克菲勒的回击语，更想好了怎样反驳洛克菲勒的回击语，可是他却怎么也没有料想到，洛克菲勒会是那样平静地看着他，没有一点怒色，更没有一句话语。这种回击使得他不知如何是好，沉寂了几分钟后，他又用拳头在洛克菲勒的办公桌上敲击了几下，但是仍然没有得到回应，于是他只好讪讪地离开了洛克菲勒的办公室。

洛克菲勒注视着他离去，然后就像没有发生过任何事情似的，重新提笔工作。

第二十七封 坚持不懈，胜利可见

经典格言：

1. 除非你自己放弃，否则没有人能够将你打垮。
2. 人们总是高估了自己所欠缺的，而又低估了自己所拥有的。
3. 锋利的剃刀绝对不是在华美的天鹅绒上磨砺出来的！
4. 这个世界上，毅力是最最无可替代的东西了。

February12，1909

亲爱的儿子：

约翰！

你忘记了今天是什么日子了吗？今天是一个伟大的纪念日！

今天，在美利坚合众国人民心中正怀着一种特有的感念之情呢！全国上下正在纪念着一颗高尚而珍有的灵魂——令上帝和人民感到骄傲的前总统亚伯拉罕·林肯先生呢！这对于林肯先生来说是受之无愧的。

我记忆中的伟人们，没有谁比林肯先生的贡献更伟大了。国人们不会忘记，是这个伟大的灵魂创下了美利坚合众国动人的成功历史；是他用他那不屈不挠的精神和无所畏惧的勇气以及宽厚仁慈的爱心解放了四百万最为卑下的黑人奴隶，同时也使得两千七百万白人合众国居民开启了灵魂上的枷锁，结束了民族间的种族仇恨，消除了腐朽灵魂堕落、扭曲的罪恶历史；也是他的睿智头脑使得国民免遭毁灭性的灾难；是他将不同语言、不同肤色、不同信仰、不同种族的人民组建成一个崭新的完美国度。在合众国人民心目中，他是让这个国家获得灵魂自由的神，这个国度因他而幸运地走上一条公平公正的坦荡大路。

在我看来，不，是在合众国人民看来，林肯先生绝对是上个世纪最值得纪念的伟大英雄，今天，在这个纪念他百年诞辰的特殊日子里，举国人民都在追忆这位伟人为我们的合众国所作出的卓越贡献，这就是我的观点的最好见证。

然而，在我们追思并感念他的辉煌业绩的同时，我们更应该做的是汲取其光辉人生中的精神养料——顽强的毅力和无畏的勇气。我认为国人纪念这位伟人的最好方式就是延续他的精神，让他不言弃的美好品格照亮整个合众国。

我心目中的林肯先生，从来都是不服输、不畏难、不气馁的坚毅者化身。他曾穷困潦倒过，也曾被驱逐出国过，可是不屈不挠的精神就是支持着他顽强地生活着。在他首次经商的时候就遭遇到了失败，但这只是他商业上的灾难开端，在第二次的经商中，他更是败得一塌糊涂，导致他在接下来的十多年中都生活在负债的深渊中。在他的从政道路上，更是荆棘丛生，当他第一次竞选州议员的时候，就被无情地驳回，并因此丢掉了工作。好不容易交到一点好运，在第二次的竞选州议员中，他成功当选了，可是接下来等着他的却是痛失亲人的巨大悲痛以及竞选州议员发言人的失败。不过这些都没有熄灭他心头的希望之火，在之后的竞选中，他连遭六次失败，可是，他却从未灰心丧气过，每一次失败后，他都挣扎着要再次站立起来力争上游，就这样一直坚持到当选总统。

每个人都会经历沧桑岁月和无情打击的时刻，只是很少有人会像林肯先生那样百折不挠。他的骨头是钢铸的，他是击不败打不坏的钢铁人，在他每次竞选失败后，他都会告诉自己："呵，这不就是滑了一跤吗？又不是摔死了，不能站起来，有什么可怕的呢？"要知道，支持一个人屡战屡败，屡败屡战的东西绝不仅仅是他的身体，而是他的精神，林肯先生正是在这种"滑倒并非摔死"的精神鼓舞下一步步走向成功的，那是他克服困难的一柄利剑呀！

林肯先生的一生是书写伟大真理的一生，其自身的精神就反映出了一个最伟大的真理——除非你自己放弃，否则没有人能够将你打垮。

功成名就的背后是一连串的辛苦奋斗。伟人们之所以能够成为伟人都是经历了一连串的失败磨砺的。可以说，这世上是不存在不经受打击的伟人的。伟人和庸人的区别就在于在经历最煎熬人的由失败之门穿越成功之门过程中，伟人强咬着牙齿坚持过去了，而庸人却哭丧着脸举手投降了。正是因此，前者成就了辉煌人生，而后者却堕入了碌碌深渊。还有一个例子，就是伟大的希腊演说家德莫森先生的人生经历，他天生口吃而且又生性害臊羞怯，可是上帝却非要考验他，他的父亲去世后留给他一块土地，这本来是一笔可以使他过上幸福生活的财富，可是当时的希腊法律却给他的富足生活梦带来了挑战，因为他必须得在公众场合下同别人辩论赢得土地所有权。口吃而又含羞害臊的他注定是要在这场赢得土地权的辩论中惨败的，他因此失掉了那块儿本可以让他富足的合法土地。不过，他并没有就这样轻而易举地被对手击败，他决心要争回自己的土地权，他发奋努力战胜了自己的先天缺陷，结果他成功了，他创造出了一个人类历史上前所未有的演讲高潮。历史忽略了他所争取到的土地，但是却没有丢失掉他的功名，几个世纪以来，整个欧洲到处传颂着这个名字——德莫森。

人们总是高估了自己所欠缺的，而又低估了自己所拥有的，最终导致的结果是，丧失了成功的一个个良好机会。很难说这不是个悲剧。

林肯先生的伟大人生让我们见证了化挫折为胜利的真理。没有谁一出生就是伟人，这个世界上绝对不存在不经历失败、挫折的胜利者。可以说，失败是我们成功人生的导师，而不是堕落人生的引诱者。倘若我们尽了自己最大的努力却还是达不到我们想要达到的目的，那我们所应该做的不是灰心丧气而是应该汲取教训，然后重整旗鼓，力求做得更好。

老实说，我是不想也不敢拿自己同林肯先生作比较的，但是，我可以很自信地说，我的精神世界里有许多和林肯先生相似的东西。是，坦白说，我很厌恶生意场上的失败，也很痛恨失去金钱，但是，我内心深处真正所担心的却是失去自己的毅力、恒心和勇气，我害怕自己会在生意失败后变成谨慎无为的懦夫。倘若真是那样的话，我所损失的就不仅仅是金钱、功名的问题，而是自己的人生。

对普通人来说，失败的苦酒是他们难以下咽的，而成功的醴醪（甜酒）却是可以很容易恒久品味下去的。但是，这条理论在林肯先生那里却是个例外。他可以将自己的失败苦酒当做是酝酿自己甘美醴醪的基料，他就视失败为自己更上一层楼的阶梯，这跟他钢铁般的毅力是有莫大关系的。他有一句经典的名言我永久铭记——锋利的剃刀绝对不是在华美的天鹅绒上磨砺出来的！

这个世界上，毅力是最最无可替代的东西了。即使是拥有超群的才能也不行，从古至今，怀才不遇的人多得数不胜数，毫无作为的天才也遍地皆是；教育也不能够弥补精神上的缺乏毅力，那些学至硕士的高才生们无为者也不乏其人。儿子，你要记住，只有毅力和决心才是无往不胜的武器。

当我们决心要从起步迈向巅峰时，我们的心里就得有这样一个概念：“我们所走的每一步要有足够的耐心和毅力去坚持，这一步就是向下一步迈进的基础，只有打好这一步的基础，我们才能够更好地向下一步迈进，也许每走完一步都会觉得很艰辛，但是要记住我们还不能够休息。就像一个拳击高手所说，只要再战一个回合，我就一定会胜利。我们的人生也是这样，只要在累的时候，告诉自己再走一步就会胜利，我们的勇气不是会大增吗？天生我材必有用，上帝既然让我们来到这个世界，那他就一定会赐给我们一定的能力，这种能力就是潜能，一个人倘若找到了他自身所存在的潜能，并将其发挥运用，那么这个人就一定会成功，反之，倘若没有找到自身的潜力或者是找到了没有加以利用的话，那么潜力将会毫无价值可言。

每个人的天赐良机都是从自身发掘出来的，而且，每个人一生都会发掘出自身的良好机会的，关键是看自己能不能够努力工作把握住这些机会。俗话说：“趁热打铁”这是再正确不过的了，而要想把握住这个机会，毅力和奋力工作是最有效的手段。每喊出一句“绝不放弃”我们都会离我们的成功目标更近一些。一位智者说：“黎明来临之前总是一天中最黑暗的时刻。”我觉得这是再正确不过的了。我们努力工作的暗淡时光总是会过去的，成功的黎明时刻总是会到来的。

在今天这个特殊的日子里，我们感念林肯总统的同时也追忆了他一生的事迹来勉励自己。即使我们坚持着林肯总统的精神去不懈地为人生目标努力了，成功的时刻还没有到来，那我们也没什么损失。因为在我们努力的过程中已经学会了面对人生，那才是我们真正的成功。

——————　疼爱你的爸爸

洛克菲勒见证智慧的小事迹

尽心工作的洛克菲勒

成为“石油大王”后的洛克菲勒在回忆自己人生的时候，总是会告诉人们自己在休伊特–塔特尔公司所经历的工作经验是他一生成功事业的良好奠基，那么洛克菲勒到底在休伊特–塔特尔公司里奠定了怎样的事业良基呢？

刚刚十六岁的洛克菲勒每天天蒙蒙亮就起床去上班了，办公室里点着昏暗的鲸油灯，洛克菲勒就埋头于弥漫着纸霉味的账簿里。由于簿记员这份工作是他的第一份工作，又是他好不容易才得来的工作，所以不管这份工作好与坏、大与小，他都十分热爱。正是在这份工作里，他懂得了数字的魅力，他学会了联系数字和事实，他尊重每一个数字，即使是很小的数字。后来，公司让洛克菲勒负责付账单，洛克菲勒接过这项任务后非常认真，他仔细地核查每一笔支出，竭尽全力地减少开支，甚至比花他自己的钱还经心、还尽心。

一次，老板交给他一份长长的没有核算的管道铺设费用账单，让他去核查并付费。他在核查账单的过程中发现了一个差价几美分的漏洞，他对老板提出后，老板却觉得那么小的差错没什么，洛克菲勒对老板这种大大咧咧的行为感到非常的震惊。

此外，休伊特–塔特尔公司还让年轻的洛克菲勒代收过房租，他在工作过程中充满了极大的耐心而且也十分礼貌，同时对那些拖欠房租的人们他还表现出一种不屈不挠的斗牛士精神，三番五次地去催促，直到欠债人将钱交齐为止。

洛克菲勒将自己对数字的爱好也带入了自己的私生活，他也仔细地记录着自己生活中的每一笔收支，还将公司的业务标准应用到个人生活上，精打细算地计划自己的每一笔收支。在1855年9月开始上班的时候，洛克菲勒就花不足1美元购买了一个小账簿，他还别致地称其为“账簿A”，就从那一天起，他开始记录自己的每一笔收支了。

洛克菲勒终生都把“账簿A”视为自己最珍贵的纪念物。当五十多年后的洛克菲勒再次仔细地翻看那本账簿的时候，眼泪不禁跌出了眼眶，顺着他满脸的皱纹滚动。

第二十八封
推诿责难，贻害无穷

经典格言：

1. 责难是摧毁领导者领导风范的最强劲敌人。
2. 自责是最为阴险狡猾的一种责难陷阱。
3. 自己越是强大，别人对自己的影响力就会越小。

July 24，1910

亲爱的儿子：

约翰！

告诉你一件事，你一定会感到万分惊讶的！那就是，一直认为自己高高在上，总觉得自己是名副其实的世界首富的安德鲁·卡耐基先生居然来拜访我，并向我讨教了一个极为严肃的问题。我想你一定会怀疑的，但是，这就是事实，那位高傲的铁匠正是那样做了。

就在两天前，伟大的卡耐基先生来到了我们的基奎特。我想可能是我接待他时笑容可掬的样子以及我们谈话时轻松愉悦的气氛使得他那钢铁般坚硬的自尊不自觉地消融了吧，所以他才放下自己的架子向我询问道：

“约翰，我承认，你领导着一群很能干的人。但是，我从不认为你的那些精英们的才干是无可匹敌的，可是我又很疑惑，他们看起来似乎是无坚不摧的，他们总是能够轻轻松松地击败你们强大的竞争对手。我觉得不可思议，我不知道你对他们施展了什么样的魔法使得他们能够有那样强大的精神力量，难道你的武器是金钱？”

我很坦诚地告诉他，金钱的力量固然是势不可挡的，但是更加厉害的是责任的力量。有时候，指使人们行动的力量并非仅仅是来源于想法，更是来源于责任。我的标准石油公司的每一个职员都有着强烈的责任感，他们都知道自己的责任是什么，都知道如何能够将自己的责任完成得更好。但是，我从未向他们高谈阔论过什么责任或是义务，我仅仅是通过自己的领导方式来开导胸怀责任感的职员进而去打造一个充满责任感的公司。

我还以为这个话题就到此打住了呢，但是，我的回答显然是勾起了卡耐基先生的好奇心，他极为认真地追问我：“约翰，那么你是怎样领导他们的呢？我非常好奇，你是怎么做到的。”

看到他谦恭的态度，我没有拒绝的理由，我必须如实告诉他。我说，倘若我们想要让自己的企业永续生存下去，那么我们的领导方式就必须得温和，绝对不可以因为任何理由去责难任何一个部属或者是抱怨任何一件事。责难或是抱怨就好像是一片将枯未枯的沼泽地，一旦有谁一不小心失足陷入其中，你就会彻底被其困住，你失去了立足和前进的能力，你越是挣扎越是陷得深，慢慢地，你就会落入憎恨与挫折的困境。等待你的结果只有一个：失去部属对你的尊重和支持。一旦落到这种地步，那你就与拱手将王冠让给他人的国王没有什么区别了，最终失去的就是主宰一切的王权。

我很清楚责难是摧毁领导者领导风范的最强劲敌人，我也知道人世间没有长胜的将军，无论是多么英勇的将军都会有失败或遭遇挫折的一天。因此，当出现问题时，我不会埋怨、不会愤恨，只是在想：如何才能让事态的发展形势得以扭转，变得有利于我们？采取怎样的行动才可以弥补甚至是修复我们出现的谬误？然后以最积极的心态去选择朝向更高业绩和满意度的方向前进。

当然了，要想让别人有责任感，我首先得自己以身作则。每当一个问题降临到我们头上的时候，我首先会停下来问问自己："洛克菲勒，你的职责是什么？"然后回归到原点。正是借着这种对自身所做的坦诚评估，使得我得以将自己的注意力从他人的身上拉回到自己的身上，进而也就可以避免不自觉地窥探他人做什么或者是要求他人做什么等等的无意义行为了。实际上，只有将焦点对准在自己的身上，我们才能将自己在无意中拱手让给别人的王冠重新夺回。

但是，分析自己的职责并不意味着是一种自责，我从来不会自责，因为我知道自责是一种最为阴险狡猾的责难陷阱，类似于"那真是一个错误的抉择，愚蠢的行为"之类的颓丧话，只能够使得我们深陷等同于其他责难的仇恨与抱怨陷阱中。而我所提倡的审视自身职责是一种强大的分析力和自我肯定的过程，当我在审视自身的时候，一旦发现问题的关键不是在于大家应该做什么而是在于我自身应该做什么，我就会及时调整自身，使得自己更加强大而绝不是自怨自艾。我更清楚：自己越是强大，别人对自己的影响力就会越小。

倘若我们能够将每一次的挫折或者是每受到一次的阻碍都看做是审视自己的机会，而不是去斤斤计较别人对我们做了什么或者是去要求别人怎样做，这样的话，我们才能够跳出领导危机的高墙发现新的出路。

我没有救世主的心态，也从不将自己看做是救世主。遇上事情，我会询问自己：哪些方面我应当为自己和部属们负责？当然也会自问：哪些方面我的部属应该为我负责？领导者不是一个全能的机器人，他的工作也不是全权负责所有事情。倘若我将自己视作是英勇、正义的天使，决心要去拯救世界，那么我最终的结果只能是陷入危机泥淖之中。我很清楚自己的位置，在我的责任计划中，有相当大的一部分是让其他人也为自己负责，当然我所让他们负的责任都是他们本该负的责任。倘或我的雇员对于事关他自身利益的事情都毫不在乎的话，那么我就没有必要将他留在那个位置上了，因为我不相信这样的雇员会有一种强烈的想要好好表现去出色地完成任务的激情，既然连一种工作激情都没有，那他又怎么能不离开那个位置呢，我只好请他去给别人服务去吧。

那种肩负责任的压力感总会让人自觉不自觉地感到兴奋，我觉得说责任是一种工作兴奋剂也未为不可。没有什么事能够比责任感更能激起一个人的工作热情的了。同时，它还能够激发并强化个人能力。将重任托付给部属，并给他以亲切的感受，让他知道你对他有足够的信任，那你所带给他的无疑是一种莫大的鼓舞。所以，我从不会将部属必须担负且能够胜任的重责兜揽在自己的身上。

当然，要想营造一个良好的公司责任氛围，或者说是造就一种负责风气，我不仅仅是凭借示范作用，还有个原则作用。在标准石油公司里，我的部属几乎都知道我的基本原则是：拒绝责难推诿，莫找推脱借口！这是我经营公司一直所坚持的理念，也是每一个雇员都知道的原则。我不会因为雇员犯错而去责罚他们，但是倘或有人做出不负责任的行为，那我是绝对不能容忍的。我的信念是将自己的原则贯彻到底。只会找借口推脱责任的人，在标准石油公司里是没有生存位置的。

我们几乎不怎么犯错误，因为我对部属进言的大门时时都是敞开着的，只要是有高明意见或者是建议的，我都会仔细聆听或者是采纳意见，甚至是纯粹的发牢骚，我也愿意接受，但是，前提是提意见或者是建议的人必须得以一种负责任的方式提出。这样做的最终结果是大家彼此越来越信任对方，因为大家都知道，所有的事情最终都是光明正大地讨论的。

我不得不佩服卡耐基先生的聪明才智，可以说他是个优秀的老学生，他没有让我白费时间讲这一通话，在我最终结束话题的时候，他说："怨声载道的工作氛围下，再出色的员工也会变成乌合之众。"正是他所说的那样，真是个聪明的家伙呢。

儿子，人都是怠惰的动物，几乎没有人不怀有推诿责任的心理，这才导致推诿责任的现象时有发生。但是，这个贻害无穷的人类心灵蛀虫并不是不能够消除的，最佳的办法就是学会倾听。

摆在领导者面前的最大挑战就是，如何能够营造出一个舒适宜人的开诚布公环境，使得大家都忍不住乐意将自己的观点说出来而不是隐埋起来。其实解决这个问题的办法很简单，那就是主动邀请别人陈述自己的观点，嘴边常挂着类似于"请再多说一点你的想法"或是"我真的很想听听你的观点"之类的话语来鼓励谈话者继续说出自己的观点。在整个谈话过程中，聆听者才是掌握整个谈话局面的人，最拥有权力的人是聆听者而不是陈述者，这恰恰和一般人的想法相反。

不可置信，是吧？我就知道你也会觉得这是不可思议的。但是，儿子，请你想想看，陈述者的语调、话锋以及内容实际上都是取决于聆听者的倾听方式的，你想，同目露凶光、面显敌意，肢体上又呈现出侵略性姿态的人讲话，和同面色和蔼，满脸挂着微笑并且全神贯注地倾听的人讲话，两者的感觉能够相同吗？当你和蔼而专注地倾听别人说话的时候，你已经卸下了对方的防卫意识，你在向他传达一个讯息：你可以敞开心胸地向我表述你的观点。一旦你这样做了，你就会获得这样的益处——对攻击性较强的或者是愤怒的话语背后所隐含的深刻议题会有更加详尽的了解。你能够获得更多的讯息，而这些讯息往往都是能够改变你对整个事件整体情况的认识。而且你也能够有更多的时间去思考问题的来龙去脉或整理自己的凌乱思绪。陈述者看见你在专注地倾听他们的话会觉得你很重视他们的观点，因而也会向你讲述得更多。而最重要的是，当你专注地倾听完他们的陈述后，他们也会更加乐意聆听你的意见。

真正的倾听是没有任何防御的。在倾听别人说话的时候，即使是你非常不喜欢对方所讲述的话题，你也不应该立即做出回应更不能插入其他话题，而是应该平心静气地倾听、了解。专注地倾听他人说话不是什么技巧而是一种待人的态度。一种专注的态度。滑雪者在遇上难以逾越的障碍的每一秒钟，都是投以全身心的注意力去思考如何脱险，而不是去分神思考等会儿见到同伴们说些什么。同样的，一个真正聪明的倾听者也会将自己百分之百的注意力贡献给讲述者的，他们绝对不会出现话在思想的瞬间就迸出嘴巴的情形。这样的话，聪明的倾听者就去除了先入为主的观念，能够敞开心胸地营造出一个有意义而又有效果的极佳谈话氛围。

日子不停地向前奔腾，我们每天都在塑造着生活的同时也塑造着自己。这样的过程一直会持续下去，但我们最终都会为自己的抉择担负全权的责任。正如宏伟的目的能够决定成功的方向那样，拒绝推诿责难也必将会为你筑造出一条走向成功的大道的。

——————　疼爱你的爸爸

同洛克菲勒一起品味芬芳人格

当失败了以后

试问，失败后，各位大老板会做什么呢？有人说，失败后我要寻找失败的原因；有人说，我要揪出造成失败的人，好好斥责他一番；还有人说，失败了发一通脾气泻泻火。总之，这是多数大老板会说的话，当然，我们也不否认，一些老板会做出别样的好的举措来，因为世界本大，奇人亦多，高尚的人绝对不少。

世界首富洛克菲勒先生就是一位奇人。

许多年前，洛克菲勒先生经营的标准石油公司因为一名高级主管做出了一个错误的抉择而致使公司损失了200多万美元。公司内很快就将这个坏消息传得沸沸扬扬的了，许多公司的主管人员害怕洛克菲勒先生会将怨气撒在他们头上都设法避开洛克菲勒先生。然而，标准石油公司的合伙人爱德华·贝德福德却不避风头，依约去见洛克菲勒。

当贝德福德走进洛克菲勒办公室的时候，见他正趴在桌子上，用一支笔在纸上写着什么，于是他走近前去拿起纸来看，洛克菲勒一见是他便忙问："哦，贝德福德先生，是你呀！我想你已经听说我们损失200多万美元的事情了吧！我想了很多，不过在把他叫来谈话之前，我需要提前做些笔记，以免到时候忘记了。"贝德福德看着那张纸上的文字，不禁有些感动，因为那上面写着那位主管的一长串优点，其中提到三次他曾帮助公司做出正确抉择的事情，后面还写着"那些加起来为公司赢得的利润远比这次损失的金钱要多得多！"贝德福德先生在后来的回忆里说："我永远也忘不了约翰当时面对那种棘手问题时的平静、宽和态度。”

其实，大家心里被神化了的洛克菲勒之所以能够创造出那样的巨额财富，他的高明之处，就在于他失败后不抱怨，不迁怒于当事人，而是考虑当事人的感受，想到他平日里的贡献和优点去安抚他，而不是责备他。因为他很清楚，失败已然造成，发怒、指责也无法挽回，反而还会造成更大的损失，只有冷静地分析结果，总结经验才能避免日后犯同样错误的后果。这正是洛克菲勒的成功之道呀！

第二十九封
莫望免费食，莫祈天赐衣

经典格言：

1. 倘若你想要一个人的双腿残废，那么你只需给他一根拐杖就可以达到你的目的了。
2. 你施舍给一个人金钱，那么就意味着你否定了他做人的尊严，你剥夺了他掌控自己命运的权力。
3. 智慧录的第一章，也是最后一章，就是天下没有免费的午餐。

March 17，1911

亲爱的儿子：

约翰！

我已经看到了那条指责我捐款吝啬的新闻了，但是在我看来，那没什么大不了的。被那些不明事理、无事生非的记者们臭骂得多了，我也就习惯了接受他们无知与苛刻的评价了。对于他们的这些无理评价，我的回应方式只有一个，那就是保持沉默、不加答复，尽管他们在不停地叫嚣，不停地口诛笔伐。之所以会这样做是因为我很清楚自己的所作所为，也明白自己该做什么、不该做什么，并且相信自己的做法是正确的。

每个人所走的都是自己的路，与他人毫无关系，你没有必要去管别人怎么看你，重要的是你要走得问心无愧。也许有一个故事可以很好地解释我为什么几乎不怎么去理会那些向我乞求金钱帮助他们解决个人问题的人们，也更能解释为什么让我出钱去救助他们会比让我赚钱更令我头痛的了。故事的内容是这样的：

一户农家圈养了几头猪，一天，这家主人给猪喂完食后忘记了关住猪圈的门就走了，结果几头猪就逃跑了。经过了几代的繁殖后，这些家猪变成了野猪，一个个变得凶悍无比，甚至还威胁过路的行人。一些经验丰富的猎人听说这件事后，就答应村民们要为他们除害，发誓一定要捕获它们。可是，无论猎人们设定怎样周密的计划，这些狡猾的野猪们就是不上他们的当。

约翰呀！你看，一旦这些猪独立起来，它们就会变得凶悍、聪明得多。

突然间，有一天，村庄里来了一位赶着拖双轮车毛驴的长者，在长者的驴车上装满了木头和粮食，当他刚一进入村庄的时候，村民们就好奇地问他是来干什么的，从这里经过要到哪里去。长者告诉他们自己是来为民除害的，就是要来帮大家捕获野猪的。村民们一听都哄然大笑，并反问长者说：“之前最好的猎手都没能抓获野猪，你身单力薄的又怎么能够去抓住凶悍的野猪呢？”长者没有回答他们径直赶着驴车朝野猪出没的地方走去，两个月后，长者回到了村庄告诉大家野猪已经被自己围困在山上的围栏里了。

村民们又是一片哗然，他们惊讶地追问长者："老人家，这是真的吗？这太不可思议了，您是怎么办到的？"

长者对大家解释说："最初，我先去找野猪经常出来觅食吃的地方，然后在那里找一块儿空地放上些许粮食做诱饵，引诱它们来吃。起初，那些野猪对我所设的陷阱产生了怀疑，它们对这突如其来的食物感到惊讶和害怕，但是，最终它们还是没能抵制住食物的诱惑，好奇地向我的陷阱里跑去了，先是嗅嗅粮食的味道，接着一头老野猪尝了第一口，然后其他野猪也就跟着啃食了起来。看到这一幕，我知道，我的计划可以实现了，我有抓住它们的把握了。

"第二天，我在空地上放的粮食更多了，并且在离空地很远的地方竖起了一块儿木板。这些野猪见了木板又产生了怀疑，感到情况不妙，躲在离空地较远的地方静静地注视着木板和粮食，最终，不劳而获的食物给它们的诱惑力战胜了它们内心里的恐惧感，所以没过多久，它们便又跑进我的陷阱里大吃一顿，那时，野猪们没有意识到自己已经成了别人的囊中物了。之后的日子里，我所做的就是每天给野猪们放粮食，并在空地的周边多竖起几块儿木板，就这样一直坚持到我的围栏建造完成。

"然后，我又开始在围栏的周边挖坑树立一根根角桩。每当野猪们发现空地的周边多增加了一些东西后，就会产生一些警觉，远离粮食一段时间，但是，每次它们都抵制不住"免费午餐"的诱惑。等到我的围栏建造好了，这个陷阱的门也就完成了，而那些已经习惯了吃白食的野猪们则在惯性的指使下，毫不顾忌地冲进了我的陷阱里。这时候，我出其不意地将围栏的门按上，那些习惯于吃白食的野猪便也就被我轻而易举地捕获了。"

儿子呀，这个故事的寓意真的很简单，一只动物一旦依赖于人类喂食，那么它的机智和力量就会被一点一点地剥夺，最终只能是落得个听凭人类处置的结果。这样的理论也是适用于我们人类的，一个人一旦依赖于别人的施舍过活，那么接下来他就要遭殃了。倘若你想要一个人的双腿残废，那么你只需给他一根拐杖就可以达到你的目的了；换言之，你若是想要培养一个人好吃懒做的习惯，那你就只需在一定的时间内给予他免费的午餐就可以了。你要记着，每个人打娘胎起就有着被“照顾”的需求，你若想助长他的这个“被照顾”要求，那你就尽可能地去给他提供免费的午餐吧！

当然，我是一直都在鼓励你们去帮助别人，可是，正如我时常告诉你们的那样，倘若你赠与一个人一条鱼，那你只能够解决他的一餐温饱，可是你若教会了他捕鱼的本领，那就等于解决了他一生的温饱问题。这是很有意义的一个道理，我希望你铭记。

实际上，依我看，金钱资助无异于是一种施舍，根本谈不上是一种帮助，它所能给人带来的只有一种懒惰、不思进取的精神，它会毁灭一个人内心里的一切勤奋、节俭、劳动的美好精神，使得一个人变得越来越自私，越来越没有责任感。而且，一旦你施舍给一个人金钱，那么就意味着你否定了他做人的尊严，你剥夺了他掌控自己命运的权力，这是我所无法忍受的，我姑且就把它当做是一种不道德的行为。孩子呀，身为富人，我们有义务成为一个造福人类的使者，但是，我们却不能好心办坏事，投注资金当制造懒汉的始作俑者。

不论是什么人，一旦他养成了某种习惯，也不管是好习惯还是坏习惯，这种习惯都会支使着他的做事方法。你培养了他们吃免费午餐的习惯，只能是让他失去人生的一个个机遇，他的未来不会是一条坦途，只能是荆棘丛生的小路。但是你缔造了他们勤奋工作的习惯却可以使得他们走出一条永久可靠的路。孩子，努力工作是我们为获得成功所付出的必要代价，财富和幸福不是靠别人赐予的，而是靠自己的双手打造出来的，只有我们努力工作，才能够搭建出成功的虹桥。

在遥远的过去，有一位很聪敏的老国王，他很想让他的臣下们编撰一部智慧录，好造福后代子孙。于是，他将他所有睿智的臣下们都召集来，对他们说：“倘若我们的头脑里没有了智慧，就好比是灯笼里没有了蜡烛，所以，为了让我们的子孙能够拥有智慧的明灯，我要求你们去编撰一部各个时代的智慧录，好帮着他们去照亮未来的人生。”

那些睿智的臣下们领命离去后，便开始埋头苦苦编撰了，相当长一段时间后，他们完成了一部长达十二卷的巨著，他们将其拿到国王的面前，宣称这是各个时代最为完整的智慧录。但是老国王看过后却很坚定地对他们说：“大家听着，我确信这的确是各个时代的智慧结晶，可是，难道你们不觉得它厚了点儿吗？这么厚的书籍，恐怕我们的后人不得要领呀！就麻烦你们再将其浓缩一下吧！”睿智的臣下们又领命而去，花费了许多时间，将十二卷删繁就简地缩略成一部一卷的书籍。可是老国王看后还是认为太过冗长，这些臣下们就再次对这部智慧录做出了浓缩删减。

就这样，睿智的臣下们就一次又一次地删减浓缩这部智慧录，将其由一本书浓缩成一章，然后浓缩为一页，再浓缩成一段，最后就浓缩成了一句话。当聪敏的老国王最终看到这句经典的智慧话时，很满意地点头对大家说：“我睿智的人们儿，这才是真正的各个时代的智慧结晶，是真理呀！它真正起到了照亮子孙后代明亮前程的作用，相信我们的子孙一旦得知这个真理，他们的大部分困难问题也就得以解决了。”儿子，你可知道这句睿智的话语是什么吗？它就是：“天下没有免费的午餐。”

智慧录的第一章，也是最后一章，就是天下没有免费的午餐。我相信，倘若人人都知道了出人头地是靠努力劳作换来的，那么大部分人都会有所成就吧！那些总是期待着吃免费午餐、穿免费衣的人们，最终只能是付出连本带利的更大代价，却也终究落得个一事无成。

儿子你要记着，美好世界是靠那些全凭自己双手努力劳作的人们打造出来的。一个人要想快乐地活在这个世界上，他就必须得在自身和外界创造出一些足以使生命和死亡都有尊严的东西。

——————疼爱你的爸爸

洛克菲勒见证智慧的小事迹

父亲不同

对于洛克菲勒的一生，人们的评价各不相同，有人说他抠门，有人说他节俭。那么这位名噪一时的全球首富究竟是抠门呢？还是节俭呢？看看下面这则关于洛克菲勒父子的故事，相信大家就很清楚了。

一天，老约翰·D·洛克菲勒到一家酒店去住宿，当他走到前台对那里的服务员说："请帮我开个普通标准间"的时候，这家酒店的老总正好从那里路过，老总一看是"石油大王"洛克菲勒，又听说他要住普通标准间，就禁不住走过来，对洛克菲勒说：

"先生，我们这里的套房非常华美舒适，棒得很呢！您难道不享用一下我们的套房吗？"

"哦，谢谢您的好意，不过我不需要，标准间就可以了。"老约翰·D·洛克菲勒微笑着回答说。

酒店老总越发感到困惑，于是他说："洛克菲勒先生，您那么有钱还在乎住个套房吗？况且，您儿子每次来我们这里也是住套房呀！"

老约翰·D·洛克菲勒听后毫不在意，仍然笑着回答道："哦，是吗？这一点儿也不足为奇呀！因为我们两个人的父亲不同呀。约翰·D·洛克菲勒（小约翰·D·洛克菲勒，即洛克菲勒的儿子）的父亲很富有，而我的父亲却很穷。"

第三十封
各为所用，各尽其才

经典格言：

1. 最能够创造价值的人就是彻底投身于自己最喜欢的事业中的人。
2. 不把自己的好恶当做评选人才的基准。
3. 忠于自己会使得自己获得人生中最伟大的胜利。

November 17，1912

亲爱的儿子：

约翰！

收到你的来信，我感到非常兴奋，因为在你的来信里，我知道你已经掌握了那门一直助我成就宏功伟业的做事哲学了。

“兴趣是最好的导师，做你喜欢做的事，其他的事，就交由对这件事感兴趣的人去做吧！”哦，这真是一句绝妙的话。

我自己的做事风格就是做自己喜欢做的事情，这已经是我头脑里形成的一个不容置疑的定论了。这个定论时时都在给我敲响警钟，要我明白要想领导部属出色地完成任务，就绝对不可以依靠那些条条框框的管理技巧，而是要凭借一种特殊的高效能宏观模式。

说得具体一点儿，就是要打破刻板拘谨的条框式工作方式，想尽一切办法让雇员们能够发挥个人的特长并且能够将诱发他们的工作热情，利用每个人的长处去造就绝佳的生产力。这就是我赢得成功的最佳途径。

在我上学的时候，我就记住这样一句话“最完美的人就是彻底投身于自己最擅长的活动中的人。”后来，我结合自己的切身经历和想法将其改变为我的一个重要的管理定理：“最能够创造价值的人就是彻底投身于自己最喜欢事业中的人。”

我曾经说过，每个人的天性都是忠于自己的，谁都渴望能够成为那个自己想要成为的英雄，而实现忠于自己目标的方式就是做自己喜欢做的事。但是，很遗憾，许多领导者并不看重雇员们自己所喜欢做的事，他们无视人之本性，结果只能是事倍功半。

这个道理很好解释的，试想，倘若你将时间投放到你不喜欢的事情上，甚至是厌恶的事情上，那么你的精神上、肉体上就根本不可能得到自我满足；而你得不到自我满足就会失去生活热情，失去生活热情就会失去工作动力。你期待一个失去工作动力的人去做出杰出的工作，那真是好笑，就如同期待一个坏掉的闹钟准时报时一样滑稽。

因此，我从来都不会忘记给予部属忠于自己的机会——点燃他们的工作激情，让他们将自己的特殊才能发挥得淋漓尽致，而我自己从中收获的是财富与成就。忠于自己会使得自己获得人生中最伟大的胜利，有谁会放弃这样的机会？

要想成功地利用部属的才能或者是工作热情，你就必须得了解一个领导者的职责不在于发现部属的缺点，关键的是发掘并利用部属的优点和特殊才能。我不习惯于挑剔部属的缺点，恰恰相反的是，我非常热衷于发现他们的优点和才干，而且一旦发现了他们的才能就会给他一个充分发挥的舞台，激发他们的工作热情，让他们彻底将自己的优势展现在工作挑战和需求上。我重用阿奇博尔德先生正是这一道理的最好见证。

同那些自高自大的领导者不同，我从不以自己的好恶来当做评选人才的基准，我用人从来不看在他的头顶上有着怎样的耀眼光圈，我更看重的是他在工作中所表现出来的才能。同所有人一样，我也喜欢自己所喜欢的东西，但是，与其他人不一样的是，我更喜欢效率。

儿子，正如你所知道的那样，阿奇博尔德先生绝非是个完美的人，他跟我有着极大的反差，我是个严格的禁酒主义者，而他却是个嗜酒如命的酒徒。但是我更看重的是他非凡的领导才能，毫不夸张地说，他是个天才领导者，他头脑机敏灵活又是个极为乐观幽默的人，他过人的口才以及英勇好斗的精神是在激烈竞争中取得胜利的最大保证。因此，我在和阿奇博尔德先生由对手变成合伙人之后，一直对他抱有浓厚的兴趣，我不断地提拔他、重用他，直至最后将他提携至接替我的职务。

他用自己的能力证明了自己确实是一名当之无愧的天才领导者。他的职业生涯有些特殊，我坚信，如果他没有那些坏习惯的扰乱，一定能够做出更加辉煌的成就。

我用人的特点就是“各为所用，各尽其才”，我乐于去寻找每一个部属身上的我所看重的价值，而不是去窥探那些我所厌恶的缺点。我能够找出每个员工最值得重视的部分，并且致力于将其优点转化为出色的工作才能，而不是去尽我所能强制性地去修改他们的缺点。正是由于这个缘故，我才会一直拥有对内能力优异、乐于奉献，对外坚不可摧的部属力量。

儿子，这个世界上没有全能的人才，你现在是一位领导者，你未来的成就就依赖于你的领导能力的发挥，倘若你的领导能力发挥好了，你就能够发挥出你所有部属的才能。你要知道，人无完人，所以你可能会在你部属的身上看到不胜枚举的缺点，但是，你要想让其成为放光的金子，你就必须得忽略他们身上的缺点，专注地去发掘他们身上的潜在优点。你要注意到他们注重细节的优点以及为将事情做得更加出色的近乎苛求地追求完美的坚持。正是从这一点一滴中挖掘每个雇员的优点，这才是你领导能力的优势所在。

无论一个人的能力有多大，他都不可能独自主宰一个庞大的集体。我承认领导者在一个集体中是有着巨大的作用，但是就整体而言，要想获得胜利却不是凭一己之力来完成的，只有团结一致的集体才能够取得巨大的胜利。我所取得的任何荣誉或者成就都绝对不是我个人取得的，所依靠的力量正是集体的巨大力量。只有众人共同付出努力，才能够期待奇迹的发生。

儿子，就祝你好运吧！爸爸相信你能做得更好。

——————疼爱你的爸爸

洛克菲勒见证智慧的小事迹

只需会意，不需言传的夸奖

约翰·D·洛克菲勒很少在公开场合下夸奖或批评自己的职员，他总是以身作则或者是通过暗示的方法督促职员上进，他总是会将他的职员引向积极向上的一面，激发他们追求卓越的激情。一旦职员获得他的充分信任，他就会尽最大可能地赋予他们自由权限。不出什么重大纰漏，他一般是不会干涉职员工作的。

洛克菲勒一直有一个提拔职员的最佳准则——一旦觉得他们具备必要的素质以及相关能力了，就将他们带到深水边的岸上，一把将他们推下水里，然后听凭其自己努力，要么挣扎上岸，要么沉入水底。

这条准则是洛克菲勒从年少时期经历老比尔（洛克菲勒的父亲：威廉·洛克菲勒【WilliamAveryRockefeller】人称“大个子比尔”）在奥瓦斯科湖上教育自己儿子的方法上得来的。正如老比尔坚信自己的儿子会成功一样，洛克菲勒也坚信他的职员们能够成功。

洛克菲勒本人做事就极为细致详尽，一直都是个追求完美的完美主义者，而他也正是用自己的完美主义观点时时激励着他的职员们，焕发他们狂热的工作热情。洛克菲勒这种事事追求卓越的精神使得他时刻保持清醒，他总是精益求精，他一生中所写的几十万封商业信件都是经过他不厌其烦地一再修改过的，篇篇都是措辞精炼、言简意赅的经典。在每次给助手口述过信件内容后，他总要仔细地查阅、修改五六遍，直至最终确信再没有任何一个多余的词句了，同时确保收信人能够清楚地得到他所想传递的信息后，才工工整整地签上自己的姓名。据他的一位高级助手回忆说：“我曾经见过他连续在几百份文件上签字，次次都是认认真真、工工整整地签，好似是在雕刻一件件精美的工艺品一般。”

洛克菲勒这种凡事追求卓越的精神成了每一个标准石油公司职员的精神养料，许多职员到后来都成了公司的一级职员，同时更是洛克菲勒打败竞争对手的强有力的武器。

第三十一封
钱为我用，钱有所值

经典格言：

1. 倘若还没有想好如何走到最后一步，
   千万不要贸然迈出第一步。
2. 让每一分钱都要显示出它的最大价值。
3. 我没有理由去浪费自己的时间，因为时
   间就是生命，浪费生命就是在糟践自己。

June 21，1914

亲爱的儿子：

约翰！

你应该也听说查尔斯先生永久地同我们作别了的消息了吧。这个消息的确是个噩耗，我听到后感到无比难过。可以说，查尔斯先生是上帝最忠实的子民，他一生为人乐善好施，是个和善的富商，他总是将自己辛勤赚得的金钱无私地捐赠给那些处于贫困交加中的同胞们。我坚信仁慈公正的上帝会在花团锦簇的天堂上微笑着迎接这位仁爱无私的子民的。

能够同最真诚的灵魂做伴，那将是上帝赐给的莫大福气。我能够同查尔斯先生一起共事，就是在享受这样的福气，我觉得那是我一生的荣幸。当然，正如你所知道的那样，我的性格中有几分冒险，而查尔斯先生的性格却是谨言慎行占主导，因此我们之间也常常会发生一些口角龃龉，不过，这丝毫不会影响到我对他高尚人格的敬重。因为我明白，抛掉对高尚人品的人的敬重，就等于是丢掉了自己做人的尊严。

当初，标准石油公司的最高管理人员每天都有一个共进午餐的习惯。那时，每当进午餐的时候，我都会把象征着公司核心人物的座位留给他，尽管那时我已经是公司的一把手了。这样做只是为了向他表示我对他正直人品的敬重。当然，这并不是什么新奇的事，高尚的人品本就该受到别人的尊敬。对于整个公司而言，这也仅仅是个小小的细节而已。但是，就是这个小小的细节却起到了“蝴蝶振翅的效应”，它带动了整个公司的风气，最终影响公司的成绩。

说实在的，我可以很肯定地说，标准石油公司的合伙人们没有一个是不正直的。我们每个人的心里都清楚大家彼此敬重、相互信任、团结一致对于合作的贵重，所以我们在努力将其达到最好。这样一来，公司里即使是出现一些分歧，我们也都会直言不讳地说出自己的观点，我们就事论事，从不钩心斗角、挑拨是非。我们坚信，在这样纯洁的工作氛围下，即使是居心叵测的人，也会将他那算计他人的想法扼杀在摇篮里。

但是，你不要认为这就是标准石油公司令强大竞争对手敬畏的唯一原因了，我告诉你，那只是其一，而真正重要的因素则是我们视精诚协作为生命的做法。在这方面，查尔斯先生堪称模范。

在一次重要的董事会上，身为公司领导者的我真诚地对大家提出倡议："伙伴们，我们难道不是一家人吗？我们同荣共辱、同甘共苦，我们一同用自己强有力的臂膀托起了我们共同的事业，这不叫一家人又叫什么呢？所以，我倡议大家不要说'我应该怎样做、做什么'而要说'我们应该怎样做、做什么'。我希望大家不要忘记，我们是合作伙伴，我们有着共同的利益目的，不管我们做什么，都是冲着这个共同的利益目的来的。"

我简短的发言触动了查尔斯先生的心弦，他首先回应了我的倡议："对！先生们，约翰说得很对，他的意思是告诉我们，比起'我'来，'我们'更有意义，对的，就如约翰所说，我们是一家人！我们应该说'我们'！"

就在那一刻，我已经瞻望到了我们宏伟的未来前景。你要记得，人人自私，每个人的天性中就有一种忠于自己的观念，"我自己"是每个人心中没有界限的宗教信仰。而一旦"我们大家"取代了"我自己"的位置，它所诱发出的力量是无法估量的。我的巨大成就，首先要归功的就是我善于经营人、经营所有人的能力。

查尔斯先生与我都是虔诚的基督徒，我们有着共同的信仰。查尔斯先生最喜欢的一句格言，也是我所喜爱的经典话语，那就是——珍惜时间和金钱。在我看来，这句话已经上升为聚集着伟大智慧的箴言了。我可以确信，它会受到不少人的钟爱，但是，很少有人能够将其真正转为自己的价值信念、思想教条，更少有人能够将其浸入自己的骨髓里。

当然，不管一个人积累了多么丰富的箴言妙语，也不管这个人对事情的见地有多么深远，倘若他不能将其很好地运用于现实生活中的行动里，他的性格也终不能受到其良好的影响。那么这些箴言妙语也就毫无意义，就如同一颗颗名贵的珍珠散落在了鸡窝里。

几乎是所有人都知道，如何利用好自己的每一分每一秒时间都与自己能否构筑幸福生活，能否走向成功息息相关。但是，在许多人的眼里，时间不是他们的伴侣而是敌人，他们消磨时间，企图抹杀它；他们又是极为霸道的，倘若有谁偷走了他们的时间，他们就会暴跳如雷，因为他们也明白时间就是金钱的道理，而且更重要的是，时间还是生命。但是，遗憾的是，尽管他们知道时间的宝贵，可是他们却不知道如何去利用时间、掌控时间。

实际上，利用、掌控时间并不比哥伦布发现美洲难。关键是需要我们去计划每一天甚至是每一刻的行动，要知道自己该思考什么又该怎样将自己的想法付诸坚实可靠的实践行动。计划是我们抓住时间的重要依据，它可以在你的脑海里显示出你该做什么，不该做什么以及该怎样做。而要制订周密详细的计划，首要任务就是得确定自己的目标，即自己想要什么；其次，要考虑到实现每项计划所需要必备的措施，最后，还要想到监督成果的方法。你要记住，只有那些能够付诸实际行动，并最终取得成果的计划才是真正有价值的计划。而在这个过程中，丰富的想象力和创造力以及自发的精神和信念是可以化腐朽为神奇，化不能为可能的，而且这些东西会突破计划限制，创造出更加有价值的结果来。因此，你没必要囿于自己的计划思路。

在我们漫长而短暂的一生中，每一时刻都是关系到人生成败的节点时刻，我们所作出的每一个决定都会关乎我们的生命历程，所以，我们一定要有下决心的详尽策略。决心不宜下得太快，否则容易出现纰漏或谬误。遇上了重大问题，倘若还没有想好如何走到最后一步，千万不要贸然迈出第一步。要坚信，思考问题的时间总是有的，付诸行动的时间也是足够宽裕的，一定要保有促进计划趋向完美的耐心。不过，一旦下定决心了，就一定要有斗牛士的那份坚韧精神，忠实地去将自己的决定付诸实践。

查尔斯先生一生的致富圣经就一句话：赚钱不会让你沦为破产者。我还记得，在一次共进午餐的时候，查尔斯先生大方地公开了他的赚钱哲学，那天，他有着最负盛名的演讲家的神情，他就是那样激情满怀地演讲了他那段简短精练的演讲词，那真是最富激励意义的一堂课呀，我们每一个人都受益其中，他对我们说：世界上注定就是穷光蛋的人有两种：

第一种是及时行乐的人，这种人只喜欢过光鲜亮丽的奢华生活，他们对奢侈品的喜爱就如同苍蝇对臭肉的喜爱一般，他们只知肆无忌惮地挥霍家资，毫无节制地购买华美的服饰、昂贵的品牌汽车、豪华的别墅以及天价工艺品。这种人活得的确外表迷人，但是，在这种迷人的生活下掩盖的是缺乏理性的灵魂，但是这种人根本就没有警惕到，这样的生活方式只能是给他们增加负债负担，这种负担最终会将他们置于房奴、车奴、奢侈品奴的境地，等到他们破产的时候，一切“好东西”都成了华丽一时的肥皂泡了。

而第二种人则是喜欢将钱储存起来的守财奴，的确，我不可否认，将钱储存到银行大楼的保险柜里是很安全的，但是，那跟将钱冰封起来有什么区别呢？要知道，微薄的利息不会让你发财，你的资金却在为别人生财。

而与之相比，有一种人是必定要成为富人的，就如今天在座的诸位。我们寻找的是生钱的方法而不是花钱的途径。我们知道财富是可以继续为我们创造财富的，即钱是会生钱的，因而我们不断地在培养、历练自己的种种投资手段，好将我们手里的钱投资出去让它们继续为我们创造更多的财富。很好，先生们，你们做得很好。但是，今天，我想告诉大家的是，每一分钱都是可以带来效益的。正如约翰一贯遵守的经商原则——让每一分钱都要显示它的最大价值。

不用说，查尔斯的这番颇具哲理的演讲赢得了热烈的掌声，我当时更被他的这席话点燃了内心激情的火焰，我猛烈地拍手，以致那顿午餐过后，我的两只手掌还在隐隐作痛。

如今，我们再也没有机会听到那种激烈的掌声了，也没有机会再用力地为他鼓掌了。但是，这句至理名言“珍惜时间和金钱”会与我终生相伴的。我没有理由去浪费自己的时间，因为时间就是生命，浪费生命就是在糟践自己，而在我看来，这个世界上人生再大的悲剧也不过如此了。我从不把安逸和享乐看做是生活的真谛，因为那在我眼里是猪的愚蠢理想。

——疼爱你的爸爸

洛克菲勒见证智慧的小事迹

服务员与亿万富翁的区别

财富的积累讲究个滴水穿石，正所谓“积少成多，万涓成河”。许多人之所以不能致富很大一个原因就在于他们习惯于乱花钱，而且通常都是一些不必要的开支，这是一种导致贫穷的坏习惯。而富有了乱花钱则是败家的根本，正所谓“勤俭商家延后代。”

美国“石油大王”洛克菲勒一生勤俭节约，虽身价亿万，可是却惜金如命。

一次，洛克菲勒到一家常去的餐厅去用餐，他之前到那里就餐的习惯是给服务员15美分的小费，但是那一次却不知是何原因仅仅给了服务员5美分。那服务员一看比以往的少了10美分，于是便抱怨道：“倘若我像您那样富有的话，我绝对不会吝惜这10美分小费的。”洛克菲勒听后笑着对他说：“正是因为这样，你才会一辈子只能当服务员而不是一位成功者。”

第三十二封
补精神食粮，育高尚灵魂

经典格言：

1. 拥有充盈的头脑，就永远不用担心没有足够的食物使得身体充实。
2. 伟大的书籍就是茁壮的智慧树，伟大的心灵之树。
3. 希望我们都能学会既聪明又谦逊，既谦逊又聪明吧！

August 1，1914

亲爱的儿子：

约翰：

正如我们生理上会产生饥饿感一样，我们的精神上也会产生饥饿感。但是人们往往忘记及时给他们的精神补充营养，使得他们的精神饿得虚脱，仅仅是偶尔想起才补充一点，但人们却一顿也忘不了给他们脖颈下的身体补充食粮，还振振有词地说不补精神食粮是因为没时间，纯属借口！

我的看法可能有些悲观，我觉得我们现在所处的年代正是一个无节制满足脖颈以下的食欲却忽视脖颈以上的精神需求的年代。实际上，你常常会听到人们大声地叫喊：啊，吃午餐是件大事情，我们不能漏掉一顿。但是你却很少会听到有人叫喊：啊，心灵饥渴是件大事情，我们要时时补充精神食粮。难道现在生活中的每个人都是圣人，每个人的精神都很富足吗？实际情况显然不是那样。

我们生活的这个人世间，你到处都可以看见精神空虚的人，他们的精神已经饥饿到了极点，他们时时都生活在沮丧、悲观、消极、失败、忧郁中，他们的心灵迫切需要滋养和补充，但是，他们却都几乎无视他们心灵的召唤，任由心灵之灯的火光黯淡下去。

倘若空无一物的头脑能够像饥饿的肚子一样随便添补一些东西就能够让主人满足的话，那就好了。但是，事情远远没有那么简单，人们还往往要受到心灵空虚的惩罚。

心灵，一个人的主要核心，那是我们真正的小家园，我们的好与坏与她的抚育有着莫大的渊源关系。因为时间女神放入这个家园里的每一件东西都是有一定的意图的，也许会对你的未来有所毁灭，降低你未来的成就可能，例如消极；也可能会使为你的未来有所准备，造就你未来的伟大成就，例如积极。

每一个登峰造极或者是即将登峰造极的人都是乐观积极的，之所以积极，是因为他们总是定期用良好、清洁、有力的精神养料补给心灵。儿子，就像每天都要用食物补充身体营养一样，他们每天也不会忘记给自己的心灵补充精神食粮。他们明白这样一个道理：倘若拥有充盈的头脑，就永远不用担心没有足够的食物使得身体充实，而且还不用忧愁老年的财务问题。

一个人总要真正地找到自己的心灵家园，才不至于让自己处于流浪街头或者是沦为乞丐。首先，最重要的是，千万不要将自己的心灵出卖，即使是要出卖自己的心灵，也一定要出卖给自己。我们要接纳自己。我们要知道，上帝是按照自己的心意创造人类的，人的地位仅次于天使。上帝在造人的时候不会设定关于年龄、学识、性别、胖瘦、高矮、肤色以及其他任何表面上的限制，他也没时间创造无用的人，也绝不会忽视他所造的每一个人。其次，我们还需要培养积极乐观的心态。

我在两年前的时候，曾经与大心理学家卡尔·荣格先生不期而遇，他当时为我讲了一则小故事：

说有一个积极乐观的人遇上了洪水淹没窗子的天灾，他不得不爬到屋顶上避难。他的邻居中有一个悲观消极的人漂浮过来哀伤地对他说：

“唉，我可怜的约翰，你难道不觉得这次的洪水真是有些令人生畏吗？”

“哦，不，我并没有觉得它怎么坏。”

那位悲观的邻居听后不禁吃惊地问道：“哎呀，我可怜的约翰呀！你怎么还能觉得这不怎么坏呢？难道你还不知道你的鸡舍已经被这场大水冲毁了吗？”

约翰说：“哦，我亲爱的先生，对！你说的很对，我的鸡舍是被冲毁了，但是，就在六个月前，我已经开始养鸭子了，现在这些可爱的小家伙们正在附近游泳呢。一切都还是蛮好的。”

“可是，约翰呀！你难道没有想到这次的洪水会毁掉你的庄稼吗？”悲观的邻居试图让约翰看清楚究竟发生了什么。

但是约翰却回答说：“哦，不，先生，并不是那样的。我的庄稼正缺水呢？就在上周还有好心的人儿告诉我，需要给我的田地浇灌些水呢，你看，现在问题解决了，我都没用动手，难道不是好事情吗？”

愁眉苦脸的悲观邻居再次对满脸堆满笑容的约翰说：“但是，约翰先生，你看，大水还没有要停下来的意思，它就要上涨到你家的窗户上了。”

只见约翰笑得更加开心了，高兴地说：“哈哈，这正是我所期望的呢！我家的窗户已经太脏了，实在是需要尽快清洗一下了，你看，这下问题解决了，又省下我不少工夫。”

也许这听起来就像是个笑话，但是，这显然更是一种为人的哲学，是一种以积极心态应对纷繁杂沓、跌宕起伏的现实生活的高境界。一个人一旦达到这种境界，哪怕是遇上天大的困境，他的心灵也会自然地流露出积极的反应。孩子，要想达到这种境界，我们只能充盈自己的心灵，饱满自己的精神。

我们每个人都是可以改变或者是被改变的。荣格先生告诉我说，只要将一个人头脑里的词汇改变，就可以改观他的收入、改善他的生活，甚至是改变他的人生。例如说，要从你的头脑里剔除掉“恨”字，你要忘记这个词汇的存在，然后通过书写、感觉、记忆“爱”字来抵消这个词汇的存在。当然，要想移去或者是取代一个字，是不可能“连根拔起”的，那几乎就是一个永无止境的一个过程，但是，我们的心灵却在每一次的移去或者是取代过程中得以净化，使得我们变得越来越积极。

我们的心灵是依靠供给她的东西而作转变动力的。所以说，放进我们心灵的东西对我们来说是极为重要的，尤其是对我们的未来尤为重要。而现在最重要的一个问题是，要如何喂养我们的心灵，要如何去找寻我们的精神食粮。

我不知道你是否听说过，伐木者的产量下降仅仅是因为他没有时间去磨利他的斧头。我们常常就如那个愚蠢的伐木者一样，只知道花费大量的金钱和时间去装饰我们头脑外面——剃胡须、理头发，但是我们却常说自己没有时间和金钱去装饰我们的头脑内部。孩子，难道这是没有必要的吗？不，显然是大有必要的。

那我们要如何找到精神食粮呢？实际上，精神食粮随处可见，比如说书籍。那些经由伟大心灵碰撞而成的智慧结晶，没有哪些不是充盈我们心灵的精神食粮，它们就像古圣贤为后代子孙们竖立的一盏盏指路明灯，我们可以随意地去挑选我们想要的一盏。孩子，伟大的书籍就是茁壮的智慧树，伟大的心灵之树，我们将会在它们之间得以重塑。希望我们都能学会既聪明又谦逊，既谦逊又聪明吧！

当然，我并不提倡你读那些文字商人们纯属盈利目的的书籍，因为他们的书籍就如同瘟疫，他们是在散步无耻的邪念、讹误的消息以及他们自负的愚蠢想法，他们的书只能是那些庸俗浅薄之辈的解闷读物。而我们所需要的是能够给予我们力量，让我们的行动更加有信心，能够将我们的思想提高一个高度，将我们的人生推上一个新的阶层以及引导我们好善乐施的书籍。就像《奋力向前》，这本书籍就是一部涤荡我们灵魂、激荡我们生命激情，激发我们生活热情的伟大著作，我坚信，美国人民都将会因为它的诞生而得到心灵安慰，并且会被它呼唤出自身最积极的力量，这种力量正是帮助我们抵达成功境界的契机，我甚至还相信，倘若有谁与这部宝贵的书籍失之交臂，那么他就很有可能与伟大的人生失之交臂。我希望我的子孙们都能够读到这部伟大的书籍，因为它将会为我的子孙们开启幸福之门。

儿子，那种受到定期滋润与强化而日趋旺盛的驱动力正是引领人们登上人生巅峰的纯动力。你看看那些成功的人，他们无疑都认知到，巅峰的空间是很大，但是没有足够的空间供人在那里驻足停留。他们都知道，心灵如同身体一样，需要给予定期的养料去喂养，所以他们往往能够连同身体和精神一起照顾到。

约翰，再强大的力量也不能够阻挡我们回归心灵家园的路，除非是我们自己。儿子，让心灵之光照耀我们前进的道路吧！

——————　疼爱你的爸爸

相关链接

《奋力向前》

作者简介：奥里森·马登（1848–1924），是美国成功学的奠基人，《成功》杂志的创办人。马登自身的人生经历就是一部穷孩子通过自己的努力奋斗取得成功的典范。他出生在美国新罕布什尔州的一个贫瘠山区里，3岁时失去母亲，7岁时失去父亲。身为孤儿的他只能寄人篱下，可是生活的磨难阻碍不了他好学的心。在他14岁那年读到了英国人塞缪尔·斯迈尔斯的《自己决定命运》，从此便走上了自我教育、自我成就的道路。

曾经影响美国两任总统及千百万读者的成功学大师拿破仑·希尔全曾评价马登说："我几乎读过马登的所有著作，是他促使我发展了积极思想的生活哲学。在我看来，马登与梭罗、爱默生、卡耐基一样都是伟大的作家，他们又同为各级思想的倡导者。"

内容简介：《奋力向前》之所以会被后人称为"最伟大的励志书籍"，当然是名副其实的。书中总结了自古希腊以来诸多成功人士的事迹，为数以万计的青年朋友们提供了极富有教育意义的借鉴。其中包括一个人应该如何把握机遇，如何选择适合自己的工作，如何利用时间，如何提高自己的修养等方面的内容。《奋力向前》分为上下两卷，篇幅浩繁。毫不夸张地说，关于一个人怎样才能取得成功的方方面面都在该书中有着极富启迪性的描述。书籍中的字里行间都充分洋溢着催人奋进的激情。书中大量地引用了人物传记和佚事资料，使得该书籍真正达到了高调思想和生动故事的完美结合，让人百读不厌，余味无穷。

第三十三封
不贪不发，利益是本

经典格言：

1. 要让自己心中的每一个念头都服务于我的利益动机。
2. 只有自己才是自己生命的重心，也只有自己才可以抉择什么适合自己。
3. 康庄的命运之道是靠自己的双手去开创的，只有那些自己内心里真正强烈想要得到的东西才能够激发出我们获得这件东西的潜能。

May 6，1918

亲爱的儿子：

约翰！

我从未理会过那些说我贪心的人们。

这么多年来，我从未把这句话当做是褒贬之词，而是在用心享受着这个在别人眼里并不怎么美好的“赞语”——贪心。我感觉它对我来说是一份特别的礼物，是很有意义的一句颂扬之词。它最早来源于我的事业如日中天的时候，当时，洛克菲勒的称呼已经不再仅仅是一个人的代号了，它是一个财富的象征，更是一个庞大的商业帝国的代表。

我依然记得就是在那时，许多人、许多家报社都给我以这样的“赞语”。我听到或者是看到这样的“赞语”并没有感到紧张或者是有些心跳加快，尽管我很清楚这样的“赞语”对我来说无非是泼脏水而已，我知道他们无非就是想在我所建设的商业大国上涂抹上一层令人厌恶的铜臭气息罢了。

但是，我更清楚的是，每个人的本性中从一开始就潜藏着一种巨大的力量在掌控着他们的一言一行，这种力量丛生于能力匮乏和意志薄弱之地，它就是忌妒。当你超越了他们之后，他们就会嫉恨你的一切，内心里就会自觉不自觉地产生出一些毁谤、污蔑你的话来诋毁你、指责你，甚至不惜编造谎言去达到他们这一卑劣目的，而且他们还要在你的面前装出一副高傲的表情来蔑视你。其实这恰恰正透露出了他们内心的空虚。更好笑的是，当你生活得不如他们的时候，看到穷困潦倒的你，他们又会毫不顾忌地嘲笑你，讽刺你无能，讥笑你愚蠢，甚至会贬低你的人格，让你连最基本的做人尊严都没有了。儿子呀，这就是丑陋的人之本性呀！

上帝并没有给我下达改变人之本性的命令，也没有赋予我那样的才能和权力，因此我也没有那些闲心去阻止那些“恭维”我贪心的人们诋毁我，我所能做的就是让那些妒忌我的人继续繁衍他们的忌妒毒疮吧！尽管我很清楚，要是我将自己所创造出的大笔财富拱手送给那些“恭维”我的人们，他们定会咧着嘴、眯着眼地将他们的“赞语”带走，但是，天神告诉我不能，我想除非是受到了什么魔法的诅咒，否则的话，没有任何一个人会那样做的。

真正的绅士是永远不会同那些无知的人们做任何辩论的。当然我也不会同那些忌妒者们做任何争辩的，不过对于他们的愚蠢行径我是不免会有一些鄙视的。当我们冷静地追溯人类历史的踪迹，我们就不难发现，没有一个人类社会不是建立在贪心之上的。试问有谁对那些美好的东西不生爱慕、贪得之心？有谁不想独占自己甚至是他人所需要的一切？

世上绝不存在不贪心的人的。倘若你有一颗橄榄，你就一定会想整株橄榄树都归你所属。我在这个世界上已经行走了将近80年了，在这期间我见过不会吃牛排的人，可是却从未见过不贪心的人。尤其是行走在商界之道上，隐藏在功利、拜金身后的就是一个词——贪心。儿子呀，我坚信，即使是到了未来的社会里，不贪心的人也依然是世界上的稀有者。试想，有谁能够消灭掉自己内心对美好事物的追求欲和占有欲呢？

阿奇博尔德先生曾奉承我说：“洛克菲勒先生是可以闻得到终点线青草香味的赛马，而且是一旦嗅到了那种味道就会全速冲刺的那种烈性马！”其实，在我的内心里我的确早已经给贪心定好位置了。

我依然还记得我上商业学校时候的一位老师说过的一句话“贪心不是件坏事，它没有什么不好的，每个人都是可以有贪心的。有贪心才会有希望！”正是这句话改变了我的命运。

我还记得当老师在讲台上讲出这番极具煽动性和刺激性话语的时候，坐在讲台下的同学们都为之哗然了。因为在大家的内心里“贪心”一词的褒贬意义已经根深蒂固，只要一想到这个词的含义是违背大家从小接受的融合着宗教精神、社会伦理、政治法律规章等各个层面的道德观念的，大家就会觉得不可思议、难以理解。因为在道德标尺的衡量下，这个词无疑就被打上了肮脏的烙印。

可是，等到我们真正地步入社会，踏上了创造财富的征程之后，我们才能够深刻地体会到，我们花学费学到的那些看似违背道德的东西是很值得的。我们不得不佩服老师的观点别具洞见。正如那些演化学家们所告诉我们的那样，自然界并不是一个怜悯弱者、没有私欲的地方，而是一个弱肉强食、适者生存的地方，而我们所生活的这个社会也是依从这样的规律的。倘若你不贪心、不强大，那你就很有可能会被别人吞噬掉了，毕竟美味的甜点并不是处处都有。

儿子呀，我的经验告诉我，倘若你想要创造财富、取得成就，编织自己非凡的人生，那么一句“贪心不是一件坏事。”已经不是可以解决问题的了，替代这句话的应该是“贪心大有必要！”

换言之，贪心其实就是我想要和我想要得更多，甚至是独占更好！试想，有谁的内心里不曾发出过如此的呐喊？执政者会告诉自己，我要掌握更大的权力，从州长直到总统。经商者会告诉自己，我要赚更多的钱，越多越好。当父母的会告诉自己，我要让自己的孩子日子过得更好、工作更有成就。像这样的例子数不胜数，他们出发点不同，但是诱发他们的出发点的根源都是一样的——贪心。大家都有贪心，只是出于顾及尊严和道德言论而给贪心裹上了厚厚的一层装束罢了！

实际上，只要这个世界不毁灭，这个世界的追名逐利秩序不打乱；只要幸福不会变得像阳光、空气这些天赐物一样唾手可得，人类就不会抹杀掉自己的贪心。

那些喜欢“扒粪”①的人们，总是把贪心看成是诱导人们自私品行的恶魔。可是在我看来打开胸腔放出我们的贪心，并不同于潘多拉打开的魔盒②。我认为，

---

①扒粪运动：19世纪下半叶，控制美国经济命脉的经济巨头为了巩固垄断地位，对内根本无视员工利益，对外以迫害公众利益作为重要赚钱手段，奉行所谓“只要我能发财，让公众利益见鬼去吧！”的经营哲学，引起了社会公众舆论的强烈不满和抨击，出现了2000多篇揭露实业界丑闻的文章，形成了近代美国史上著名的“扒粪运动”。

②潘多拉（Pandora，也译作潘朵拉），希腊神话中火神赫淮斯托斯或宙斯用黏土做成的地球上的第一个女人，作为对普罗米修斯盗火的惩罚送给人类的第一个女人。众神亦加入使她拥有更诱人的魅力。根据神话，潘多拉出于好奇打开一个“魔盒”，释放出人世间的所有邪恶——贪婪、虚无、诽谤、嫉妒、痛苦等等，当她再盖上盒子时，只剩下希望在里面了。

释放出我们内心的贪心就是释放出了我们生命中的内在潜能。我从一个一周只有5美元的小簿记员走到今天这个全美国最富有的人的地位正是在贪心的引导下实现的。贪心可以勾出我们心中的希望，推动着我们去挖掘自身的创造财富潜能。它所具有的是推动社会演进的强大动力，推动我们前进更是不在话下了。

说到这些我用贪心一词形容的内心感觉，你可能会觉得我将贪心一词换做是雄心、抱负会更加受听一些。但是，孩子呀，我们就处在一个到处都存满贪心的世界里，我必须得真切地让你看到这个世界的本真面目，而要让你清楚地看到世界的本真面目就不能够用那些看起来很华美但是很不实际的词来向你讲述。

在同山姆·安德鲁斯先生协作创办石油公司之初，我的贪心就已经在膨胀了。每天我都在暗示自己要将自己历练成科利佛兰最大的炼油商。每天晚上睡觉之前我必做的一件事就是重复一遍那个在我心里跳跃了很久的想法——要将汩汩流淌的石油转化成一沓沓钞票。要让自己心中的每一个念头都服务于我的利益动机，让这些念头扶助我走向石油大王的宝座。在那段最初的创业日子里，我事必亲为、劳碌终日。亲自指挥炼油，亲自组织石油运输，还要时时想着将成本降到最低又不会波及石油的质量的方法，探索着扩大石油副产品市场的渠道。即使是到了今天，我也依然清晰地记着那段劳苦奔波、忍饥挨饿的日子。

儿子呀！康庄的命运之道是靠自己的双手去开创的，只有那些自己内心里真正强烈想要得到的东西才能够激发出我们获得这件东西的潜能。成败之间的差距并不是像人们所说的那样，仅仅差一念而已，那是要看谁的贪心更加强大。只有具有了强烈贪心的人们，才能够焕发并利用自己的全部潜能，而只有发挥运用了自己的全部潜能了，我们才能够超越自己。我在每前进一步的时候，都能够感应到自己强烈的贪心鼓动！贪心不仅能够发掘出一个人的全部潜力，同时还会逼迫着一个人为了全速前进而献出自己的一切。

曾经有许多人都问过我同一个问题——是什么在支持着我走上了财富之巅？我很想对他们说出那个真实的答案：贪心。但是我无法直接向他们说出这些，因为“贪心”是一个为人们所不齿的词。不过，实际上支撑我走向一代豪富地位的东西就是我无时无刻不在膨胀的贪心。

其实每个人的内心里都贮藏着一位活泼、灵敏、存满力量的贪心女神。可是，只有你去热爱她，狂烈地追求她，她才会跳出你的胸腔，助你一臂之力。所以你要时时刻刻地对自己呐喊：“我要贪心，我要强烈的贪心。”

没有任何东西可以阻止我打开贪心的枷锁，因为我向往成功。利用贪心之力扶助自己走向成功的做法并不是一种罪恶的做法。因为向往成功本就是一种高尚的追求。在我看来，在高尚追求的驱使下获得成功，所奉献给人类的东西绝对要比贫困时的多。

我自认为在这一点上，我是做得很好。看看我们今天所做出的善举就知道我说的都是实话了。我们将自己的巨额财富捐献给教育事业、医学研究、教会建设以及那些穷困潦倒的人们，绝对不是一时的心血来潮所为，更不是作秀所使。我们不是在做个人布施，而是在做一项伟大的慈善事业。我很自豪自己的成功能够给这个世界带来美好的改变。所以说我的贪心并不是什么罪恶。

就此来说，倘若那些“颂扬”我贪心的人们的目的不是出于诋毁我好慰藉他们那膨胀的忌妒心的话，我是可以很欣然地接受他们的评价的。

儿子呀，只有自己才是生命的重心，也只有自己才可以抉择什么合适自己。因为我明白这个道理，所以我从不去在乎那些无聊人们的评价话语。猥琐的人总是会将所有的事情都看得很龌龊。在有些人的眼里，我似乎永远只是一个目的不纯的商人，即使是我将巨额财富投向于惠泽民众的慈善事业，也仅仅会被他们看作是在谋划什么诡计，怀疑我的举动是出于私利。这真是可笑，但更为滑稽的是，有些人不仅无视我的公益精神，还污蔑说我的乐善好施行为是在赎罪，这可真是奇怪呀！我为何要赎罪？又是为什么在赎罪？

约翰，我很真诚地告诉你，你爸爸我从未让你感到羞愧过，我衣袋里的每一枚硬币都是干干净净的，甚至说是高尚的，因为它是我辛勤劳动所得。我的豪富地位只不过是我卓越的才能和强烈的事业恒心所得来的回报罢了。我相信上帝是最公平的法官，他会将巨额的财富赐予我，是因为他看到了我的辛勤努力。而我又能够在上帝的庇佑下财源滚滚，是因为上帝知道我会将自己所得的每一分钱都无私地返还到社会上去造福我的同胞们。

好了，不能再和你讲这些道理了，因为我读《圣经》的时间到了。哦，孩子呀！上帝，今天的夜色怎么会如此美丽！我好似听到了每一颗耀眼的星星都在对我说："好样的！约翰。"

——————　疼爱你的爸爸

洛克菲勒的成功见证

洛克菲勒财团

洛克菲勒财团【RockefellerFinancialGroup】美国十大财团之一。是以洛克菲勒家族的石油垄断机构为基础不断将势力范围扩张到美国国民经济各部门的美国最大的垄断集团，创始人为约翰·D·洛克菲勒。

洛克菲勒财团是以银行资本控制工业资本的典型。它拥有着一个以大通曼哈顿银行为核心的巨大金融网，其分支包括纽约化学银行、都会人寿保险公司以及公平人寿保险公司等百余金融机构。通过这些金融机构，洛克菲勒财团直接或间接地掌控了诸多工矿企业，在冶金、化学、橡胶、汽车、食品、空运、电讯事业等各个经济部门以及军火工业中占有重要地位。其控制的军火公司包括麦克唐纳·道格拉斯公司、马丁·马里埃塔公司（与梅隆财团共同控制）、斯佩里·兰德公司和威斯汀·豪斯电气公司

（与梅隆财团共同控制）等。

洛克菲勒财团还单独或是同其他财团一起掌控着联合航空公司、泛美航空公司、美国航空公司、环球航空公司和东方航空公司等美国最大的5家航空公司。

洛克菲勒财团从80年代以来，经济实力已经日益衰减了，地位也随之逐步下降，已被摩根财团略有所超。其主要原因是因为美国各大财团之间相互渗透，洛克菲勒财团所属的大企业（如埃克森公司）和大银行（如大通曼哈顿银行），都已经受到了别的财团的渗透而成为共同掌控的企业了。

一方面，洛克菲勒创建的标准石油公司，在巅峰时期曾垄断全美80%的炼油业和90%的管道运输业。另一方面，洛克菲勒笃信基督教，以其名字命名的基金会，秉承“造福全人类”的宗旨，捐款总额高达5亿美元。

这种看似相互冲突的精神状态，使得洛克菲勒的创业史在美国早期富豪中极具代表性——异常冷静、精明而富有远见。

第三十四封

善心未必得好报，恻隐终将陷地狱

经典格言：

1. 一定要抢在别人之前达到目标。
2. 我并不喜欢竞争，可是我奋力去迎接竞争对手。
3. 傲慢通常是走向垮台的阶梯。

August 11，1918

亲爱的儿子：

约翰！

今天，我在去高尔夫球场的路上遇见了我久违的挑战：一个年轻的小伙子傲慢地开着他那部华美时髦的雪佛兰超过我的车子。这刺激了我这个老头子的争强好胜之心，结果，我便一奋力将他远远地甩在了我的后面。这样做我感到开心极了，那就如同在商场上战胜强大对手一样激动。

儿子呀，我承认争强好胜之心是我永远也无法抛弃的天性。所以说那些评价我贪得无厌的人们的观点是错误的。实际上，我所喜欢的并不是赚钱或者是手里握有大把的钞票，而是取得胜利时的那种美好感觉。

当然了，让别人输掉的时候我不免会有一些恻隐之心。但是，儿子你要记住，虽然在这个到处都存满残酷竞争的商场上，决心将别人打垮是一种无情的做法，可是，只有你想方设法让你的敌人失败，你才能够避免惨败的结局。只要是有竞争的地方，现实就是这么残酷。

坦白地说，要想成功，牺牲别人的利益是无法避免的一个事实。而为了取得成功，你就必需战胜自己对对手的恻隐之心，在同对手“交战”的时候，切不可做好人，不发出自己的实力去攻击对手，就连拖延打击对手出局的做法都是不可取的。要知道，地狱里满是好人。失败是商战中必不可少的一个结果，你的敌人没有获得那个结果，那你就必然是那个结果的获得者。双方交战厮杀，倘若没有我必为胜者的念头，那么你就只有失败的下场。

说句实在话，我并不喜欢竞争，可是我奋力去迎接竞争对手。一旦碰上强有力的竞争对手，我心中的那颗争强好胜的心就会本能地燃烧起来，等它燃烧尽的时候，我收获的是胜利的喜悦。博茨先生曾经给我带来过强烈的这种感觉。

同博茨先生开战，是源于一个我因好心而酿成的错误。70年代时期，石油开采业都集中在宾州西北部一个很小的地方上，倘若在那里建立起一张输油管道网，将其中的各个原油井都连接起来，那么我便可以凭借一个阀门控制整个采油区的开采量，进而可以达到我一统石油行业的霸业。但是我为我的合作伙伴——铁路公司感到担心，因为我知道用管道长途运输石油一定会引起他们的不安与惶恐的。因而出于维护他们利益的目的，我一直没有实施我的铺设输油管道计划，而且很重要的一个原因也是因为他们都曾帮助过我。

可是，那个曾经玩弄过我，后又向我妥协了的宾州铁路公司却野心勃勃地想要取代我的位子，想将炼油业彻底掌控于他们的掌控之中。他们将那里的两条最大的输油管道并入了自己的铁路网，想以此卡住我们的脖子。而督建这一工程的负责人就是宾州铁路子公司——帝国运输公司的总裁博茨先生。

对于对手或者是潜在对手的实力日益增强坐视不理，无异于是在削弱自己的力量，这样的结果只能是颠覆自己的地位，我绝对不会愚蠢到那个地步。我的信仰是一定要抢在别人之前达到目标。于是，我迅速委任精明能干的奥戴先生组建了美国运输公司，和帝国公司拉开了战线，打响了自卫反击战。托上帝的福，我们的努力总算没有白费，还不到一年，我们就掌控了油区40%的石油运输业务，已经很好地压制了博茨先生的攻击。不过这并不意味着我和博茨先生之间的较量就结束了，恰恰相反，这才刚刚是个开始而已。

儿子，你要记住，在这个世界上，那些能够成功的人，绝对都是一些懂得寻找自己理想环境的人们，他们在寻找的过程中，倘若不能够如愿以偿就会去主动创造出如愿以偿的结果来。

就在那次的交手两年后，在宾州的布拉德福德又被发现了一个新的油田，奥戴先生立马带领着他的职员们扑向那个给千万人以发财梦的地方，他们夜以继日地铺设管道，终于铺到了新油田。可是那群见油眼红的家伙们疯狂至极，他们毫无节制地开采，恨不得一夜之间将地球挖空将其中的原油全部开采出来，然后大发一笔拍拍屁股走人。因而，无论奥戴和他的职员们怎样努力，都不能够满足那帮家伙的运输和储存需求。

看着采油商们自掘坟墓式地开采原油，我不想他们白费自己辛辛苦苦的努力去毁灭自己，就请奥戴转告他们，必须得缩减他们的原油开采量了，因为他们的产量已经远远超出我们的运输能力所能承载的量了，如果再这样无节制地开采下去，他们开采出来的“黑金”就会变成分文不值的黑土。可是我的善意警告对于他们来说根本就是一阵耳边风，没人将其放在心上，甚至还声讨我们居然不把他们的原油运走。

就在疯狂的布拉德福德采油商们情绪高涨到极点的时候，博茨先生向我们发起攻击了。首先，他在纽约、费城、匹兹堡并购我们竞争对手的炼油厂，准备在我们的炼油基地向我示威；然后，就开始在布拉德福德同我们抢占地盘，铺设输油管道，企图将布拉德福德油区的原油运输到自己的炼油厂去。

对于我强大的对手们，我从来都是以欣赏的眼光看待他们的胆识的。对于博茨先生当然也是这样，我很愿意接受他对我的炼油统治地位发出的挑战，不过我却是一定要将他击败的，甚至是将他赶出炼油业。

为此，我特地拜会了宾州铁路公司的大老版斯科特先生，并直言不讳地向他讲明了博茨先生的“偷猎”行为，而且也告诉了他我决心将博茨先生赶出我们领地的想法。但是，固执己见的斯科特先生却放纵着博茨先生的强盗行为。我别无他法，只能是下定决心迎接这个强大敌人的攻击。

我所采取的第一步计划便是终止一切与宾铁的业务往来，我向我的部属下达了将我们的运输业务转达给一直坚定不移地支持我们的两大铁路公司的命令，并要求两大铁路公司同宾铁展开降低运费的攻击，好削减它的力量；同时也指示所有依赖于帝国公司运输原油的匹兹堡炼油厂关闭业务；接着又号召所有正在同帝国公司展开竞争的我方炼油厂，以远低于对手的价格出售成品油。

宾铁一直都号称是全美洲最大的一家运输公司，因此斯科特先生的手里握有运输的绝对大权，他们最引以为荣的事情就是自己从未被征服。然而，这次在我的立体式打压下，他们终于打破了自己的荣誉向我俯首称臣了。

为了同我抗衡，斯科特先生不惜忍痛给我们的竞争对手巨额折扣，用一句不留情面但很贴切的话来形容他们的做法就是，他们是在倒贴钱给人家提供服务。接着，他们就使出了痛失人心的一招——裁员！降薪！可惜固执的斯科特先生和胆大的博茨先生没有想到他们使出的这一招竟无异于饮鸩止渴。很快的，他们便招致了愤怒雇员们的不满宣泄——他们的几百辆油罐车连同一百多辆机车都被付之一炬了。最后逼急了就只能向华尔街的银行家们伸出了求援之手。最终使得那一年的宾铁股东们不仅没有得到分红，连股票也一跌再跌。这就是他们同我较量的结果——口袋空空如也。

我很佩服博茨先生，因为他不愧是位在血战中摸爬滚打过的上校，他的确有着令人敬佩的坚强不屈的军魂意志，所以，即使是到了我们交战到胜负分明的时候，他还是顽强地要同我决斗下去。而同样有过军旅生涯的斯科特先生则略逊其一筹，尽管之前他一直是位独裁统治欲极强的实力派领导者，但他更明白什么叫“识时务者为俊杰”的道理，他毫不犹豫地向我低下了他那高昂的头颅，遣人向我递出了言和信件。

我很清楚，博茨上校是想向我证明他是不可打败的摩西，但是他失败了。

在我们“交战”几年后，博茨先生终于同我由敌对变成了部属关系，他成了我麾下一家公司的勤奋董事。我不知道这个精明油滑得就如同他生产的石油一样的油商是如何放弃了他那同我对抗的雄心的，但是我知道的是，他是我最得力的一员猛将！

儿子呀！你要记住，傲慢通常是走向垮台的阶梯。斯科特先生和博茨先生就是太过于看重自己的高贵出身，而目空一切，最终走向失败的终点。当我驯服了这些傲慢的倔驴们的时候，我感到内心的激烈狂跳。

约翰呀！我可以对你说，我是非常喜欢胜利的感受的，但是我却厌恶为追求胜利而不择手段。毫不考虑影响和代价的胜利不是荣耀而是一种耻辱。邪恶的竞争手段令人作呕，那等于是在作茧自缚，即使是最终取得了一次的胜利，也终将会失去继续胜利下去的机会。

规规矩矩地追求胜利并不意味着会降低你争取赢得胜利的决心，恰恰是这种正当的、合乎道德水准的追求胜利方法才更能凸显你追求胜利的恒心。它表示着你要在一种限制范围内，极尽所能地去追求公平公正的胜利。儿子呀，我希望你就能够是以这样的方式方法追求胜利。

——————疼爱你的爸爸

洛克菲勒见证智慧的小事迹

急流勇退，投身慈善

1896年，正值事业巅峰的约翰·D·洛克菲勒竟然离开了自己一手打造起来的标准石油公司，回到自己的别墅庄园去安享生活去了。这位雄心勃勃了一世的野心家，竟在他57岁壮年时刻，退出商业界，安心地回到了那没有竞争气氛的庄园里安享后半生，这引起太多对于这位神秘敛财大亨好奇的人们的猜疑了，有人说他是作恶太多，终归良心发现了；也有人说他是患有急症，不得不回家颐养天年去了。的确，各种说法都有所依据，我们不否认在洛克菲勒成功的脚下的确踩踏着许多倒闭、破产的同行，也更有人饱受他弱肉强食的垄断之苦的。同时，谁都知道，在洛克菲勒回到自己庄园之前的40年里，他一直都在拼命地工作，积劳成疾也是极有可能的。但是，这位敛财大亨总是保持着自己的神秘风格，以至大家对于他搬回庄园的举动也摸不清底细。

也许，这个为金钱奔波劳碌一生的英雄，正是在那时才真正领悟到，金钱非万能的吧！总之，名噪一时的石油大王就是这样默默地搬回了自己的庄园。而且，从此，他开始学着享受生活，他开始打高尔夫、看戏剧，并时常同邻居们聊天。也正是从这时起，他开始尝到了与世无争生活的犹如淡淡的茶香一般的滋味。他成了过着简单生活的“街坊约翰”了。

当然，这位野心勃勃的商业巨子从未停止过在商业上的活动，他始终把持着标准石油公司的第一大股权，而且他也从来没有忘记要继续开拓自己的石油王国疆土。而在此同时，他将自己的精力多半放在了慈善事业上。然而，当这位大亨开始准备将自己的巨额财富捐献给世人的时候，人们却对他的捐赠予以拒接，大家都说那是洛克菲勒的阴谋，捐钱的目的是邪恶的。一段时间内，洛克菲勒不能得到人们的信任，他的金钱被说成是肮脏的。但是，身为虔诚的基督徒的洛克菲勒并没有因为大家的误解就放弃了自己造福人类的责任，他坚持为各种慈善事业捐钱，密歇根湖畔上的一所学校因为资金匮乏即将倒闭，洛克菲勒听说后立即捐钱重建学校，从而诞生了今天的芝加哥大学；当时的美国还没有医疗研究机构，他立马捐赠20万美元成立洛克菲勒医学研究所。除此之外，洛克菲勒还办过许多福利事业。后来在洛克菲勒的一再努力下，人们终于认可他的善举了，各家报社纷纷刊登广告赞扬洛克菲勒是乐善好施的大慈善家，只字不提他是残忍的托拉斯大王。无论持什么立场的政治家，甚至是那些同他有过过节的人都对他大加赞扬，一位检察官在评价洛克菲勒的时候，说：“除了我们最敬爱的总统以外，他（洛克菲勒）堪称是我国最伟大的公民。是他用他的财富创造了知识，是他使得世界变得更加美好。这位世界首席公民定将永垂不朽。”

第三十五封
雇主员工舟水情，载舟覆舟看人心

经典格言：

1. 始终将那些为我卖命工作的雇员们摆在首位。
2. 给予他人应得的尊重，会激发他们内在的无限工作潜能。
3. 一味索求而不愿付出，终会面临耗竭的一天。

September 19，1925

亲爱的儿子：

约翰！

你想象一下这样的一幅场景：一位技艺精湛的交响乐指挥，想让在场的观众们欣赏一场高标准的演出，可是他在演出的过程中却转身面向了观众，在他的背后的音乐家们只能孤军奋战、辛苦演奏，你想到这样做的结果了吗？

我知道你一定会觉得这会是最糟糕的乐曲演奏现场。对！这就注定会是一场失败的演奏会。因为这场音乐会的指挥不把辛勤工作的音乐家们放在眼里，音乐家们也理所当然会消极怠惰起来，最终的结果只能是搞砸一切。

同样的，在一个公司大集体里，雇主就如同乐团的指挥，指挥家期望每一个音乐家能够激情饱满地为他演奏出华丽的乐章。同样的，每一位老板做梦都希望能够激励、调动起所有雇员的工作激情，好让他们尽可能多地作出贡献，帮助他壮大自己的事业，赚得更多的金钱。然而，大多数雇主都无法让这个美梦得以实现，因为他们大多都像那位愚蠢的指挥家一样，不懂得善待那些为他辛勤工作的雇员，最终只能导致关闭雇员甘愿为其付出的大门。

当然了，我不是慈善家，我也同所有的雇主一样，有着期望所有的雇员都能够极尽所能地为我创造财富的美梦，但是，同他们相比，我显然聪明得多，我不仅不会对雇员的辛勤劳作视而不见，反而会很认真地看待他们做的每一件事情，用句具体而又准确的话来说，我始终将那些为我卖命工作的雇员们摆在首位。

坦白地说，我没有不善待那些用他们辛勤的双手为我创造财富的雇员们的理由。对于他们为我作出的贡献、努力与牺牲，我本就该心怀感激，况且这个世界所需要的正是温情和关怀。

我爱我的每一位雇员，我不曾高声斥责过或者是凌辱谩骂过他们，更不会像有些没有素养的富人们那样，在他们面前趾高气扬、傲慢无礼，我所给予雇员的永远是无限的温情、宽容和平等。其实说了这么多，归结到一个词上就是尊重。对，我就是尊重我的雇员们。尊重别人在大家的眼里无非是满足道德感的所需，但是，我还发现了它的一个新价值——激发雇员努力工作的热情。我坚信：给予他人应得的尊重，会激发他们内在的无限工作潜能。这是我从标准石油公司全部职员能够竭尽所能地为公司工作的事实告诉我的一个真理。

人性最基本的软弱一面，就是渴求获得他人的慷慨援助。我个人是崇尚勤俭的，但是，我却从未忘记要慷慨援助他人。还记得那次的经济大萧条时刻，我曾多次借债来援助那些处在没有任何出路的危难中的同胞们，帮助他们的工厂以及他们的家人平安地度过危机。在我的记忆中，我从来没有催债或者是逼债的行为，因为我很清楚心胸宽厚的价值。

对于我的雇员，我更是体恤万分，慷慨至极。我非但给予他们高出任何一家石油公司的薪金，而且还让他们享受保证退休后老有所依的退休金制度，同时还给予他们每年约见老板陈述他们加薪要求的机会。当然，我很清楚慷慨带来的功利作用，但是，我更加清楚的是，我的慷慨能够使得雇员的生活水准得以提升，这在我看来正是我的职责之一，我希望每一个为我工作的人在为我创造财富的同时也能因我而富有。

从某种意义上说，雇主就是雇员的保护伞，雇员的问题就是雇主需要解决的问题，雇主往往握有选择大权，可以选择忽略雇员的问题或要求，也可以选择重视他们的问题，满足他们的要求，而我喜欢选择后者。我总是尽可能地了解我的雇员们需要什么，一旦了解到了就会想办法尽量满足他们的需求。我常常会向他们询问两个问题——“你需要什么？”“我可以帮你做些什么？”我随时随地地关注他们的问题。在我看来，我所身在的这个职位，最大的乐趣之一就是为我的雇员提供足够的帮助。

的确，优厚的薪水和奖金是诱人的，但是，对于有些人来说，诱人的薪金并不能够激发他们誓死效命的激情，如果给予他们足够的重视反倒能够达到你的目的。我很清楚，每个人都有一种希望被重视、被看做有价值的渴求，谁都希望别人尊重自己，实际上，每个人的脸上都显现着一个无形的标榜：请重视我！

我想象不出一个人在工作中或者是家庭中不受重视的情形，那种痛苦不是谁都可以承受得了的，我希望我的雇员们每个人在工作中都如沐春风，因此我就像一个力求侦破案情线索的侦探一样，不停地搜寻每个雇员自以为豪的才能。一旦我了解到他们最值得我重视的才能的时候，我就会立马给予其发挥的舞台。善于激励雇员发挥其最大才能进而作出重大贡献的雇主，总是会时时刻刻记着，要给予雇员奋斗的希望，让他们看到追随或是效忠雇主的前途和希望。予以重任和高度重视是让雇员乐于将自己的一切贡献到工作上来的一大关键。

一位和蔼可亲、关怀部属的体贴雇主，是激发雇员充沛工作精力的催化剂，更是鼓舞士气的强大动力。不过，时常对雇员们表达一种谢意也不失为一种激发雇员工作热情的良策。没有哪一位雇员会记得五年前获得的奖金，但是许多人往往会铭记雇主的赞美之词。我从不吝言赞美之词，更不会忘记向雇员表达自己内心里的感谢之情。因为我相信没有任何事会比直接的感谢之词的影响来得更为深远。

我注重关心部属的一个个小细节，喜欢在他们的办公桌上留一张写有感激之词的字条。我想对于我在字条上写的那些感激之词，他们可能过上一段日子就会不复记忆。但是，我坚信对于我对他们表达的感激之意，那产生的影响应当是相当久远的，我相信，即使是许多年过去了，他们也会依然记得我这个温和慈善的领导留给他们的温馨鼓舞，并会将其视为珍贵的箴言。这就是一段简单明了的感谢之语，所带来的强大力量的又一证明。

我从未有过不重视我的部属的情况，我重视他们的一切，包括工作方面的和个人方面的。我知道，每个人能够作出的贡献毕竟有限，所以我为我的部属解决的问题越多，他们也就会为我作出越多的贡献，这是一个极为合理的换算公式。

儿子，你现在已经是一位领导者了，你的成就来源于你自身的能力，更来源于你雇员能力的发挥，我已经为你指明了道路，我相信聪明的你一定知道该如何解决这个问题的。

——————疼爱你的爸爸

洛克菲勒见证智慧的小事迹

一颗充满责任感的心

一个公司里，不论公司大小，更不论公司员工职位的高低，每个人都身负一定的责任。然而，许多人往往都认为工作是一种任务而不是一种责任，大家往往被平凡的工作磨去了责任意识，大家都在说，责任是那些有权力的高层工作人员的事，我们普通工作人员与责任无关。殊不知，责任并不会因为我们不觉得自己有责任就消失不见，没有意识到自己的责任，并不代表自己就可以推诿责任。意识不到自身责任本身就是一种逃避责任的行为，每个职员都应该有强烈的责任意识，都应该勇于承担自己所在岗位的职责。

在洛克菲勒的标准石油公司里有一名普通得不能再普通的员工——阿基勃特，这个普通的小职员无论在什么场合中签名，都会记着在名字后面加上公司的宣传语——“标准石油，每桶4美元！”，时间长了，同事们、朋友们就索性叫他“每桶4美元”，他也很乐意。渐渐的，“每桶4美元”的称呼在公司里传开了，他自己的名字倒被大家忘记了。

“每桶4美元”这个称呼越传越响，也越传越远，后来传到了洛克菲勒的耳朵里，洛克菲勒一听就感到这个员工很特别，于是就将阿基勃特叫来，问道：

“同事们都叫你‘每桶4美元’，你难道就不生气吗？”

阿基勃特却笑着回答道：“这有什么可生气的呢？‘每桶4美元’不正是我们公司的宣传语吗？大家叫我一次，就免费替公司宣传一次，我又没损失什么，有什么可生气的呢？”

洛克菲勒听完他的话当下感叹道：“时时刻刻都想着公司的利益，有着一颗强大的责任心，这正是我们公司所需要的职员呀！”

5年后，洛克菲勒离开标准石油公司的总裁宝座后，阿基勃特便接替了那个位置，成了标准石油公司的新任总裁。

阿基勃特正是有着一颗强烈的责任心才使得他最终走向国际最大石油公司的总裁宝座。所以说，我们应该有一颗强烈的责任心，时时刻刻将自身的责任承担起来，要记住，推诿责任就是推脱成功的机遇。

第三十六封
身是创业基，资本是自己

经典格言：

1. 只有你自己才是你最大的资本。
2. 渴望成功的人应该清楚地意识到，成功的种子就播在自己的手里。
3. 人生不是找不到自己的钻石矿，关键是看你是否相信自己。

May 29，1926

亲爱的儿子：

约翰！

就在昨天，我竟然收到一个胸怀发财梦的有志青年人的来信。他来信的目的是想向我讨教一个关于致富的问题，他说自己很想创业可是却苦于手头没有足够的资本，他想知道如何能够在身无分文的情况下创业致富。

上帝呀，我知道他是把我当成能够给他指示人生成功道路的神了，可是很可惜的是，我并不擅长教诲他人，但是面对他真挚的话语，我无法不去理会这颗存满昂扬斗志的心。于是我只能提笔给他回信，告诉他，他所需要的不仅仅是资本，更需要难能可贵的常识。常识甚至比资本还重要。

缺少资本，这是每一个贫困交加却满怀创业之心的人所遇到的首要难题。倘若他们再对失败存满了恐惧感，对于资本利用和筹集的犹豫不决会使得他们行动缓慢若蜗牛，甚至会停下他们为成功奔波的脚步，最终一事无成。所以在给那个年轻人回信的时候，我特意警告他："从贫困走向富有的道路上的所有障碍都是可以克服的，关键是看你怎样行走，你要相信：只有你自己才是你最大的资本，你要时时坚定自己的信念，不停地审思自己迟疑的原因，直至信念完全取代怀疑。你要知道，做任何事情，没有足够的自信心，你是不能取得成功的。信念就是你成功的原动力，它会在你的心里滋生出无穷的力量，那力量足以让你解决一切走向成功道路上的困难。

渴望成功的人应该清楚地意识到，成功的种子就握在自己的手里。只要人们认识到这一点，我坚信他一定能够获得自己所追求的东西。同时在信中，我为那个年轻人讲述了一则波斯人的故事，坚信这则富含寓意的故事能够给他莫大的帮助。

这则故事我也是从别人那里听来的，故事的内容是：

很久很久以前，在印度河畔不远的地方住着个名叫阿尔·哈费德的波斯富人，他拥有数百顷大的兰花园以及数百亩良田和果园。他本来是个很知足的富人，可是，有一天，一位老牧师前来拜访他，却改变了他的知足想法，牧师坐在火炉边上对他说：“我的朋友，你现在的生活是很富有，也很安逸，可是，倘若你有满满一手的钻石，那该多么快活呀！到时候你就可以拥有整个国家的土地、园林；又倘若你拥有一座钻石矿厂，那么你又该多么快活呀！你可以利用这笔财富的影响力将你的爱子送上国王的宝座。那真是奇妙无比呢！”

哈费德听信了牧师这番极具诱惑力的话，那天夜里他躺在床上想了整整一个晚上，同时就在那天夜里他变成了一个精神上的“穷人”了，这是由他不满足的心理造成的，他自认为自己是个贫穷的人，他不能够拥有整个国家的土地和林园，他不能够将他的爱子扶上国王的宝座。哦，这一切都是因为他太穷了，他没有满手的钻石更没有一座钻石矿厂。于是，他告诉自己一定要拥有一座钻石矿厂。第二天天还没有亮的时候，他就起床去找牧师。牧师对于他打扰自己清梦的做法很是讨厌，可是哈费德根本不理会这些，他毫不顾忌地将老牧师从睡梦中摇醒，然后问老牧师：“快点，快点告诉我，究竟在哪里可以找到钻石？我要开采钻石，我要拥有一座钻石矿厂！”

“钻石？你怎么突然间想要钻石了呢？”老牧师迷迷糊糊地问他。

“因为我要拥有巨大的财富，我要将我的爱子扶上国王宝座。”哈费德郑重其事地对牧师说，“但是，我不知道在哪里能够找到钻石。钻石是你说的，那么你一定知道哪里有钻石，你快告诉我。”

“哦，是这样呀！”老牧师听明白后就对他说：“只要你能够在山里的河流中找到一条穿流于白沙上的河流，你就不难找到钻石了。钻石就混在白沙里。”

“真有这样一条河流吗？钻石又真的是在这样的河流里吗？”

“当然，还很多呢！只要你用心去寻找就一定会找到的。”

“好的，我一定会用心去找的。”哈费德说着离开了牧师。

哈费德回到家后，将自己的果园卖掉，又收回了之前的借款，然后托付邻居照管自己的房子，安排好这一切，他就信心饱满地去寻找钻石去了。

首先，他先到了月光山区，接着又到了巴勒斯坦地区，最后又到了欧洲，当他到达欧洲的时候，他已经变成一个身无分文的穷光蛋了，他就如同一个乞丐一样在欧洲依靠乞讨过活。当衣衫褴褛的哈费德站在西班牙巴塞罗那海边的时候，一道巨浪越过赫丘力士石柱朝他汹涌而来的时候，这个饱受沧桑的可怜虫羞愧万分，终于纵身一跃，随着涨起的浪峰一同沉入海底。

就在哈费德投海后不久，他的合法财产继承人拉着几头骆驼到兰花园里的一条小溪喝水，当那个继承人的眼睛随着骆驼的鼻子伸进小溪里看去时，他发现浅浅的溪底白沙中似乎有什么闪闪发亮的东西，于是他慌忙伸手去捞取，他捞到了一块儿黑色的石头，石头的面上有一处闪光的地方，发出的光芒像彩虹般耀眼。继承人出于好奇就将这块黑石拿回到屋子里，毫不在意地将它放在了壁炉架上，当做一种饰品，接着就去继续干活去了。后来，日子久了，他早已把石头的事情忘得一干二净了，就在这时，那位老牧师又来拜访哈费德的继承人了，当他进到屋子里后，立马看到了壁炉架上闪耀着光芒的黑石，这一看他不禁惊叫了出来："呀！钻石！钻石！哈费德，哈费德回来了吗？他找到了钻石？""不是，没有，他没有回来，那石头也不是钻石，只是一块儿比较特殊的石头而已，是在花园里的小溪里捞出来的。"继承人无所谓地回答着老牧师。

老牧师却万般激动地说："小伙子，你发财了！那是钻石，我认得钻石，这是真正的钻石原矿。"

于是，继承人带着老牧师一起跑向花园里的小溪边，当他们用手捧起溪底的白沙的时候，发现了更多比黑石还耀眼、还珍贵的钻石原矿。

这个故事就是人们发现人类历史上最大钻石矿——印度戈尔康达钻石矿的经过。这个钻石矿的价值远大于南非的金百利。许多知名的钻石，例如英王皇冠上镶嵌的库伊努尔大钻石，以及俄皇王冠上的那颗最为耀眼的世界第一大钻石，都是从那里开采出来的。

儿子呀！每当我想起这则寓意深刻的故事，我就会情不自禁地为那可怜的阿尔·哈费德发出感叹，倘若他没有离开自己的家乡，而是待在家乡挖掘自己的花园和天地，那他也就不致落得个沦落他乡为乞丐，忍饥挨饿，最终投海身亡的结局了。他本身就拥有一座钻石矿厂，可是他却没有发现。

天下的故事太多了，但是并非每一则故事都能够像这则故事这样富含寓意，哈费德的经历给了我们一个宝贵的人生教诲：你的钻石矿厂不在遥远的大山和大海之间，只要你用心去挖掘，它就在你家后院的小溪里。人生不是找不到自己的钻石矿，关键是看你是否相信自己。

是人都会有一定的理想，理想就是一个人努力和确定行动方向的指挥中枢。就此而言，我觉得，那些不相信自己的人就如同一个窃贼，一个偷窃自己又偷窃社会的贼，因为任何一个不相信自己的人都不能够充分地发挥自身的潜力，这可以说是偷窃自己，而与此同时，社会创造力低落，他也同时偷窃了社会。没有人是故意去偷窃自己的，那些偷窃自己的人都是无意中偷窃的，但是尽管这不是一种有意的行为，可它所造成的损失是和故意偷窃一样大的。

孩子呀！只有当我们真正戒除了这种偷窃自己的罪行的时候，我们才会有希望爬得更高。我真心地希望那个胸怀发财梦的年轻人能够咀嚼出这则故事里的深刻教诲意义。

——————疼爱你的爸爸

洛克菲勒见证智慧的小事迹

靠天靠地不如靠自己

众所周知，世界著名的“石油大王”——约翰·D·洛克菲勒的上学生涯仅仅到高二的时候就终止了。当然，不可否认，这跟当时的社会环境有一定的关系，因为当时，只有极少一部分人能够上大学，一般普通家庭的孩子们多数都是读到高中毕业就必须结束学业另谋生路去了。可以说，和洛克菲勒同年代的人当中，上过大学的人很少。而洛克菲勒辍学的一个很重要的原因则是因为他自己对商业的向往，他很清楚“自己的人生需要自己去打造”这一真理，他也知道要尽早地培养自己的商业头脑。

尽管只是个高中还未毕业的毛孩子，可是他却给自己订立了远大的目标，而且他很明白自己要想实现自己的远大目标首要做的是什么，他要找一家大型公司历练自己的商业才能，他坚信自己可以找到那样一份工作，于是他不知疲倦地反复到他所在城市的各大工商企业去应聘。繁华的商业区，小小的洛克菲勒在那里犹如一只蝼蚁一般不起眼，可是他却没有丝毫的畏惧之感，他不仅要到那些高楼大厦里面去多次应聘，而且每次去必要见公司的老总。

大家都经历过求职，但是有谁经历过像洛克菲勒这样艰难的求职呢？然而这最艰难的经历却是塑造一位成功者的宝贵课程。

洛克菲勒日后回忆说：“那个炎热的夏天，成了我成功人生的真正起跑点，滚烫而坚硬的地面是我对那段磨难经历的最深刻记忆。那时候，我的父亲曾对我说，若是我在城里找不到事做的话，就回到乡下去跟着他一起工作。而那正是我所不愿意看到的，我不愿意依靠任何人，我坚信自己能够凭借自己的力量闯出一番天地来，所以我也绝对不会灰心气馁，坚决要找到一份历练自己的工作。”

正是在这种信念的支持下，洛克菲勒最终找到了历练自己商业才能的工作，为自己的成功人生奠定了良好的基础。

第三十七封
雄心满腔溢，事事争第一

经典格言：

1. 没有野心的人是不会成就大事的人！
2. 财富与野心成正比。
3. 于我来说，第二名和最后一名没有太大的差别。

March 15，1931

亲爱的儿子：

约翰！

昨天，我的那位“汽车大王”朋友——亨利·福特先生在来拜访我的时候，对我说了这样一句话：“没有野心的人是不会成就大事的人！”我知道这就是他走向成功的秘密。

坦白地说，我是非常敬佩这位来自密歇根的豪富的，不是因为他的财富而是因为他的坚毅和执著品质。还因为我们之间有着极为相似的经历——下田干过农活、当过学徒工、和别人一起合伙创办过工厂，最终通过自己的双手创造出了一个时代的全美最富有人之一的传奇。

我一直都认为福特先生是一个新时代的缔造者，没有任何一个美国人能够像他那样彻底改变了全美洲人，乃至世界人的生活方式。我说这样的话是完全有依据的，不信你就看看街道上来往穿梭急行的汽车吧！看看这些没有腿却比腿的威力大百倍的交通工具，你就会知道，我用那样的话来称赞他，绝非是一种恭维。我们无法忘记这位使汽车由奢侈品变为几乎人人都能够买得起的必需品的伟人。他的创造不仅为社会带来了巨大的贡献，也给他自己创造了巨额的财富。当然，我还不得不感谢他让我的腰包也跟着鼓了起来。

儿子，一个人活着就该有目标、有野心，不然的话，他就会像一艘无人掌舵的船，永远处于一种漂流不定的状态，最终只能是在失望、失败与气馁的海滩上搁浅。福特先生的远见和野心远远超过了他本人的身高，他要打造的是一个人人都能够享受汽车带来的便利的完美国度。这在一般人看来似乎是一个遥不可及的想象，甚至都无法想象，可是，福特先生不但想了，而且还做到了，他俨然成了全球小汽车市场上的霸主，同时他还为自己和福特公司赚得了惊人的利润，用他自己的话来说，那不是在制造汽车而是在印刷钞票。我可以想象得到，既享有“汽车大王”声誉，又腰缠万贯的福特先生会有怎样的好心情。

可以说，福特先生所创造的伟大成就，正好证明了我的一个人生信条——财富与野心是成正比的。倘若你是个胸怀大志、高瞻远瞩的人，那么你所取得的财富一定会像一座高耸入云的山峰，倘若你得过且过、目光短浅，那么你所能充当的位置也就是个末流之辈了。更有甚者，你很有可能会一事无成，尽管财富巨峰仅仅距你只有一步之遥，可是你却只能挖掘毫末之脚。在福特先生之前，有太多比他实力强大的汽车制造商了，可是他们最终都没有取得等同于福特先生的成就，有很多还落了个破产的悲惨结局。

上帝赐给我们生命是有目的的，正如那句诗说得好：天生我材必有用！所以，一个人不是在计划成功，就是在计划失败。这是我一生的经验告诉我的。

几乎可以说，我是从未缺少过野心的，从我很小的时候，我就树立了要成为天下首富的雄心，这种雄心就像是一双强有力的天使羽翼一般载着我飞向我成功事业的巅峰。你要记着，一个宏远的目标对于一个穷小子来说，就是一份强大的动力。依我说，人生就要有目标，而且是目标越大越好，因为要想有所成就，你就必须得有强大的动力，只有在强大的动力刺激下，你才能够取得成功。伟大的目标就是这么神奇，它可以激发出你全部的能力，如果没有一个远大的目标，你也就失去了一个发掘你潜力的原动力。不过，一个人光有远大的理想和抱负是不行的，他还必须得将远大的目标付诸实践。我的儿子呀，你一定要有远大的目标，而且还要为这个远大的目标做出周密的计划。千万不可志向短浅，因为那不能激励你的心灵。

当然，成就伟大人生的机遇并不会像飞奔而下的尼亚加拉大瀑布那样朝你奔涌而来，那会像甘甜的醴醪一样一滴一滴地缓缓流进你的人生。伟大与普通之间的差距就在于是否领悟到——倘若你壮志凌云、雄心满腔，那你每天都必须得努力朝你的伟大目标迈进。

可是，对于一个一穷二白的人来说，如何才能够实现自己伟大的目标呢？难道就凭借自己努力为老板工作吗？不行的，这样的想法是再愚蠢不过的了，只凭借为他人努力工作来将你宏大的理想抱负变成可触摸的现实，那是根本不可能的事情。

我相信勤奋可以致富的说法，但是我只相信为自己勤奋才可致富，而不相信为他人勤奋就一定可以致富。我在住进百万富豪大街之前，曾见到过我身边数不清的穷人都在为工作勤奋、努力，但是，现实总是太过残酷，无论员工怎样为老板努力工作，因此而变富的人却总是少之又少呀！为老板努力工作所得到的薪金，永远都只能是在合理预期的情况下让自己生存下去罢了，也许员工赚到的钱不少，可是却永远很难变得极为富有。

我从不认为“努力为老板工作就会发家致富”是一句经典的至理名言，甚至，在我看来，那就是一句谎话。我也从未把替老板努力工作积累个人可观财富视为致富上策，而我所信奉的是：“只有为自己勤奋工作才会富有。”我所做的一切都是忠于我的伟大理想的，为了实现这一伟大理想而不断去达成自己的各个目标。

在我刚刚迈出学校大门寻找我的第一份工作的时候，我就给自己设定了一个比较宏大的目标——要到一个一流的公司里做一流的员工去。因为我很清楚，一流的公司会给我一个一流的历练机会，同时也会铸造我一流的能力，增长我一流的眼见，而且也会给我带来一笔丰厚的薪金，要知道，这可是我创业的首笔资本呀，所有的这一切对于我来说，无疑会为我通往成功殿堂奠定下坚实的基础。

而且，更重要的是，在大公司里工作，会培养我以大公司的方式思考问题的能力。所以，我对大公司是充满了仰慕之情，我告诉自己：“洛克菲勒，你所要去的一定是享有很高知名度的大企业！”

当然了，当时的我要想进那样的高知名度大企业，注定了是要吃些苦头的。我先是到了一家市内最大的银行求职，结果，很不幸，我被拒之门外；我没有气馁，接着又走进一家大型的铁路公司，结果还是失望而归。而当时就连老天也同我作对，天气热得让人窒息。可是，我的目标没有改变，因而我的行动也不能停息，我不顾一切地寻找着，现在想起那段日子，真是苦不堪言呐！那时候，找工作成了我唯一的工作，每天早上八点钟的时候，我尽自己的一切可能将自己精心打扮一番，然后就匆匆离开住所去开始自己新一轮的预约面试。几个星期过去了，我把自己列单的大公司都跑了个遍，可是却一无所获。

这样的结局是不是看起来很糟糕呢？可是没有人能够阻止一个胸怀大志的人的前进脚步，除非是你自己。我告诉自己："洛克菲勒，喂，小伙子，你是要放弃自己的伟大目标了吗？是要让他人偷偷拿走你的梦想吗？是要被这小小的挫折打败吗？怎么可以，你必须得立即站起来。快点，就站起来吧，勇敢的小伙子！"我就是这样战胜了自己的沮丧、气馁情绪，在经历了像遭受机枪连续射击一般的打击后我的信心反而更加坚定了。我又卷土重来，再一次一家一家的面试，几家公司甚至去过不下三次，就这样不知疲倦地三番五次跑。终于，皇天不负苦心人，这场不屈不挠的求职大战终于在六个星期后的一个下午，拉下了圆满结束的帷幕。那天是1855年的9月26日，我正式被休伊特–塔特尔公司录用了。

正是这一天开启了我未来一切的大门，所以这一天对我的重要性绝不亚于我的生日。直至今日，每当我想起这一天，我都会情不自禁地反问自己，要是没有那一天，没有得到那份来之不易的工作，我将会有什么样的命运呢？我常常会因此而浑身颤抖。因为我心里很清楚那份工作到底给我带来了什么，失去它我又会怎样。正是因为这样，我终生都把9月26日当做自己的"重生日"来庆祝。

不瞒你说，儿子，写到这里，我都被自己感动了。

其实，用个不怎么雅观但却很贴合实际的比喻来形容人生的话，人生就像是一辆脚踏车，要么你向前行进，要么你就会摇晃摔倒。就在休伊特–塔特尔公司待过三年后，我带着自己超常的能力和自信离开了这片历练自己的圣地，开始同克拉克先生合伙创办克拉克–洛克菲勒公司了，从那时起，我便开始了真正为自己工作的历程了。

一味地为他人努力工作只是愚蠢的行为，这种行为的可能结果就是，辛苦劳作最终一无所获。但是，如果你在为他人努力工作的时候，把自己的工作视为是为自己有朝一日的成功奠定基础，那可就大为不同了，那就是你致富的开端。说实话，自己当老板的感觉确实是棒极了，那是一种无以言表的感受。不过，我很清楚自己不能够一直沉浸在十八岁就能跻身贸易代理商行列的得意中，我需要为自己更大的目标去继续努力，于是我告诉自己："洛克菲勒，这并不是你的目标终点，你所设定的目标是全美首富，这点小小的成就离你的目标还远之又远呢，你还得继续努力，别忘了，你的命运就系于你现在一天天所过去的日子里。"

要达到全美首富的目标，就是我所有行动的原动力。在过去的几十年中，我的心中一直在追求着卓越的人生，我激励自己的座右铭就是：于我来说，第二名和最后一名没有太大的差别。孩子，如果你真正领悟到这句话的深刻内涵，你就对你的爸爸能够成为无可争辩的石油行业统治者不会感到惊奇了。

每一个人都生活在希望之中，而我更多的是生活在希望达成之中。我终生所追求的目标就是事事争第一，同时，这也是我给自己列出的努力遵守的人生准则，可以说，我的一切行动和努力都是忠于自己的人生目标和人生准则的。

仁慈的上帝赐给我们睿智的头脑和强壮的身体，就是希望我们成为胜者而不是败者。二十年前，联邦政府法院解散了那个给我们带来莫大欢乐的大家庭，可是，每当我想起自己所创造的辉煌业绩，我就会感到激动不已。

儿子，一个伟大的人生其实就是一个实现卓越目标的过程。我们必须得学会去实现这一伟大过程，为了我们的目标要有一种不畏艰难困苦的坚决人生态度，要做好在漫漫人生道路上摔跤的准备。

——————疼爱你的爸爸

相关链接

洛克菲勒“重生日”

约翰·D·洛克菲勒16岁时，开始面对艰难时世。但他一直都是个雄心勃勃的有为青年，再大的困难也压不倒他的雄心。

他翻开全城最有威望的大型公司的排名录，选定几家画上圈。然后准时在每天早上8点钟出门，身着黑色外衣和长裤以及高高的硬领西服，还佩戴着黑色的领带，去开始自己新一轮的预约面试。他倔强地不去理会人家对他的再三拒绝，依然是日复一日地去面试，就这样每周坚持6天，直至他找到工作共坚持了6周。据洛克菲勒回忆说，当时的克利佛兰大约有三万多人口，他将拉在自己目标名单的各大公司走了一遍后，接着从头开始找，有的公司甚至去过两三次，但是没人想雇用一个孩子。但天性倔强的洛克菲勒就是越挫越勇，他坚决要在自己的目标公司内找到一份工作。

1855年9月26日上午，当他走进休伊特–塔特尔农产品代售公司时，公司的二老板亨利·B·塔特接见了他，他审视了洛克菲勒一番后，告诉洛克菲勒自己需要一名簿记员，然后让洛克菲勒午饭后再来。多日来连遭打击的洛克菲勒此刻惊喜不已，内心狂跳，一步一跳地离开了公司。

午饭后，当他再次来到休伊特–塔特尔公司的时候，接见他的是公司的大老板艾萨克·休伊特。从那以后，洛克菲勒一直到老都清楚地记得那激动人心的时刻。艾萨克·休伊特在克利佛兰是个大的房地产商人，拥有着大量的房地产资源，同时还是克利佛兰铁矿开采公司的创办人，他仔细地打量了洛克菲勒一番，又让洛克菲勒写了字，仔细地看过他的字后，看着他的脸诚恳地说："就来试试吧！"于是在大老板的要求下，洛克菲勒马上便开始工作了，工资的事情都没有提及。直至三个月后，洛克菲勒才领取到了第一笔补发的微薄薪金。

就从那时起，洛克菲勒一生都把9月26日当做"重生日"来庆贺，而且对这个日子的那份热情远远胜过过自己正式的生日。

第三十八封
不入虎穴，焉得虎子

经典格言：

1. 风险越高，效益越大。
2. 一个人所拥有的东西越多，他的力量也就越大。
3. 要想在冒险中取胜，那你就必须得明白冒险的价值所在，而且还应该有创造自己时运的远见。

November 2，1936

亲爱的儿子：

约翰！

孩子，也许你也听说了，就在明天或者是不到明天，就会有一位先生要过上富有的生活了。你若看了报纸，就知道我是在说那位与美国独立战争时期的财务总监、费城商业王子罗伯特·莫里斯先生同姓的代维·莫里斯先生。没错就是他，报上说他刚刚在赌场上交了好运，赢得一笔巨款，而且报上还宣说他是一位赌场神手，旁边还刊登了这位“赌神”的一句人生格言：好奇才会有所发现，冒险才会获得机会！

你是知道的，我向来对赌徒都是嗤之以鼻的，可是，今天这位先生却不得不令我另眼相看了。我甚至还深信，凭他这近乎于哲学家的才智和头脑，若是闯入商界，他一定可以成为一个成功者的，最起码是个优秀的商业赌徒。

不过，儿子，你不要误会。我对代维·莫里斯先生作出如此带有欣赏性的假设，并不是在告诉你优秀的赌徒就一定会成为一个优秀的商人，实际上，我并不赞同那些视商场为赌场的人们的做法，可是我却并不拒绝商业上的冒险精神，因为我很清楚一个至理的商业法则：风险越高，效益越大。对于驰骋于商海里的每一个人来说，都在做着一件件伟大的历险事情。

我的人生轨迹也不妨说就是一场丰富的冒险经历，如果你让我说出自己人生中哪一次冒险历程对我的人生最具有决定性意义的话，我一定会告诉你，是我闯入石油行业的经历。

正如你所知道的那样，我在投身石油行业之前，我的农产品代销生意正做得蒸蒸日上呢，倘若我当时继续下去的话，我坚信自己一定能够成为最大的中间商。谈起我走向石油行业的抉择，我不得不谈及安德鲁斯先生了，因为正是他改变了我继续经营农产品代销的观点。安德鲁斯先生是位照明方面的专家，他对我说：“洛克菲勒先生，燃烧煤油所发出的光芒远比燃烧其他照明油所放出的光芒明亮。在未来，煤油必定会取代其他一切的照明油而独占照明市场的。你想想吧，约翰，摆在你面前的将是一个前景多么宽绰的市场呀，一旦我们的双脚踏入这个市场，那我们所见到的会是多么美妙的一个场景呀！”

我知道，当一个人所拥有的东西越多，他的力量也就越大。而当一个良机向你招手，你却视若未见，那么你错过的就不仅仅是一笔财富，而是削弱你自己在致富竞技场上的力量。于是，我告诉安德鲁斯：“好，我干！”我们在这一行业的首笔投资是四千美元，对于当时的我们来说，四千美元可不是一笔小数目呀，就从那时起我们做起了炼油生意。既然已经投放了资金了，我就不再去考虑成败问题了，尽管当时石油行业给人们带来的机遇是少半成功、多半失败，但是我们还是毅然选择了做下去。

我一心全放在了炼油业上，苦心经营，不出一年，我们就赚得了超过代售农产品的利润，炼油业也正式成为了我们公司的第一大生意。就在那时，我意识到了胆量、冒险的意义了，不可否认正是我的胆量和冒险精神帮我打开了一条通向财富的道路。

在当时，没有任何一个行业能够像石油行业那样使人一夜暴富的了。正是由于看到了这样的前景，使得我赚钱的欲望大受刺激，也让我看到了自己期待已久的大展宏图的机会。我告诉自己：“洛克菲勒，你一定要像抓住救命稻草那样紧抓着这个机会，因为它是能够将你带到你梦寐以求的圣地去的绝佳机会。”

可是我的合伙人克拉克先生的观点和我大为不同，我随后策划出的大举扩张石油业的经营策略，激怒了他。毫不避讳地说，克拉克真是一个无知、自负而又软弱、无谋的人，他害怕失败，他想做的就是稳稳当当地赚钱、谨小慎微地经营自己的公司，可是我的经营观念却与他背道而驰。在我看来，金钱本身就像一堆毫无用处的粪土，倘若你不把它通过明智的途径开销出去，它本身根本没有任何意义。只有当你将其以明智的方式开销出去，他才会为你所用，给你创造更大的财富。我可以说，克拉克绝对不是一个好商人，他根本就不明白金钱的真正价值。

我很清楚，如果一个人对重要的事情都漠然处之的话，那么他的人生就只能走向穷途末路了。克拉克俨然已经成了我迈向成功路的绊脚石，我要想继续走向成功，那我就必须得将这块儿绊脚石挪开，所以我选择了同他分道扬镳的结果，这是我人生的一个重要时刻，我绝不可以漠然视之。

要想在冒险中取胜，那你就必须得明白冒险的价值所在，而且还应该有创造自己时运的远见。对我而言，在那时同克拉克先生分道扬镳本就是一场冒险，所以我必须得考虑清楚，最起码我必须得知道自己豁出一切想进入的这个石油行业会不会持久，我必须得明确地知道原油是否会消失。因为在当时，许多人都认为石油就像一朵不会长久盛开的昙花。我当然太期望原油不会枯竭了，因为一旦原油枯竭，我的所有投资和心血就都得付之东流，到时候，我的下场会比赌场上输个精光的赌徒还要凄惨百倍。不过，我收到的是一条好消息，原油不会枯竭。于是，我断然做出和克拉克先生分道扬镳的决定。

在同克拉克先生摊牌之前，我先在私下里将安德鲁斯先生拉拢了过来，我对他说："嗨，我的伙伴，我们就要发大财了，我们交了好运，一大笔钱正等着我们去赚取呢！我想终止和克拉克兄弟的合作，我想独自经营，要是我并购了他的股份，你愿意同我一起经营吗？"安德鲁斯先生答应了我。随后的几天里，我又拉拢了几家支持我的银行。经过一系列的精心准备之后，就在那年的二月，我向克拉克先生提出了分手要求，无论他怎样的不情愿，我离开的决心也不会再有改变了。最终，我们协商好将公司出售给开价最高的买主。

那次拍卖会上的情景，我相信，即使是我死去也不会忘记，那真是一场令人振奋的拍卖会呀！那感觉就像是进了豪赌的赌场一般惊心动魄。说实话，那真是一场豪赌呀！我一直都在聚精会神地注视着赌局的每一点变化。可以说，我押上去的是金钱，赌出来的却是人生。也可以说，我押上去的是人生，赌出来的是财富。

公司开拍的起价是500美元，接着就迅速窜到几千美元，而后又攀升到5万美元，这已经超出了我投资炼油厂的预估价了，但是，竞拍价格还在一路飙升，渐渐地，突破了6万，后来又爬到了7万……我开始恐惧了，因为我怕自己买不下这个自己亲手缔造出的公司，我怕自己出不起那么多钱。不过，很快，我又让自己恢复平静，我的头脑里迅速闪现出一个念头：没什么可畏惧的，既然已经下定决心了，那就勇往直前吧！当对方喊出7.2万美元的时候，我从容不迫地喊出7.25万美元。就在这时，克拉克先生终于服输了，他站起来大喊道："我不能再加了，约翰，我只能看着它归你所有了！"

我亲爱的儿子呀！那一刻真是决定我一生命运的一刻，我能感受到它超乎寻常的意义。

当然，同克拉克先生的分道扬镳让我付出了高昂的代价，我不得不把公司的一部分股份和七万两千五百美元统统付给克拉克先生。可是我却感到很值得，因为我赢得了自己的自由投资权以及光辉的未来。我真的成了自己的老板了，从此以后再也没有那些目光浅陋的庸人来阻挡我前进的脚步了。

在我21岁那年，我已经拥有了科利佛兰最大的炼油厂了，年仅21岁的我就跻身世界最大炼油商的行列里，这不可不说是当时决定的功劳呀！现在想想，这个每天都能"吃掉"五百桶原油的"怪兽"真是我取得石油霸主地位的锐利武器呢！我真要好好感谢那场拍卖会，更要感谢上帝赐给我的过人胆识，不可不说那是我打开财富人生之路的开端。

人们不得不承认，稳当第一的策略绝不是我们致富的良策。要想获得丰厚的报酬，你就一定得付出相应的风险。人生就是这样的，只有你敢豪赌自己的人生，你才能够获得巨大的成功。

事情根本没有维持现状这种说法，永远都是不进则退，这是再简单不过的一个人生道理罢了。我坚信，谨慎行事绝非完美的成功之道。无论是我们做什么，甚至是我们的人生，我们都必须得在谨慎和冒险之间做出最终抉择。我的经验告诉我，大多时候，冒险获胜远比谨慎获胜的几率大一些。

可以说没有不追着利润和财富跑的商人，而要想让自己富有，商人就必须得逼迫自己创造出资源或者是猎取他人的资源，有时甚至不得不逼迫他人让出自己的资源，所以，在这样的情况下，冒险几乎就成了商人们征战商场必不可少的手段。

倘若你让我告诉你一条冒险而不会招致失败的方法，那么我只告诉你十六个字："大胆谋划，周密计划，谨慎实施。"

——————疼爱你的爸爸

洛克菲勒见证智慧的小事迹

掌控事业的所有关键程序

洛克菲勒的伟大一生消逝后，留给子孙后代的不仅仅是巨额财产，还留给他们一个极具威力的经营要诀——掌控企业的所有关键程序。

经验过方能够得出精要的秘诀。洛克菲勒得出这一经营要诀也正是通过经历得来的。19世纪70年代，洛克菲勒另辟蹊径，成立了美国历史上首个托拉斯组织——美孚石油公司，权当做掌控全美各地美孚系支企业的核心。到了20世纪初便逐步建立起了一张全球无与伦比的美孚经营网，进而也就形成了人们所称的"石油联合国"。

而当时，在欧洲及东方市场上又出现了新的竞争对手——荷兰皇家壳牌石油、诺贝尔石油等共同结成的"欧洲石油联盟"。洛克菲勒以压价手段击败"欧洲石油联盟"。最终经由德国银行的周旋，洛克菲勒才答应与"欧洲石油联盟"达成瓜分欧洲石油市场销售量的协议，其中规定美孚石油公司占75%。

美孚石油公司有洛克菲勒财团这个强大金融机构作后盾，便在国内外大肆地兼并和扩张，实力迅速膨胀，20世纪末期，埃克森石油公司归附于美孚石油公司，两者合并为埃克森-美孚石油公司，成了全球最大的石油机构。

而美孚石油公司之所以能够取得这些重大胜利，关键就在于洛克菲勒掌控着公司运作的关键程序。

首先，炼油就是第一道关键程序。当时，炼一桶油的成本是30美分，而售价每桶则卖到4美元。洛克菲勒坚决认为，只要略微改进一下石油产品，就能够提高利润。而所谓的“改进产品”其实就是“加工增值”。遵循这一想法，洛克菲勒大肆并购炼油厂，最终垄断美国炼油业。

其次，运输也是一道关键程序。宾夕法尼亚铁路拥有在油田和东部港口之间行驶的火车，迫使洛克菲勒在把他的煤油和其他产品运往东部市场去的时候，必须得按照宾夕法尼亚铁路部门所索取的价格支付运费或满足他们的种种苛刻要求。洛克菲勒不想受制于人，于是他就同铁路公司组成“铁路大联盟”，垄断运输货源，垄断运输价格。

最后，开采和销售成了最终的两道关键程序。为了有充足的油源，洛克菲勒开始进军俄亥俄、新泽西、墨西哥湾，最终进军全世界的油田。

正是由于洛克菲勒能够掌控住这些关键的程序，才使得他能够永久地在激烈竞争中处于不败之地。

附录

扩展阅读：约翰·D·洛克菲勒人生履历

约翰·D·洛克菲勒，这位在美国历史上乃至世界史上有着特殊地位的商业巨子，他是美国最富有的传奇商人、是托拉斯企业制度的开山鼻祖、是全球首位亿万富翁、是世界公认的“石油大王”，同时，他又是美国历史上最大的慈善家。那么这位传奇人物有着怎样的神秘人生呢？

回顾约翰·D·洛克菲勒九十八年的峥嵘人生岁月，相信我们一定会被这位富豪异常冷静、精明、富有远见卓识的头脑，以及商战中独具魄力的手段所折服。

1839年7月8日，约翰·洛克菲勒出生于纽约州哈德逊河畔上的一个名叫里奇福德的小镇。约翰·洛克菲勒从小并没有生活在一个良好的家境中，他的父亲长年奔走在外，以药贩身份流浪，人称“大个子比尔”，是个到处闯荡的木材商、马贩子，还是个混江湖的巫医，兜售所谓“立见奇效，包治百病”的灵丹妙药，并没有给约翰·洛克菲勒立下一个好榜样，不过倒是教会了约翰·洛克菲勒一个讲求实际的经商之道。母亲是个虔诚的基督教徒，言行举止都尊崇《圣经》要求，她勤快、节俭、朴实，对儿女们家教严格。身为长子的约翰·洛克菲勒从母亲那里学到了精打细算、勤俭节约、坚守信用和一丝不苟的长处，这对他日后的成功有着极大的影响。

洛克菲勒在幼年的时候，曾将自己活捉到的小火鸡精心喂养大，拿到市场上卖掉。在他12岁的时候，便已经拥有了一笔数目不小的积蓄——50美元，而且他的经济头脑在那时就已经显现，他将自己50美元的积蓄借贷给一位邻居，赚取利息。

16岁时，离高中毕业典礼只剩两个月的洛克菲勒辍学到俄亥俄州一家大公司——休伊特-塔特尔公司里当簿记员，每周只赚5美元的薪金。三年后，也就是在他19岁的时候，他以年息10%的条件向父亲借款1000美元，加上自己积蓄的800美元，与克拉克合伙创办了一家经营代销谷物和肉类的营销公司。这是洛克菲勒生平所办的第一家公司。也正是从这时起，洛克菲勒发现了数字的奥妙，开始数无巨细地记载自己的每一笔收支。美国南北战争爆发后，洛克菲勒没有应招参加战争，而是在战争期间赚得了丰厚的利润，这为他日后踏入石油行业奠定下了一定的经济基础。三年后，年仅22岁的洛克菲勒在炼油专家安德鲁斯的建议下毅然决定迈入炼油行业，豪赌4000美元投资炼油厂。

20出头的洛克菲勒做生意已经颇为老练了，在第一年投资炼油厂大赚一把后，他冷静地分析了市场情势，决心在石油行业放手大干一场，但是合伙人克拉克胆小怕事，不敢冒险加大石油投资力度，最终二人因意见分歧而分道扬镳。拍卖公司产权时，两人都想赢得公司的掌控权，双方僵持不下，彼此喊价的情景十分激烈。但洛克菲勒已下定决心要投资石油行业，因此每次叫价他都毫不犹豫地喊出比克拉克更高的标价，直至最终以7.25万美元的高价夺得公司主掌权，更改公司名称为洛克菲勒-安德鲁斯公司，从此真正踏上了他的石油生涯。就在同年，他又开办了第二家炼油厂，成为科利佛兰第一大炼油企业。第二年，又组建了纽约洛克菲勒公司，负责出口业务。第三年，亨利·莫里斯·费拉格勒入伙，公司改名洛克菲勒–安德鲁斯–费拉格勒公司。三年后，即1870年，公司内部合并，标准石油公司成立，洛克菲勒担任总裁，主掌公司大权。当时身价100万美元。这时，洛克菲勒放出豪言：“总有一天，我要让我的标准石油公司吃掉所有的炼油、制桶行业。”接着在之后不到两年的时间里，他接连吞并了该地区20多家炼油厂，掌控了该州90%的炼油业、所有的主要输油管道以及宾夕法尼亚铁路的全部油车。同时还接管了新泽西铁路公司的末端设施，使得纽约、匹兹堡、费城的石油资本家们望尘莫及，纷纷甘心拜倒其脚下。接着，为了掌控全美洲的石油工业，他又操纵纽约中央铁路公司和伊利公司同宾夕法尼亚公司开展铁路运费方面的竞争。1879年底，标准公司已控制了90%的全美炼油业；到了1880年，标准石油公司就已经掌控了全美95%的炼油业了。他着实创下了一个美国史的奇迹，从美国有史以来，还没有一个企业能够像标准石油公司这样完全而彻底地独霸过市场呢。

而就在此时，洛克菲勒的律师多德提出了“托拉斯”这种垄断组织的经营模式。这给洛克菲勒以极大的刺激，于是在多德“托拉斯”理论的指导下，他先后合并了40多家厂商，达到了垄断目的，此刻全美80%的炼油工业和90%的油管生意都掌控在他的手里。1886年，标准石油公司又创建了天然气托拉斯。标准石油公司最终定名为美孚石油公司。而他所创造的“托拉斯”经营模式则在全美各地、各行业迅速蔓延开来，极短的时间内，托拉斯垄断组织形式已经占美国经济的90%了。洛克菲勒成功地造就了美国历史上一个独特的年代——垄断年代。而洛克菲勒本人则凭借这个极易敛聚财富的组织迅速将标准石油公司打造成全世界最大的石油集团企业，并获得了蜚声海内外的“石油大王”称号。

然而好景不长，作为一个石油行业的垄断者，洛克菲勒得罪了许多人：商业对手、华尔街人民、法院官员、国会议员。垄断企业对经济的控制也使得整个社会躁动不安。在西奥多·罗斯福总统《反托拉斯法》的重击之下，美孚被迫解体。

但是，尽管洛克菲勒的垄断企业敛聚的巨额财富引起社会各界的警惕，可洛克菲勒本人却秉承他母亲的善性，是个虔诚的基督徒，他的生活严格遵循浸礼会的教条——不喝酒、不抽烟，甚至不跳舞。同一般意义上的富翁习性不同，白手起家的洛克菲勒对购置法国庄园或苏格兰城堡毫无兴趣，更不屑于购买价格不菲的艺术品、游艇或其他的奢侈品，而是将自己的资金投注到慈善事业上。他一生最大的奢侈花销就花在骑马和打高尔夫球上，骑马是洛克菲勒一生沉溺的爱好，而高尔夫是他老年时最爱的一项运动。

1897年，从标准石油公司退休后的洛克菲勒更加专注于慈善事业。成立“洛克菲勒基金会”，向教育（现在的芝加哥大学、洛克菲勒大学）、文化、医疗卫生和其他社会团体慷慨赠款。而且值得一提的是洛克菲勒基金会是一个没有时间、国度限制的全球性慈善机构，截止到20世纪30年代，洛克菲勒基金会已经成为世界上最大的慈善机构了。洛克菲勒一生直接捐献了5.3亿美元，而他整个家族在慈善机构上投注的赞助资金超过10亿美元。其中中国是接受赞助资金仅次于美国的国家。1915年，洛克菲勒基金会成立中国医学委员会，由该委员会负责在1921年建立的北京协和医科大学是洛克菲勒基金会在中国进行的最大、最著名的一项慈善事业。这所大学为中国培养了一代又一代掌握现代知识的医学人才。而还有一项鲜为人知的慈善事业——周口店“北京人”的挖掘和考古工作，洛克菲勒基金会从一开始就参与该项考古研究。

但是，身为我国最具知名度的老牌美国资本家——洛克菲勒这个名字曾经一度在我国人民心目中是资本主义劣根性的代名词。改革开放之初，洛克菲勒所代表的美国个人创富史才开始在中国媒体的描述中得以全面展现，并循序渐进地辅助了中国新一代财富观的形成——“社会生活中，财富以及合法创造财富的能力应当获得人们正当的敬重。”

从1859年美国宾夕法尼亚州的第一口油井——德雷克油井，获得了商业性成功之后，就标志着人类已经进入现代石油工业，当时石油最重要的用途是提炼煤油，供照明之用。而从洛克菲勒的标准石油公司1870年成立后，他凭借毫不手软的挤压、吞并手段迅速建立起自己的石油帝国。在他掌控全美大部分炼油业后，便开启了洛克菲勒石油产品多元化并低价格化时代，其中汽油价格的改变尤为显著，由之前的88美分每加仑迅速下降到5美分每加仑。

1911年5月15日，美国最高法院在西奥多·罗斯福总统的操控下依照1890年的《谢尔曼反托拉斯法》逼迫美孚石油公司（即标准石油公司）解体，美孚石油帝国被拆分为约37家地区性石油公司。然而，不管最高法院给予怎样的最终判决，也不管此前媒体如何将洛克菲勒定性为“邪恶者”“为达目的不择手段的垄断资本家”，众多投资者还是依然热衷于追捧美孚的这些“婴儿公司”的股票，这使得分解后的“美孚婴儿公司”们的股票价值合起来远大于之前的“美孚母公司”的价值，而洛克菲勒家族的资产非但没有因为美孚的解体而减产，反而暴涨一番。

洛克菲勒创建的石油帝国的继承公司：埃克森（Exxon）、美孚（Mobil）、雪佛龙（Chevron），连同起家于德州的德士古（Texaco）、海湾（Gulf），英国石油公司（BP）和英荷皇家壳牌石油公司（RoyalDutch/Shell）被人们合称为“石油7姐妹”，成为世界上最大的7家跨国石油公司。1999年埃克森同美孚合并，2001年雪佛龙同德士古合并，此前海湾在1980、1990年将其资产售予雪佛龙和英国石油公司。今天，埃克森-美孚，雪佛龙、英国石油、壳牌和法国的Total是世界最大的5个石油公司。

当约翰·洛克菲勒在1910年发现自己名下的财富已经达到近10亿美元时，他开始考虑如何运用这笔财富。由于自己不屑像一般豪富那样大肆购买奢侈品，所以他就把自己资产中相当大的一部分部分投资于煤矿、铁路、保险公司、银行和各种类型的生产企业，其中最出名的是铁矿生意。

倘若约翰·洛克菲勒现在还健在的话，那么他的身价折合成今天的美元约有3000多亿美元，（2008年预估身价3180亿美元）而根据2003年的《福布斯》亿万富翁排行榜显示，当时的世界首富比尔·盖茨身价为407亿美元，2011年比尔·盖茨以560亿美元净身资产排布《福布斯》全球富豪榜第二位。

而2011年的《福布斯》亿万富翁排行榜显示的世界首富卡洛斯·斯利姆·埃卢（墨西哥电信巨子）身价740亿美元，洛克菲勒的身价皆是他们的数倍。

漫步纽约大街，举眼望去，你随处可以看见洛克菲勒家族昔日以及今朝所创造的辉煌足迹——摩根大通银行、洛克菲勒中心、洛克菲勒基金会、现代艺术博物馆以及在生命科学领域位居世界前列的洛克菲勒大学。甚至青霉素得以普及成一种通用药品，也同洛克菲勒及其家族有着莫大渊源。约翰·洛克菲勒的遗产依然支配着世界石油产业，他本人也堪称今天无所不在、无所不能的西方石油工业的人格化象征。

正如洛克菲勒自己所说的那样——“倘若把我剥光，将身无分文的我丢在沙漠上，只要上帝让一行驼队经过，用不了多久，我就可以重新建立起一个全新的完美王朝。”

洛克菲勒家族正是因为秉持了老洛克菲勒“沙漠骆驼”的赚钱能力才得以有着令世人瞩目的财富传承。中国人一直把“富不过三代”当作家世命运的铁律，但是，洛克菲勒硬是打破了这个铁律，创造了传承六代豪富的奇迹。这跟洛克菲勒家族的教育有着分不开的联系。约翰·洛克菲勒虽然聚敛了巨额财富，但是其本人的生活却是非常俭朴的，他从小就养成了勤俭节约、爱惜金钱的好习惯。16岁时他花10美分买的一个小笔记本记下了他的每一笔收支，他一生都把这本账簿视为自己弥足珍贵的纪念物。1864年9月8日，洛克菲勒同24岁的高中同学劳拉举行婚礼，尽管他已积攒了巨大的财富，可是买结婚戒指却只花了15.75美元。这笔花销记在了他账簿的“杂项开支”项下。还有，他曾欠一位朋友5美分零钱，在还朋友钱的时候，朋友让他不必客气，可他却坚持把硬币放到朋友的衣袋里，郑重地说：“哦，朋友，不要小看这枚小小的5美分钱币，我们储蓄整整一年才获利息1美元呀！”

而且他也时时刻刻不忘给儿女们灌输自己在一贫如洗的儿时所形成的宝贵价值观。他很清楚，预防后代子孙挥霍无度的第一步就是让他们忘记父亲是个富人的事实。洛克菲勒在他的儿女们长大成人之前，从未让他们到过自己的办公室和炼油厂。而在家里，洛克菲勒则搞了一套虚拟的市场经济秩序，口称他的妻子为“总经理”，每个月给每个孩子的零花钱是5美元，而且严格要求孩子们对自己的花销和收入记账。孩子们需要凭借做家务来换取更多的零花钱，具体的家庭赚钱规则是：打苍蝇1只，可得2美分；削铅笔一支，10美分；练琴一小时，5美分；擦花瓶，1美元；一天不吃糖果，2美分，要是连着两天不吃糖果，奖励10美分；每拔出菜地里的10棵杂草可挣1美分；唯一的男孩小约翰劈柴一小时的报酬是15美分；保持院子里的小路一整天干净整洁可得10美分。约翰·D·洛克菲勒的唯一继承人小儿子小约翰·D·洛克菲勒很好地将他父亲的教育方式继承了下来，他一生共有六个孩子，其中最大的孩子是女儿，其余的都是儿子。小约翰·D·洛克菲勒给孩子们定下的规定是：每打死走廊里的100只苍蝇可得10美分；每抓到阁楼里的一只老鼠可得5美分。他的四儿子劳伦斯和哥哥纳尔逊分别在7岁和9岁的时候取得了擦全家皮鞋的特权，规定是每擦一只皮鞋可得1美分，长筒靴每只5美分。并且小约翰·D·洛克菲勒也一直像他父亲那样定时检查孩子们的账簿，看看他们是否按期记录了自己的收支，并检查他们的花销去处。

老约翰·洛克菲勒曾经说过：“赚钱能力是仁慈的上帝赐予洛克菲勒家族的一份珍贵礼物。”

的确，洛克菲勒家族正是这样的，他们始终崇尚节俭并热衷于创造财富！

1937年5月23日，高龄98岁的老约翰·D·洛克菲勒在他佛罗里达州奥尔德蒙海滩别墅里与世长辞。他的子孙们继承了他的伟业。洛克菲勒家族成了美国十大超级富豪之一，也是当今美国知名度最高的家族之一。

洛克菲勒家族传奇后代

小约翰·D·洛克菲勒：生于1874年1月29日，逝世于1960年5月11日。小约翰·D·洛克菲勒是老约翰·D·洛克菲勒唯一的继承人，他是美国著名的慈善家、洛克菲勒家族的重要人物。为与他父亲区别，通常称为“小”约翰·D·洛克菲勒。

小约翰·D·洛克菲勒住在父亲西54街4号的公寓中，1889年到1893年间就读于建在西55街一幢褐色砂石建筑中的布朗宁学校，这所学校是专门为洛克菲勒家族中的孩子们所设立的。在这所私家中学毕业后的小约翰·D·洛克菲勒最初被耶鲁大学录取，但是芝加哥大学校长WilliamRaineyHarper先生和其他人一致鼓动他进有着浸礼会背景的布朗大学。

大学期间，他攻读了一系列的社会科学课程，其中包括卡尔·马克思的《资本论》。1897年，以文学士学位毕业。大学毕业后，于1897年10月1日，进入老约翰·洛克菲勒的标准石油公司。年迈体衰的老约翰·洛克菲勒之后就将公司完全交由儿子打理。

成为家族掌门人后的小约翰·D·洛克菲勒，不仅掌管了家族的石油生意，更加传承了家族的慈善事业，甚至偏重于后者。据小约翰·D·洛克菲勒自己所述，他有时候感觉到自己想要在石油经营和慈善事业两种祖传家业之间找到心理平衡是极为困难的，他说自己经常为此饱受精神失常的煎熬和折磨，感觉自己在做生意的时候，就好像是在跟自己的良心赛跑。他的儿子戴维·洛克菲勒表示，父亲从小所接受到的宗教思想常常使得他禁不住对自己在生意场上的行为产生怀疑。

小约翰·D·洛克菲勒在纽约建立起了洛克菲勒中心，设法挽救了美国西部山区的诸多古红杉树。现在回首审视小约翰·D·洛克菲勒的一生，其实，他大半生的时间都花在把洛克菲勒家族的财富奉送出去方面，而不是敛聚更多的金钱方面，他在将家族事业发扬光大的同时放弃了许多赚钱的机会。他的儿子戴维·洛克菲勒曾指出："父亲在不断加大弘扬慈善事业的过程中获得了极大的满足，看到社会上的种种问题，他总是会尽力想办法帮助解决。一旦问题解决了，他开心得像个孩子似的。"

小约翰·D·洛克菲勒对环境和历史文物的保护情有独钟。正是在他的努力下，英国在北美大陆建立殖民地时代所创建的威廉斯堡古城和法国的凡尔赛宫才得以完好无损地保存了下来。

倘若说老约翰·D·洛克菲勒当年获得巨额财富的手段曾经遭到人们的质疑的话，那么到了小约翰·D·洛克菲勒这一辈则是完全是以一种合乎道德的方式去获得这些胜利的。小约翰·D·洛克菲勒总是念念不忘地强调一句话——"拥有巨额社会财富的人还应该具有强烈的社会责任感，有钱人就应该对社会负有一定的责任，做些造福全人类的事情。"

小约翰·D·洛克菲勒希望洛克菲勒家族能够以"助人家族"或者是"慈善家族"的形象名垂青史，他成功了。其实，洛克菲勒家族能够拥有今天的名声，小约翰·D·洛克菲勒绝对是功不可没的。

小约翰·D·洛克菲勒的十个信条

1. 我坚信，每个个体生命都是有着至尊价值的，每个人都有追求自由和幸福的权利。

2. 我坚信，睿智而博爱的上帝，无论赐给人类怎样一个名称，都会按他自己的意愿让每一个个体生命获得一定的幸福、才能和成就。
3. 我坚信，能够令人高尚的是劳动，无论是体力劳动还是脑力劳动；这个世界并不负有让人活下去的责任，但是它给予每个人谋生的机会。
4. 我坚信，我们享有的每一项权利又是一种责任，我们所拥有的每一份财产也都是一种责任。
5. 我坚信，乐善好施是人类共同的义务，只有在无私奉献的圣洁池塘中才能够将自私自利的欲火湮灭，也只有在这样的圣洁中人类的心灵才得以高尚。
6. 我坚信，谨遵诺言是神圣的行为，相信人们应该言而有信；品德是至尊价值的所在，而非财富和权位所能媲美。
7. 我坚信，爱是世界上最神圣伟大的东西，只有它能够帮助人类消灭掉内心的怨恨，带我们走进幸福的天堂。
8. 我坚信，良好财政机构所必需的最重要精神就是节俭，无论是在政府里、商业上，还是个人理财上，无不依循这一原则。
9. 我坚信，法律是为人民设立的，而非人被法律设置；政府是为人民服务的，而非让人民为其服务。
10. 我坚信，真理与正义是维护和谐社会的基本准则。

富三代

约翰·洛克菲勒：小约翰·D·洛克菲勒一生共生育了6个儿女，其中最大的孩子是女儿芭布斯·洛克菲勒，其余5个儿子从大到小依次是约翰·洛克菲勒、纳尔逊·洛克菲勒、劳伦斯·洛克菲勒、温斯罗普·洛克菲勒和戴维·洛克菲勒。

约翰·洛克菲勒同其父亲小约翰·D·洛克菲勒一样，努力工作、勤勤恳恳，有着强烈的责任感，是家里的大慈善家。但是，约翰·洛克菲勒总是情绪紧张，在交际场合下很腼腆、笨拙，有时甚至会为自己说过的一句话或者是头脑里突闪而过的一个念头而痛苦良久。不过，腼腆的约翰也有他强悍的一面，在反对弟弟纳尔逊企图一手操控家族事务的时候，他曾发起过一场激烈的斗争，并最终取得胜利。

身为家族中的大慈善家，约翰把其毕生的精力都倾注到了解决社会问题上，对于生活失败者，他有着一种天然的同情之感。越南战争时期，美国社会的动荡混乱局面给约翰以厌恶情绪，使其自然而然地认同反战派的观点，而且，他也对那个年代里的那些留着长发、嗜酒的青年们偏爱有加，尽管他们被说成是“非正统青年”。弟弟戴维·洛克菲勒大加赞扬约翰在慈善事业上的成绩，称赞其是“洛克菲勒家族成员足够引以为豪的‘功臣’。”

纳尔逊·洛克菲勒：纳尔逊·洛克菲勒于1908年7月8日出生于缅因州巴尔港，1979年1月26日逝世于纽约。纳尔逊由于是出生在祖父老约翰·D·洛克菲勒生日那天的，所以他从小就受到老约翰·D·洛克菲勒的钟爱，老约翰·D·洛克菲勒一直认为他能超越他的父亲小约翰·D·洛克菲勒继承洛克菲勒家族。其实，纳尔逊·洛克菲勒的性格更像母亲奥尔德里奇家族的人，而不是洛克菲勒家族。纳尔逊·洛克菲勒确实积极、勇敢、有自我意识，他勇于克服一切障碍，包括他患有的严重的阅读障碍症。他虽继承着巨额的财富，可是却从未想过坐等成功来敲门，更没有骄横跋扈、挥霍无度的举止。他曾经成功创下了连任4次纽约州州长的惊人纪录，成为自罗斯福、杜鲁门和艾森豪·威尔以来最受瞩目的一位政治家。

纳尔逊·洛克菲勒于1930毕业于达特茅斯学院，20世纪30年代任职于家族企业中，其中在1935年到1940年间任职克里奥尔石油公司董事，在此期间，他熟练地掌握了西班牙语，同时也对拉丁美洲产生了浓厚的兴趣。1940年他开始涉足政坛，踏入合众国政府任职国务院美洲事务调停员。1944年升任助理国务卿主管美洲事务。1950年任杜鲁门政府国际开发咨询委员会主席。1952年至

1956年间担任艾森豪威尔政府总统顾问委员会主席，以及卫生、教育和福利部副部长。40年代和50年代初他在罗斯福和杜鲁门政府中担任要职。1958年首次被选为纽约州州长。1958年竞选纽约州州长成功后的纳尔逊·洛克菲勒将目光盯在了美国总统的宝座上，为了增加自己在国内的威望，他不惜发起一场花销巨大的公关活动。他任职纽约州州长期间，使得纽约州的财政、文化、教育都大为改观，州立大学制度得以迅速扩展，州政府的雇员增加一倍，预算增加三倍。

在1968年的国内大选中，党内提名意外输给退出政坛已久的尼克松，他伤心地认为国内人民更喜欢自我奋斗意识强烈的平民英雄，而不是像他这种含着金汤匙出生的富家子弟，哪怕是自己的能力比尼克松的强十倍，也无法抵消自己在人民心目中富家子弟的形象。因此他觉得是“洛克菲勒”这个姓氏害了他。尼克松当选总统后，尽管他与尼克松不和，但还是将自己的心腹基辛格送进了白宫，希望能够借此来影响美国的外交政策。最终利用“水门事件”[①]报了一箭之仇，将尼克松赶出政坛。1973年他辞去纽约州州长的职务，为“美国优选政策委员会”效力。1974年12月当选为美国副总统，与杰拉尔德·福特总统合作，在1974年到1977年间，他在傀儡福特政府中担任副总统，他的私人手下基辛格当时是国务卿，他由此掌控了美国政府的实权，但是尽管他手里握着政府的实权，但最终还是离他的总统梦咫尺天涯。

1976年他退出政坛回到纽约，从事企业管理、政治和艺术研究工作。1979年1月26日纳尔逊猝然辞世。他的逝世引起了人们尤其是史学家的猜疑，

---

①水门事件（Watergatescandal，也可译作“水门丑闻”）是美国历史上最不光彩的政治丑闻之一，其对美国本国历史以及整个国际新闻界都有着长远的影响，在1972年的总统大选中，为了取得民主党内部竞选策略的情报，1972年6月17日，以美国共和党尼克松竞选班子的首席安全顾问詹姆斯·麦科德（James.W.McCord，Jr.）为首的5人闯入位于华盛顿水门大厦的民主党全国委员会办公室，在安装窃听器并偷拍相关文件时，被当场捕获。由于此事，尼克松于1974年8月8日宣布将于次日辞职，从而成为美国历史上首位辞职的总统。

尽管一般史书上关于他死因的记载都是“死于心脏病复发”，但是一些历史学家们还是对其产生莫大的怀疑，尤其是美国著名史学家乔治·科恩一直怀疑纳尔逊与其助手梅根·玛莎可有染，可能最终死于纵欲。

劳伦斯·洛克菲勒：劳伦斯·洛克菲勒于1910年5月26日生于纽约，2004年7月11日寿终正寝，享年94岁。童年时期的劳伦斯干过打杂工，直到后来他还称呼自己是个摆弄小玩意的人，甚至亲自动手制作了一辆牵引在一辆小摩托后面的木制车，并经常骑着玩耍。他与年长他两岁的哥哥纳尔逊关系相当亲密，彼此用各自喜欢的名字称呼对方，比如劳伦斯称呼哥哥纳尔逊为蒂克，而纳尔逊则称呼弟弟为比尔。小哥俩曾一起饲养小兔子，然后出售给科学实验室换取零花钱。他们从小就有着和老约翰·洛克菲勒一样的致富头脑。

劳伦斯·洛克菲勒同老约翰·洛克菲勒一样，也是一位拥有亿万资产的豪富，同时他还是天然资源的保护管理者以及美国“风险资本领域”的开拓者和领导人。

劳伦斯在林肯中学度过了自己的中学时代，而林肯中学以其“实践出真知”的教学理论而著名，劳伦斯正是在中学期间的实践中使得自己在摄影、旅游以及探险等方面的兴趣得以受到鼓励和发展。大学时他先就读于普林斯顿大学的哲学系。从普林斯顿大学毕业后，又进入哈佛法学院，研修两年后，他意识到自己的志趣并不在成为一名优秀的律师上，于是毅然离开哈佛。离开大学后的劳伦斯长期以来一直纠结在一个问题上，那就是如何能够找到最有效、最令人满意的途径将自己的巨额财富运用到自己生长的土地上。

在这个过程中，他规划了自己迥异于大哥约翰·洛克菲勒和最年幼的小弟弟戴维·洛克菲勒的人生。大哥约翰·洛克菲勒一生致力于继承和弘扬祖父和父亲建立起的慈善事业，小弟弟戴维负责管理Chase银行，一直专注于国际金融及政治事务。

劳伦斯和哥哥姐姐们，尽管都是出生于美国最富有的家庭，但他们还是一直都保持着勤俭的美德，当然，这得益于他们所受到的家庭教育。小约翰·D·洛克菲勒继承了他父亲教育后代的方法，并且也一直坚持像老约翰·D·洛克菲勒那样定期翻阅孩子们的账簿。而作为浸礼会教友，洛克菲勒家族抵制跳舞和酗酒，因此在这个富贵的大家族里没有一般富人豪宅里常见的舞厅和酒吧。虔诚的宗教信仰，使得洛克菲勒家族在优越的生活条件中依然保持勤俭节约的美德。

劳伦斯不像他的哥哥纳尔逊那样酷爱社交活动，也比他担任过阿肯色州州长的弟弟温斯罗普显得更加保守和私密化。

老约翰·D·洛克菲勒曾经说过，赚钱的能力是仁慈的上帝赐给洛克菲勒家族的一份珍贵礼物。劳伦斯·洛克菲勒从祖父那里继承了赚钱的天赋，他的名下拥有15亿美元的资产，在《福布斯》全球587位亿万富翁榜中排名第377位。1937年老约翰·D·洛克菲勒去世，劳伦斯继承了祖父在纽约证券交易所的职位，从华尔街踏上自己的创业征程，并最终开启了美国风险投资这块“新大陆”。在他创业之初，出乎人们意料的是，他并没有收购更多的绩优股，而是将资金投放到新成立的企业协助新企业创业。1934年，他娶了哥哥纳尔逊大学室友的妹妹玛丽·法兰克为妻，玛丽·法兰克是北太平洋铁路公司总裁弗雷德·里克·比尔林斯的孙女。而他第一次的生意尝试就是在这次结婚过程中发生的。在他和玛丽装修新家的时候，当他看到芬兰设计师阿尔瓦·阿尔托设计的曲木家具照片时，直觉告诉他阿尔瓦·阿尔托设计的这些家具一定会成为现代居家的理想选择，它一定能够吸引更多寻求现代化设计并有支付能力的顾客。为此他不顾专家们的反对，在纽约53号大街上开了一家专门销售芬兰家具的门店。尽管许多人曾对生意前景表示怀疑，但结果却是家具十分抢手，直到1940年货源因芬兰冬季战争受到影响，生意才被迫中断。劳伦斯的第二桩生意则更具影响力。他结识了一战期间在欧洲获得过多次胜利的空军上尉埃迪·瑞肯贝克，他不仅跟上尉学会了驾驶飞机，还发现埃迪上尉关于即将兴起的商业飞行的描述也独具魅力，经过一番慎重考虑后，他于1938年投资东方航空公司，并在相当长一段时间里一直是这家航空公司的最大股东。十年后，这家航空公司成为二战后盈利最多的航空公司。此外，劳伦斯在1939年投资的麦道航空公司也成为军用航空器的主要供货商家。

第二次世界大战期间，劳伦斯冻结了生意，参加海军服役，军阶至少校。战后重返商场，继续寻找新创立的企业进行投资。1959年《华尔街日报》的一篇文章上说：劳伦斯想坚守自己将近20年的投资经验，仍然决心将自己的资产作为“风险资本”投资新兴企业的政策。其中风险资本加了引号，表明当时还是首次使用的新术语。文章还特别指出劳伦斯在“风险资本”这一新领域所作的贡献，从而确立了他“风险投资之父”的地位。还有报道说，二战结束后，劳伦斯投资了大约875万美元在20余家新兴企业，到了1958年末，这些投资的价值已经超过2800万美元。

就在劳伦斯马不停蹄地寻找新兴企业进行风险投资的同时，洛克菲勒家族的其他成员则不时地参加一些特别的投资，1969年，他动员家族人员成立包括现代艺术博物馆和洛克菲勒大学在内的一些机构合成的专门从事风险投资的Venrock Associates风险投资公司。截至1996年，他们共投资了多达221家处于起步阶段的新兴公司，这些公司在得到投资后都取得了令人瞩目的良好业绩。

坐上纽约证券交易所席位后的数十年中，劳伦斯经常用他与生俱来的商业本能作出一个个重大决定。他不满足于单纯的赚更多钱，而是寄希望于能够让金钱生产出具有长远意义的东西。他数十年的经商经验使得他深懂保持头脑灵活、与时俱进的重大意义，他也因此极乐于接受新事物，引入新概念，推动创业投资基金，发展高科技，由最初的只专注于航空业逐渐步入其他新兴行业，包括投资苹果电脑和全美最大的芯片公司英特尔集团以及生物科技等。

尽管劳伦斯追求商业成功的激情永远都是那样激烈，但是，同时他也希望在做生意的过程中保护那些自然奇观，每一次的亲近大自然总是能够唤起他内心极大的保护自然的激情。1939年，他被任命为Palisades Interstate公园委员会的委员；1942年，他首次捐赠土地建成了如今的Tallman Mountain国家公园；1949年，他把父亲在Jackson Hole积累下来的3万英亩土地捐献给了联邦政府。他还用5年时间建造了三间旅馆，让光临Grand Teton国家公园的游客们能享受更舒适的住宿环境。1960年，他成为Robert Moses公园纽约州协会的副主席。1958年至1962年期间，他被委任为美国户外娱乐管理委员会主席，研究国家的娱乐休闲需求。期间他提出了很多关于新公园设计和老公园扩展的建议，特别是在约翰逊任总统期间。

而劳伦斯之所以会在创建公园上作出重大贡献跟他从小受到的家族影响有着莫大的渊源，在劳伦斯还未成年的时候，洛克菲勒家族就已经把创建公园包括在这个大家族的慈善项目中了。1919年，约翰·洛克菲勒用他缅因州的土地建立了密西西比河东岸第一个国家公园，10年后，他又在怀俄明州建立了规模更大的大堤顿国家公园。只是和洛克菲勒家族在教育、种族关系、宗教和科学领域更广为人知的投入相比，建造公园这方面的投入似乎略显逊色一些而已。

劳伦斯从小便清楚地意识到，他这一辈人的慈善事业，需要比祖父和父亲他们的折中方案更具专业性。他在1966年接受《纽约时报》采访时曾说："他（祖父老约翰·洛克菲勒）发球了，现在轮到其他人让这个球动起来。我们不仅要用脑，更要用心，不仅要理解这些慈善项目，更要深刻地感受到个人的责任。"

2004年7月11日，坐拥万贯家财、叱咤美国风云的劳伦斯·洛克菲勒在睡梦中与世长辞了，享年94岁。据他的发言人透露，洛克菲勒死于肺部纤维症。发言人还透露，洛克菲勒在逝世前几个月里身体状况每况愈下，但他还是坚持到位于洛克菲勒中心的办公室里工作，曾经还和公司职员开玩笑说自己偷懒每天只干半天活。

哦，这位洛克菲勒家族的第三代传人，尽管含着金汤匙落地，却一生勤勤恳恳地奔波家族事业，在他有生之年不仅开辟了"风险投资"的"新大陆"，而且还为美国的环保及慈善事业作出了不朽的贡献。

小约翰·D·洛克菲勒现在唯一健在的儿子戴维·洛克菲勒在对他的三哥做出评价的时候说："我很敬佩哥哥在生意场上所表现出来的非凡才能，在风险资本领域我总是跟着他做事。他在这一领域的确是真正的先锋。”

温斯罗普·洛克菲勒：温斯罗普·洛克菲勒，洛克菲勒家族中热衷于商界政治家角色的人物，是美国金融界出类拔萃的代言人。

在1929年股票市场崩溃初期不久，权益信托公司的总裁便猝死。小约翰·洛克菲勒建议儿子温斯罗普临时接替总裁职务。温斯罗普勉强接受了这个职位，但仅仅坚持在职一年。

温斯罗普当上权益信托公司的总裁后，希望找到一个良好的金融合作伙伴为国内力量提供支持。结果，他就找到了全美最强大的国内银行之一大通银行这个伙伴。1930年初，他洽谈兼并大通银行事宜成功，创建了当时全球最大的一家银行。小约翰·D·洛克菲勒全力支持儿子的兼并之举，并被允许委派两名代表连同职员共计25人进入新银行的董事会。尽管小约翰·D·洛克菲勒在这次兼并事宜中股权减少了大约4%，但他仍旧是联合银行最大的股东。兼并之后，温斯罗普担任总裁。华尔街和美国金融界都很尊重温斯罗普，而大通银行这艘大船在他掌舵的20年里也日益兴旺发达起来。可是，温斯罗普从未接受过专业的银行家培训课程，也很少介入银行的日常运营。

戴维·洛克菲勒：戴维·洛克菲勒，1915年6月12日出生于纽约市，尽管当时的家境条件优越，但是，小约翰·D·洛克菲勒为了从小培养孩子们了解金钱的价值，故意将孩子们处于经济压力之下。戴维和姐姐、哥哥们每周仅有30美分的零花钱，而且每人还必须得记录自己的每一笔收支，经由父亲检查后，使用合理的孩子会得到奖励。姐弟们的零用钱会随着年龄的增长而加多——十一二岁的时候，每周能够得到1美元；15岁的时候，每周可得到2美元左右。零用钱很有限，如果想多用怎么办？办法只有一个，那就是自己去挣。戴维和所有的姐姐、哥哥们一样，从小就知道从做家务中赚取零花钱。而且戴维还想到了永久的生钱方法，设法取得了为全家人擦皮鞋的特许权。然而，为此他也必须得付出一定的艰辛，他必须每天在清晨六点之前爬出被窝，以便在全家人起床之前完成工作，擦一双皮鞋2美分，一双长筒靴10美分。戴维的童年时代并没有享受过任何超级富豪的生活，他穿着和雇工一样的普通衣服，生活既简单朴素又紧张快乐。他大学时有一位富家子弟的同学，总是大手大脚地挥霍家资，他的家人也尽一切可能去满足他的要求，他想要的东西还没等他张口说要，家人便给他准备好了。同学们都很羡慕这个富家子弟，但是，戴维却说那个同学是他见过的最不幸的人，他结过三次婚，换过无数次工作，可是他永远也发挥不出自己的真实潜能。在他的身上戴维还得出了一条人生启迪：自强自立是做人做事的根基。戴维从小接受的也正是自强自立的教育。

身为美国第一大家族的第三代掌门人，戴维·洛克菲勒有着其他人所没有的机遇，他可以接触到全球最有影响力的经济学家，也可以接触到最有权势的家族，甚至是影响整个欧美政局的政治家、每一届美国总统，他也参与过许多改变世界格局的重要访问。冷战期间，他造访过前苏联，同前苏联两届总统赫鲁晓夫和戈尔巴乔夫都有过正面交流。他也是中美关系开始解冻后首批造访中国的资本家，同时也是改革开放之前同中国密切接触，并成功开展商务活动的国际金融家。

经受过哈耶克[①]和熊彼特[②]两位经济学老师的教导，并且同著名的经济学家萨缪尔森[③]是同班同学的戴维·洛克菲勒对经济学以及企业营业和政府财政

---

①哈耶克（1899—1992）【Hayek，FriedrichAugust】奥地利裔英国经济学家。新自由主义的代表人物。生于奥地利维也纳。先后获维也纳大学法学和政治科学博士学位。20世纪20年代留学美国。先后任维也纳大学讲师、奥地利经济周期研究所所长、英国伦敦经济学院教授、德国弗莱堡大学教授等。1938年加入英国籍。

②熊彼特（1883—1950）【J.A.JosephAloisSchumpeter】美籍奥地利经济学家，当代资产阶级经济学代表人物之一。

③萨缪尔森：（1915—2009）【PaulA.Samuelson】萨缪尔森同他的导师汉森是凯恩斯主义在美国的主要代表人物。他的研究涉及经济理论的诸多领域，例如一般均衡论、福利经济学、国际贸易理论等等。萨缪尔森的经典著作《经济学》以四十多种语言在全球销售超过四百万册，是全世界最畅销的教科书，影响了整整一代人。书中的税收理论主要包括税收性质、税收原则、税收影响。1970年他成为第一个获得诺贝尔奖的美国人。

都有着深刻的见地，这些深刻的见地广泛地影响了美国经济的走向和政府政策的制定。他还给企业家重新定义了身份，他觉得“企业家身份自身就代表着一种投机，一是用于满足人们发明创新、追求权力以及赌博的本性……实际上，对于某些人来说，追求成就过程的本身就是一个目标，在他们的眼里，利润仅仅是值得付出努力的副产品。”也许用这句话来解释他在使用和创造财富过程中的行动，是更为合理的解释吧！

成年后的戴维·洛克菲勒当上了蔡斯·曼哈顿银行（即大通银行）的行长，负责监管银行国际业务。同时，他也对家族的慈善事业和艺术事业有着浓厚的兴趣。他还掌管着家族一处遗产，这笔遗产至今仍与美国人的生活息息相关。

在将自家企业经营得稳稳当当之余，戴维·洛克菲勒还做了许多祖父辈们不曾尝试过的事情。例如，他写过一本讲述他在美国实力最雄厚家族中的个人生活的名叫《论文集》的著作，以及一本囊括家族史的传记——《回忆录》，他想用这部传记影响后辈子孙。同他父亲一样，戴维无论是在自己的著作中，还是在现实生活中，总是会念念不忘地强调一个从祖父老约翰·D·洛克菲勒那里流下来的观点——巨大的财富也是巨大的社会责任。每当有人写信或者是当面向他请求施以资金援助的时候，他总是会按照祖父老约翰·D·洛克菲勒以及父亲小约翰·D·洛克菲勒的做法去做。倘若没有家族事业的重担，戴维应该会成为一名优秀的文学家或史学家的吧！

从约翰·D·洛克菲勒成为美国历史上的第一位亿万富翁到现在已经经历了一个多世纪的洛克菲勒家族，仍在续写着辉煌的历史，他们没有整天躲在房间里计划如何守住自己的财富，也没有琢磨着如何不让金钱落入别人的口袋，而是积极地参与文化、卫生与慈善事业，怀着一颗颗博爱的心将他们腰包里的大量资金用来设立各种基金，投资大学，医院，让整个社会分享他们的财富。在今天的美国，要完全躲避这个家族的影响几乎是不可能的，毫不夸张地说，洛克菲勒家族在过去一百五十年的发展史就是整个美国历史的一个精准的缩影，并且已经成为美国国家精神的杰出代表。